互联网+
创新技术与创业实务

胡 坚　丁莹莹　主编
许莉丽　方 雯　张永强　副主编

化学工业出版社

·北京·

内容简介

《互联网+创新技术与创业实务》是利用互联网技术创新开展初创活动的入门教材，覆盖项目初创全流程、互联网创新主流技术、创新技术应用实训和完整初创实战项目剖析。主要内容包括三篇：创业基础篇包括"互联网+"创新创业新浪潮、互联网创业团队与股权分配、互联网创业机会识别与评估、互联网创业资源及发展趋势、"互联网+"商业模式、商业计划书与项目路演6个单元，创业拓展篇包括互联网创业准备与企业开办、基础财务与创业风险、互联网技术与创新3个单元，创业实践篇包括互联网创新实验室和互联网创新创业项目实战——校康宝2个单元。

本书配套"互联网创新与创业"课程教学实施方案，提供完整的课程标准、教学课件（PPT）、案例集、重点知识点微课视频及题库，可供教学使用。

本书可作为高职高专学校软件技术、电子商务等计算机类专业的互联网创新与创业课程的教材，也可作为从事互联网创业创新的社会人士的参考用书。

图书在版编目（CIP）数据

互联网+创新技术与创业实务/胡坚，丁莹莹主编．—北京：化学工业出版社，2022.7
ISBN 978-7-122-41189-1

Ⅰ.①互⋯ Ⅱ.①胡⋯②丁⋯ Ⅲ.①互联网络-应用-创业 Ⅳ.①F241.4-39

中国版本图书馆CIP数据核字（2022）第059572号

责任编辑：潘新文
责任校对：边　涛
装帧设计：韩　飞

出版发行：化学工业出版社（北京市东城区青年湖南街13号　邮政编码100011）
印　　刷：三河市航远印刷有限公司
装　　订：三河市宇新装订厂
787mm×1092mm　1/16　印张16　字数335千字　2022年8月北京第1版第1次印刷

购书咨询：010-64518888　　　　　　　　　售后服务：010-64518899
网　　址：http://www.cip.com.cn

凡购买本书，如有缺损质量问题，本社销售中心负责调换。

定　价：49.00元　　　　　　　　　　　　　　　版权所有　违者必究

前言

在数字经济发展的战略背景下,"互联网+"创新已经成为经济发展的重要驱动力量。全国高校目前普遍重视创新创业教育,并与专业课程开展融合教学。本书作为利用互联网技术创新开展初创活动的入门教材,覆盖项目初创全流程、互联网创新主流技术、创新技术应用实训和完整初创实战项目剖析。主要内容包括:"互联网+"创新创业新浪潮、互联网创业团队与股权分配、互联网创业机会识别与评估、互联网创业资源及发展趋势、"互联网+"商业模式、商业计划书与项目路演、互联网创业准备与企业开办、基础财务与创业风险、互联网技术与创新、互联网创新实验室和互联网创新创业项目实战。

本书是浙江经贸职业技术学院电子商务国家双高专业群软件技术专业"互联网创新与创业"课程的配套教材,其内容设计遵循思政内化、专创融合和理实一体化原则,强化"教、学、思、做"有机融合,达到事半功倍的教学效果。本书根据高职学生对创新创业活动的认知规律,由创业基础篇、创业拓展篇和创业实践篇组成,主要特点包括以下几点。

(1)创业基础篇和创业拓展篇。覆盖9个单元,共含18个案例资源(综合案例和拓展案例),通过互联网领域创新创业的案例(成功典范和经验教训)引导,剖析其中典型活动所需的知识和技能,再进行拓展性应用提升,最后进行综合性贯通思考,从而为学生初创活动提供必要的知识准备和技能训练。

(2)创业实践篇。共包含4个互联网创新实验和1个综合创新创业实战项目(校康宝,获省级挑战杯大赛二等奖)。每个创新实验均按照创新实验描述、创新实验准备、创新实验思路和创新实验步骤四个固定环节去组织教学,这样安排有利于促进学生融合创新意识和专业兴趣自发地进入知识学习过程,同时能够熟悉应用开发的流程,增强在技术应用中的创新体验。创新创业实战项目遵循"产品市场调研分析→产品技术创新设计→产品商业模式设计→产品财务规划实施"的创新创业项目完整商业运作周期来组织教学内容和教学实施,有利于促进学生系统性认识创新创业实战活动,增强对创新创业的重要性和潜在风险的客观认识。

本书配套"互联网创新创业"课程教学实施方案,提供完善的课程标准、教学课件(PPT)、案例集、重点知识点微课视频及题库,可供教学使用。

本书由浙江经贸职业技术学院信息技术学院胡坚、丁莹莹主编，许莉丽、方雯、张永强任副主编，孙红敏、石东贤、林新辉等老师参与编写。在编写过程中，中国科学院大学杭州高等研究院张永强馆员对于本教材的项目资源整理、案例和工作任务设计等环节提供有力支持，广州市怀特海教育科技有限公司陈柱城高级工程师提供算法案例支持，编者表示诚挚的谢意；特别鸣谢 Google 信息技术有限公司提供技术、平台等必要支持；此外，我们衷心感谢所有关心、支持本书编写工作的领导、同事和朋友。

本书凝聚了编者在信息技术领域创新创业实践方面多年来的体会、经验及教材开发组全体成员的努力，但限于水平及教材编写时间的紧迫，书中难免存在一些不足之处，殷切希望专家和读者批评指正。

编 者

2022 年 3 月 9 日

目录

创业基础篇

第 1 单元 "互联网+"创新创业新浪潮　　3

【他山之石】解密马斯克的创业人生　　4
1.1 创新与创业　　6
 1.1.1 创新创业的内涵　　6
 1.1.2 创新与创业的关系　　8
1.2 "互联网+"创业本质　　9
 1.2.1 "互联网+"的含义　　9
 1.2.2 "互联网+"的特征　　9
 1.2.3 "互联网+"的关键要素　　10
1.3 全球创新创业活动概况　　10
 1.3.1 "互联网+"创新创业趋势　　10
 1.3.2 国际创新创业战略　　11
 1.3.3 中国互联网发展历程　　12
1.4 改革开放以来的中国创业史　　13
 1.4.1 第一波浪潮（1984—1992 年）　　13
 1.4.2 第二波浪潮（1992—1996 年）　　13
 1.4.3 第三波浪潮（1996—2008 年）　　14
 1.4.4 第四波浪潮（2008 年—至今）　　14
【学以致用】中国互联网企业纷纷涌入北京 2022 冬奥会　　15

第 2 单元 互联网创业团队与股权分配　　19

【他山之石】B 站创业故事：确认过眼神，都是二次元的人　　20
2.1 互联网创业团队　　22
 2.1.1 创业团队的内涵及搭建　　22

2.1.2	创业团队建设	24
2.1.3	互联网创业团队	26

2.2 合伙创业与合伙人　　27
  2.2.1　合伙创业与合伙人的概念及形式　　27
  2.2.2　合伙创业的特点　　29
  2.2.3　合伙创业的优势与劣势　　29
  2.2.4　合伙创业对创业者的特殊要求　　30
  2.2.5　互联网行业合伙人的选配方法　　30
2.3 股权分配　　32
  2.3.1　创业公司股权设置　　32
  2.3.2　创业公司股权设置的原则　　32
  2.3.3　分配股权的设计要素　　34
  2.3.4　股权比例的计算　　36
  2.3.5　科学的股权分配的作用　　38
  2.3.6　合作协议　　38
【学以致用】小米合伙人　　44

第 3 单元　互联网创业机会识别与评估　　46

【他山之石】社区电商典范——小红书　　47
3.1 创业机会的特征与类型　　48
  3.1.1　创业机会的内涵　　48
  3.1.2　创业机会的分类　　48
3.2 创业机会的识别与评估　　50
  3.2.1　创业机会的识别　　50
  3.2.2　创业机会的把握　　51
  3.2.3　创业机会的评估　　53
【学以致用】携程一枝独秀的成功秘诀　　55

第 4 单元　互联网创业资源及发展趋势　　57

【他山之石】麦知网：打造知识产权闲置资源交易服务平台　　58
4.1 互联网创业资源　　59
  4.1.1　创业资源的内涵　　59
  4.1.2　创业资源的种类　　60
4.2 互联网创业的关键资源与整合　　62
  4.2.1　互联网创业的关键资源　　62

4.2.2　创业资源获取的途径　63
4.2.3　各种互联网创业资源的整合　64
4.3　"互联网+"环境下的创业资源发展新态势　65
4.3.1　"互联网+"的未来发展目标　65
4.3.2　"互联网+"环境下创业资源的新特征　66
4.3.3　"互联网+"环境下创业资源发展新趋势　67
【学以致用】"美食网红"李子柒成功的内在因素分析　69

第 5 单元　"互联网+"商业模式　72

【他山之石】六百岁故宫，就这样炼成"网红"　73
5.1　商业模式的概述　74
5.1.1　商业模式的内涵　74
5.1.2　商业模式的逻辑　74
5.1.3　商业模式的构成要素　76
5.1.4　商业模式画布（Business Model Canvas）　77
5.2　商业模式的设计　78
5.2.1　商业模式设计的一般过程　78
5.2.2　在学习模仿中设计商业模式　80
5.2.3　在试错调整中设计商业模式　81
5.3　互联网典型商业模式　81
5.3.1　O2O 商业模式　81
5.3.2　平台商业模式　83
5.3.3　"工具+社区+变现"模式　84
5.3.4　免费商业模式　85
5.3.5　长尾型商业模式　86
5.3.6　跨界商业模式　87
【学以致用】中国自主品牌小米科技　88

第 6 单元　商业计划书与项目路演　91

【他山之石】计划书——创业融资的敲门砖　92
6.1　商业计划书的基本概述　93
6.1.1　商业计划书的内涵　93
6.1.2　商业计划书的作用　93
6.2　商业计划书的编制　94
6.2.1　商业计划书的编制原则　94

```
        6.2.2   撰写商业计划书的步骤                               96
        6.2.3   商业计划书的结构及内容                             97
  6.3   互联网创业公司的商业计划书                                102
        6.3.1   种子期——重团队                                  102
        6.3.2   A 轮投资期——重项目                              103
        6.3.3   B 轮投资期——重流量数                            103
        6.3.4   C 轮投资期——重转化率                            103
  6.4   项目路演                                                  103
        6.4.1   什么是路演                                        103
        6.4.2   项目路演的模式                                    104
        6.4.3   项目路演的准备                                    105
  【学以致用】一公里路演——你的运动很值钱                        106
```

创业拓展篇

第 7 单元　互联网创业准备与企业开办　　111

```
  【他山之石】小小企鹅踏遍网络聊得天下                            112
  7.1   创业者应具备的素质                                        115
        7.1.1   创业素质及相关概念                                115
        7.1.2   影响创业素质形成的因素                            117
        7.1.3   大学生创业素质的培养                              119
  7.2   创业者的准备工作                                          120
        7.2.1   创业准备的内涵解读                                120
        7.2.2   创业准备的内容                                    121
  7.3   初创企业的法律和政策须知                                  126
        7.3.1   创业前必备的法律知识                              126
        7.3.2   注册公司的详细流程                                127
        7.3.3   注册公司所需材料                                  128
        7.3.4   创业后必备的法律知识                              128
        7.3.5   高校毕业生创办企业的有关优惠政策                  130
  【学以致用】抖音的创业成功案例                                  131
```

第 8 单元　基础财务与创业风险　　133

```
  【他山之石】亿唐网：定位不清　快速烧钱                          134
```

8.1　新创企业财务管理方法及财务报表编制　　　135
　　8.1.1　新创企业财务管理的方法　　　135
　　8.1.2　常见财务报表编制　　　137
8.2　融资的主要途径和流程　　　141
　　8.2.1　政策基金——政府提供的创业基金　　　141
　　8.2.2　亲情融资——成本最低的创业"贷款"　　　142
　　8.2.3　天使基金——民间的创业基金　　　143
　　8.2.4　合伙融资　　　144
　　8.2.5　金融机构贷款——银行小额贷款　　　144
8.3　创业风险的识别与管理　　　145
　　8.3.1　创业风险内涵　　　145
　　8.3.2　创业风险的识别　　　146
　　8.3.3　大学生创业风险管理过程及措施　　　147
　　8.3.4　大学生创业风险的自身管理措施　　　149
【学以致用】盘石公司：创业——态度决定成败　　　151

第 9 单元　互联网技术与创新　　　154

【他山之石】互联网与人工智能　　　155
9.1　互联网技术与开发概况　　　156
　　9.1.1　互联网技术概况　　　156
　　9.1.2　互联网开发技术趋势与分析　　　158
9.2　互联网技术创新　　　160
　　9.2.1　互联网技术创新的定义　　　160
　　9.2.2　互联网技术创新对企业战略的影响　　　161
【学以致用】淘宝的技术之路，从购买源码开始　　　164

创业实践篇

第 10 单元　互联网创新实验室　　　169

10.1　【互联网创新实验 1】——Android 移动应用开发　　　170
　　10.1.1　用向导创建一个新的应用项目　　　171
　　10.1.2　配置百度地图 Android SDK　　　173
　　10.1.3　申请 AK 并在应用中配置百度地图　　　178
　　10.1.4　实现百度地图定位功能的开发　　　184

10.2 【互联网创新实验 2】——ESXi 虚拟化平台搭建　188
　　10.2.1 安装 ESXi 虚拟化平台　189
　　10.2.2 管理 ESXi 虚拟化平台　191
10.3 【互联网创新实验 3】——阿里云平台应用　193
　　10.3.1 注册登录　194
　　10.3.2 申请 ECS 云服务器　194
　　10.3.3 管理控制台　196
　　10.3.4 工单管理　197
10.4 【互联网创新实验 4】——人工智能学习系统的部署　199
　　10.4.1 了解 Anaconda　199
　　10.4.2 安装 Anaconda　200
　　10.4.3 安装 TensorFlow　202
　　10.4.4 TensorFlow 应用　208

第 11 单元　互联网创新创业项目实战——校康宝　217

11.1 【校康宝】——产品市场调研分析报告　218
　　11.1.1 行业总体情况分析　219
　　11.1.2 市场前景分析及社会需求分析　220
11.2 【校康宝】——产品技术创新设计方案　223
　　11.2.1 创新点分析　223
　　11.2.2 技术创新实现步骤　225
11.3 【校康宝】——产品商业模式设计方案　238
　　11.3.1 融资　238
　　11.3.2 企业助推　238
　　11.3.3 团队助推　239
　　11.3.4 服务支持　239
　　11.3.5 线上线下营销　240
11.4 【校康宝】——产品财务规划实施方案　242
　　11.4.1 财务预算假设　242
　　11.4.2 财务预算数据　243
　　11.4.3 相关报表　243
　　11.4.4 财务分析　245

参考文献　246

创业基础篇

第 1 单元 "互联网+"创新创业新浪潮

知识目标

理解创新与创业的特点与关系
理解"互联网+"创业本质
了解全球创新创业活动的概况
了解中国创业活动的四波创业浪潮

技能目标

能够形成基本的创新思维
能够将创新创业融入日常工作与生活

思政目标

培养学生从历史视角理解国家创新发展战略
培养学生正确理解"大众创业万众创新"倡议

【他山之石】

解密马斯克的创业人生[1]

事实证明,有些天才,做什么火什么。Zip2、Paypal、Space X、Solar City、Hyper loop,这一串令人头晕目眩的名字背后都有马斯克的身影。马斯克涉足的领域之宽,令人咋舌:从在线支付,到汽车、航天技术,甚至到外星球殖民。

1981年,10岁的他接触到CommodoreVIC-20计算机,开始自学编程。12岁的时候,他自己做的游戏Blastar被一个杂志社以500美元购买。从24岁开始,马斯克就没有停止过创业与探索新领域的脚步。如果说创业如跳崖,那么像马斯克这样的"连续创业者"已跳崖无数次。

1995年,马斯克拿到物理学和经济学的本科双学位,并来到斯坦福大学攻读应用物理博士学位。但是仅仅过了两天,他便着迷于硅谷的互联网和创业文化,于是申请退学正式工作和创业。马斯克想去当时的互联网公司网景求职,但是失败了。于是和自己的兄弟创立了Zip2。Zip2做的东西比较像大众点评。1999年,Zip2被康柏以三亿美元收购,马斯克个人入账2000万美元。

马斯克接着杀入在线支付领域,创立公司http://X.com。后来发现另外一家公司和他们的业务非常类似,将其合并后公司取名Paypal。2002年,Ebay以15亿美元收购了Paypal,马斯克依然是Paypal最大股东,选择套现1.8亿美元(税后)离职。此时马斯克年仅31岁,他开始疯狂钻研火箭技术,因为从小他就着迷外太空探索。2002年下半年,马斯克物色到很不错的火箭专家,这些专家自身也厌倦了NASA机构的缓慢节奏和官僚制度,一拍即合一同出来创业:Space X诞生。Space X先是着眼于廉价的火箭发射技术,让发射火箭也可回收重复使用,最终目标是殖民火星。

2004年,Space X正在技术攻坚之时,马斯克个人投资开办特斯拉,做电动汽车。马斯克不理会什么叫"创业者要专注",也用实际行动反驳了这一点。马斯克坚信电动汽车是汽车业的未来,而自己是这个格局转变的推进人。2012年,特斯拉Model S取得了最大成功,特斯拉的股票飙升。同期,Solar City上市,市值一度超过60亿

---

[1] 来源:解密Elon Musk的创业人生和他的思维模式。中国大学生创业培训网http://www.etchina.com.cn/24478.html,略有改动。

美元。

  在马斯克的自传里，他每天都在思考和阅读，经常几个小时就可以读完一本书，然后挑里面的关键内容再花一天时间精读，足见他的勤奋和努力。对于软件工程、航天工程、机械工程、电子工程，以及许多次级学科（航空电子、电力电子学、结构工程、喷气推进技术、能量储存、人工智能），他能够记住海量信息。他在分析问题时，坚持的思维模式是"First principle thinking"，从事物最基本的公理出发来进行推导。

1.1 创新与创业

这是一个前所未有的创新时代。随着因特网、云计算和开源软件等的不断发展，全球性的创新创业活动，尤其是"互联网+"创新创业活动蓬勃兴起。当前，我国经济已由高速增长阶段转向高质量发展阶段，对推动大众创业万众创新提出了新的更高要求。创新是引领发展的第一动力，是建设现代化经济体系的战略支撑。近年来，"大众创业，万众创新"持续向更大范围、更高层次和更深程度推进，创新创业与经济社会发展深度融合，对推动新旧动能转换和经济结构升级，扩大就业和改善民生；实现机会公平和社会纵向流动发挥了重要作用，为促进经济增长提供了有力支持。

1.1.1 创新创业的内涵

（1）创新的定义

经济学家约瑟夫·熊彼特（Joseph Alois Schumpeter）在1912年出版的《经济发展概论》中提出：创新是指把一种新的生产要素和生产条件的"新结合"引入生产体系，它包括五种情况：一是引入一种新产品，二是引入一种新的生产方法，三是开辟一个新的市场，四是获得原材料或半成品的一种新的供应来源，五是新的组织形式。熊彼特的创新概念包含的范围很广，涉及技术性变化的创新及非技术性变化的组织创新。

（2）创业的定义

创业是一种普遍的社会现象和人类活动，它是创业者对自己拥有的资源或通过努力对能够拥有的资源进行优化整合，从而创造出更大经济或社会价值的过程。创业的定义有狭义和广义之分，狭义的定义就是创建新企业，英文中经常用"Start-up"一词。广义的定义，则把创业理解为开创新事业，英文中倾向于使用"Entrepreneurship"一词，任何一个在不确定情况下开发新产品或新业务的人都是创业者，不论他本人是否意识到，也不管是身处政府部门、获得风险投资的公司、非盈利机构，还是有财务投资人主导的盈利性企业。哈佛大学霍华德·史蒂文森教授对创业的定义：创业是在（高度）不确定的环境中，不拘泥于当前资源条件的限制而对机会追寻，组合不同的资源以利用和开发机会并创造价值的过程。

（3）创业的核心要素

美国百森商学院Timmons（杰弗里·蒂蒙斯）教授认为，成功的创业活动必须对机会、创业团队和资源这三个核心要素进行最适当的匹配，并且还要随着事业的发展而不断进行动态平衡。创业过程由机会启动，在创业团队建立以后，就应该设法获得创业所必需的资源，这样才能顺利实施创业计划。

（4）创业的过程

1）机会识别

机会识别既包括发现机会，又包括评估机会。几乎每个人在日常生活中都会有灵光乍现的创业想法，但最后真正能开展起来的创业活动少之又少。空想很容易，但对每个发现的机会进行相关信息收集，综合评估行业和市场情况，客观评价自身能力和资源拥有情况，判断机会的价值并非易事。

2）团队组建

人、财、物是任何一项创业活动必须具备的生产要素。再好的商业机会，如果无法凝聚一批志同道合的人，打造一支骁勇善战的团队，都如纸上谈兵。在如今的创业环境下，一个人在创业的旅途中单打独斗，几乎不可能成功，拥有一个相对稳定和核心的团队，是机会开发的必要前提。

3）资源整合

创业者开发机会的重要手段之一就是资源整合。创业者要千方百计地设计合理的商业模式，吸引别人手中掌控的资源，把一些边角料资源整合起来，实现创业目标。

4）新企业生存和发展

新企业天生抵抗风险的能力就弱，它的关键目标是在前两年存活下来，并寻找到进一步发展的路径。在这个过程中，不仅要保证业务做起来，还要打造组织的雏形，同时保证现金流不枯竭。进入发展阶段，创业者又要考虑如何在衰退期到来前获得新生，开出新的业务之花。

5）获取回报

追求回报是踏上创业旅途的终极目标之一。当然回报不仅仅指财富上的回馈，还有情感、声誉等精神上的收获，收取回报的途径和手段也不尽相同，但无论如何，它是对一段创业旅途的无声评价。

（5）创业的类型

随着创业活动的活跃，创业活动的类型也呈现多样化的趋势，了解创业类型比较不同类型的创业活动，有助于更好地理解创业活动。

1）生存型创业与机会型创业

生存型创业出于别无其他更好的选择，即不得不参与创业活动来解决其所面临的困难，不少下岗职工的创业行为便属于这种类型。机会型创业行为的动机出于个人抓住现有机会并实现价值的强烈愿望，李彦宏创建百度公司显然属于机会型创业。

2）个体创业与公司创业

个体创业主要指不依托于某一特定组织而开展创业活动,而公司创业主要指由已有组织发起的创造、更新与创新活动。虽然在创业本质上,公司创业和个体创业有许多共同点,但是由于起初的资源禀赋不同、组织形态不同、战略目标不同等,在创业的风险承担、成果收获、创业环境、创业成长等方面也有很大的差异。

1.1.2 创新与创业的关系

全球经济一体化进程的加快及知识经济时代的到来,使得创新和创业成为了当今时代的主旋律,成为实现一个国家经济发展的重要途径,并日益得到全世界的关注。虽然创新与创业是两个不同的概念,但是两个范畴之间却存在着本质上的契合、内涵上的相互包容和实践过程中的互动发展。

（1）创新是创业的基础

从总体上说,科学技术、思想观念的创新会促进人们物质生产和生活方式的变革,引发新的生产、生活方式,进而为整个社会不断地提供新的消费需求,这是创业活动源源不断的根本动因；另一方面,创业在本质上是人们的一种创新性实践活动。无论是何种性质、何种类型的创业活动,它们都有一个共同的特征,那就是创业是主体的一种能动的、开创性的实践活动,是一种高度自主的行为,在创业实践的过程中,主体的主观能动性将会得到充分的发挥和张扬,这种主观能动性充分体现了创业的创新性特征。

（2）创新是创业的本质与源泉

创业者只有在创业的过程中具有持续不断的创新思维和创新意识,才可能产生新的富有创意的想法和方案,才可能不断寻求新的模式、新的思路,最终获得创业的成功。

（3）创新的价值在于创业

从一定程度上讲,创新的价值就在于将潜在的知识、技术和市场机会转变为现实生产力,实现社会财富的增长,造福于人类社会。而实现这种转化的根本途径就是创业。创业者可能不是创新者或是发明家,但必须具有发现潜在商机的能力和敢于冒险的精神；创新者也并不一定是创业者或是企业家,但是创新的成果只有推向市场,使潜在的价值市场化,创新成果才能转化为现实生产力,这也侧面体现了创新与创业的相互关联。

（4）创业推动并深化创新

创业可以推动新发明、新产品或是新服务不断涌现,创造出新的市场需求,从而进一步推动和深化各方面的创新,因而也就提高了企业或是整个国家的创新能力,推动经济的增长。

1.2 "互联网+"创业本质

"互联网+"为大众创新万众创业带来了可能,中国已经进入"互联网+"时代,这为企业提供了更为良好的条件,新一轮互联网创业浪潮正在形成。"互联网+"是在"创新2.0"背景下应运而生的一种新型互联网经济形态,也是在技术催生下所产生的经济社会发展新模式。

1.2.1 "互联网+"的含义

2015年3月5日,国务院总理李克强在第十二届全国人民代表大会第三次会议上的政府工作报告中,首次提出"互联网+"。"互联网+"代表一种新的经济形态,即充分发挥互联网在生产要素配置中的优化和集成作用,将互联网的创新成果深度融合于经济社会各领域之中,提升实体经济的创新力和生产力,形成更广泛的以互联网为基础设施和实现工具的经济发展新形态。

1.2.2 "互联网+"的特征

(1)跨界融合

"+"就是跨界,就是变革,就是开放,就是重塑融合。敢于跨界了,创新的基础就更坚实;融合协同了,群体智能才会实现,从研发到产业化的路径才会更垂直。融合本身也指代身份的融合,客户消费转化为投资,伙伴参与创新等等,不一而足。

(2)创新驱动

粗放的资源驱动型经济增长方式早就难以为继,必须转变到创新驱动发展这条正确的道路上来。创新驱动正是互联网的特质,用互联网思维来求变、自我革命,更能发挥创新的力量。

(3)重塑结构

信息革命、全球化、互联网业已重塑了原有的社会结构、经济结构、地缘结构、文化结构。权力、议事规则、话语权不断在发生变化。互联网让社会结构随时面对不确定性,使社会变得更加多元化、个性化,草根经济、粉丝经济、网红经济、社群经济、分享经济等众多新兴经济模式应运而生。

(4)尊重人性

人性的光辉是推动科技进步、经济增长、社会进步、文化繁荣的最根本的力量,互联网力量的强大,也源于对人性的尊重、对人的创造性的重视。

（5）开放生态

生态是"互联网+"非常重要的特征，而生态的本身就是开放的。我们推进"互联网+"，其中一个重要的方向就是要把过去制约创新的环节化解掉，把孤岛式创新连接起来，让研发由市场驱动，让创业者有机会实现价值。

（6）连接一切

"互联网+"的本质是：连接人、信息、产品和硬件。连接一切是"互联网+"的目标。

社交网络实现了人与人的连接以及自由人的自由联合。当前，互联网社交已经演进至多元化社交时期，移动社交应用已与生活服务类应用融合发展。

互联网连接了人与信息，使人们通过搜索可以了解海量信息。互联网连接了信息与信息，形成了物联网。在第三次互联网浪潮下，物联网的热度持续升温，机器人、智能硬件、智慧交通、智慧农业、智慧城市、无人驾驶汽车等等都是比较好的应用。

1.2.3 "互联网+"的关键要素

（1）互联网思维

互联网思维，最早由百度公司创始人李彦宏提出，是指在（移动）"互联网+"、大数据、云计算等科技不断发展的背景下，对市场、用户、产品、企业价值链乃至对整个商业生态进行重新审视的思考方式。互联网思维的六大特征：大数据、零距离、趋透明、慧分享、便操作、惠众生；五个关键词：便捷、表达（参与）、免费、数据思维、用户体验。

（2）互联网技术

当前常用的互联网技术包括移动互联网技术、大数据技术、云计算技术、物联网技术、区块链技术、虚拟现实和人工智能等。互联网的核心是流量：信息流、用户流、现金流。

1.3 全球创新创业活动概况

21世纪是互联网的时代，也是创新创业的时代。互联网的出现，使"颠覆与挑战并存"成为这个时代的音符，互联网正重塑着人类的思维，让它更快、更宽、更远。

1.3.1 "互联网+"创新创业趋势

普适计算之父Mark Weiser（马克·韦泽）说过："最高深的技术是那些令人无法觉察的技术，这些技术不停地把它们自己编进日常生活，直到你无所适从。"当移动开发技术来临时，企业一个接着一个地转向移动平台，而落在后面没有这样做的企业正在走向衰亡；大数据、金融科技正在做同样的事情，人工智能也是如此。

15 年前我们讨论的话题企业还是诺基亚、联想、微软、万科，但现在充斥着各种媒体的是腾讯、阿里巴巴、百度、苹果、谷歌、字节跳动……。毫无疑问，我们正在经历一场全球范围的创业革命，其影响力不亚于 20 世纪的工业革命。创业者通过颠覆性创新、新市场开拓、创造就业机会、提高生产效率以及打造新兴产业，持续不断地为经济增长做出不可估量的贡献，而且极大地改变了我们的生活方式。人类社会从工业社会向信息社会转型，创新和速度成为竞争优势的重要来源，全球化、互联网技术等因素促使个体的创造力得以全面发挥。

1.3.2 国际创新创业战略

国家和地区间的竞争聚焦在技术创新和创业水平上。创新创业活动带来的强大经济效益已成为世界各国、各地区经济发展的重要推力。

（1）中国——"大众创业，万众创新"战略和"互联网+"计划

2014 年 9 月的夏季达沃斯论坛上，国务院总理李克强提出，要在 960 万平方公里土地上掀起"大众创业""草根创业"的新浪潮，形成"万众创新""人人创新"的新势态。2014 年 11 月，他在首届世界互联网大会上指出："互联网是大众创业、万众创新的新工具。"2015 年 3 月，李克强总理在《2015 年国务院政府工作报告》中，提出"大众创业，万众创新"和制订"互联网+"计划，旨在利用互联网作为驱动中国经济转型升级的内在引擎。

（2）美国——"创新网络"计划和"国家先进制造业战略"计划

2011 年 2 月，美国政府重磅推出美国创新战略；2012 年 2 月，美国国家科学技术委员会公布"国家先进制造业战略"计划，该计划由美国国务部、国防部和能源部牵头，相关联邦部门参与，旨在协调各部门发展先进制造业的政策。2013 年 1 月，美国总统执行办公室、国家科学技术委员会和高端制造业国家项目办公室联合发布《国家制造业创新网络初步设计》。2013 年 2 月，奥巴马提议联邦政府一次性拨款 10 亿美元建立 15 个制造创新研究所，组成全美制造业创新网络，以缩小基础研究和产品开发的差距，加快科技成果转化和大规模商业化应用。2014 年 1 月，美国在北卡罗来纳州建立了下一代电力电子制造创新研究所，2 月在底特律设立了轻量制造和现代金属制造创新研究所，在芝加哥建立了数码制造和设计制造创新研究所，旨在进行数字化设计、工程和制造等过程的技术和流程研发与应用。2015 年 1 月美国宣布在田纳西州诺克斯维尔建立先进复合材料制造创新研究所，由能源部主导。美国的创新网络计划和国家先进制造业战略旨在推动美国先进制造业的复兴，为美国创造更多的就业机会，从而振兴美国经济。

(3) 欧洲——"工业 4.0"与"高价值战略"

"工业 4.0"是德国版的再工业化战略，以提高德国制造业的竞争力为主要目的，目前已经上升为德国的国家战略。英国则早在 2008 年推出"高价值制造"战略，希望鼓励英国企业在本土生产出更多世界级的高级附加值产品，以加大制造业在促进英国经济增长中的作用。为推动先进制造战略，英国政府推出了一系列资金扶持措施，保证高价值制造成为英国经济发展的主要推动力，促进企业实现从设计到商业化整个过程的创新。目前，"高价值制造"战略已进行到第二期。

(4) 日韩——IT 战略与韩版"工业 4.0"

20 世纪 90 年代以后，日本逐步确立了 IT 立国的战略，2001 年制定并开始实施"e-Japan 战略"，从此互联网和宽带通信产业开始高速发展。日本在 2004 年度 ICT 政策大纲中提出了"u-Japan"战略计划，旨在力图实现所有人与人、物与物、人与物之间的连接。日本政府于 2012 年推出《日本再生战略》，通过将创新转化为经济增长，培育新产业与新市场，实现农林渔业再生，推进高水平经济合作。

韩国政府 2010 年发布了《IT 融合发展战略》，提出在汽车、造船、医疗等十个重点融合领域，加强 IT 融合创新力量，培育 IT 零配件产业，开创 IT 融合市场，建立 IT 融合基础设施。2011 年制定的《产业促进法》，从立法层面推动融合型新产品研发及开拓融合市场。2012 年公布了《创造型经济实施计划》，旨在通过信息通信技术等提高产业的竞争力。2014 年 6 月，韩国正式推出了《制造业创新 3.0 战略》。2015 年 3 月，韩国政府又公布了进一步补充和完善后的《制造业创新 3.0 战略实施方案》，标志着韩版"工业 4.0"战略的正式确立。

1.3.3 中国互联网发展历程

(1) 互联网 1.0 时代（Web 1.0）

以单向传播为特征，以新浪、搜狐、网易等信息检索站点为代表的互联网时代。在这个过程中，网站将编辑过后的内容呈现给用户，用户在网页上阅读和浏览需求的信息，主要实现网站到用户的单向行为，同时也奠定了互联网 1.0 大量信息传播的基础。

(2) 互联网 2.0 时代（Web 2.0）

以双向传播为主要特征，互联网电子商务发展迅速。相较于互联网 1.0 时代，2.0 时代将互联网作为一个平台，借助集体的力量和智慧，实现互动交流，基于用户提供的内容，网站功能设计也融入用户思考和建议，注重用户体验，实现网站与用户双向交流。在 2.0 时代，业余生产、参与式文化、认知盈余等新现象层出不穷，例如"众筹""顾客社群"等。

(3) Web 3.0 时代

是以个性化、精准化和智能化为主要特征，以大数据、网络自媒体和微博微信等社交化媒体为代表的全方位互动时代。能够实现更加智能化的人与人之间、人与机器之间的交流。Web 3.0 基于强大的、无处不在的网络链接，将各行各业纳入其中，正如《世界是平的》书中所说："人们可以通过因特网轻松实现自己的社会分工，这是新一波的全球化，正在抹平一切疆界，让整个世界变平了，从小缩成了微小。"Web 3.0 时代也是一个精准营销的时代，商家可根据用户在网络上留下的各种信息、数据、符号等，精准把握用户需求和喜好以实现营销，网民不仅是信息的生产者，也是信息的拥有者和分享互联网经济的利益者，可以通过大众网络全员营销模式和众包营销模式。Web 2.0 时代实现了用户与网站的互动，Web 3.0 时代通过大数据、云计算等技术支持，实现产品和服务向商业价值链条的转化。在 Web 3.0 时代，用户体验和用户价值受到重视，更多互联网功能、信息传播途径也被充分挖掘出来。

从互联网发展历程可以看到，互联网刚刚诞生时并非为了商业目的，但随着互联网的进一步发展，其商业价值被挖掘，电子商务应运而生，互联网利用范围不断扩大，逐渐形成新的经济形态：互联网经济。在互联网热潮中，各类电商大量涌现。

1.4 改革开放以来的中国创业史

1.4.1 第一波浪潮（1984—1992 年）

1984 年被视为我国创业元年，这一年，十二届三中全会通过了《关于经济体制改革的决定》，这是 1978 年改革开放以来第一份以经济体制改革为主题的文件，它确定了中国由计划经济体制向市场经济体制的转型。在计划经济体制下，政府管企业的人、财、物以及产、供、销，也管居民的生老病死。例如，如果消费者想要买米，除了钱还得有粮票，在限定的日子去粮店核票买米。企业的生产计划也不是根据市场行情自由安排，生产计划统一由政府下达，原料由政府调拨，销售由政府指定，一切交易都按政府规定好的执行。到了 20 世纪 80 年代，计划经济越来越不适应社会的发展和广大人民群众日益增长的物质文化需求，社会上出现了严重的物资短缺，商品供不应求。为解决这一问题，1984 年国家开始着手市场经济体制改革，推动了中国创业史上的第一波浪潮。计划经济背景下的创业活动提高了中国各个行业的产能，解决了当时的物资短缺问题，探索出了最早的市场经济条件下企业运行的基本框架，为后续的创业者创造了良好的经商氛围，打开了中国创业的新时代篇章。

1.4.2 第二波浪潮（1992—1996 年）

1992 年，党的十四大通过了《关于建设社会主义市场经济体制改革的决定》，首次提出我国改革的总体目标是建立社会主义市场经济体制。当年春天，中国国家经济体制改革委员会出台了两个重要文件：《有限责任公司规范意见》和《股份有限公司规范意见》。政府第一次允许个人通过投资入股的方式创办企业成为股东，还推动了股票市场的发展。当时还有一个变化是政府允许个人通过身份挂靠，离开原来的国有企业，进入民营企业，促进人才的流动。

1992年，一些体制内胆子大的人纷纷下海经商。中国人力资源和社会保障部曾做过统计，当年辞职下海者超过12万人，通过停薪留职、兼职的形式投身商海的人超过1000万。现在依然活跃在商界的如波导的徐立华、慧聪的郭凡生、新东方的俞敏洪、复兴的郭广昌、力帆的尹明善都是该轮创业浪潮的典型企业家代表。

该轮创业浪潮涉及的领域不再局限于制造业，还包括信息咨询、金融、贸易等。由于这些创业者大都受过良好的教育，他们在办企业的过程中从一开始就尝试建立现代企业制度，为后续的发展打下了良好的基础。同时，股份制的推行和股票市场的发展带动了整个资本市场的建立。人事制度在这一时期也有所松动。92潮后国家建立了户口档案的托管制度，使停薪留职或者辞职经商变得更加可行。由于这一波下海的人基本都在物质上获取了丰厚的回报，社会上开始理解和认可创业者，创业活动在社会中变得更加常见。

1.4.3　第三波浪潮（1996—2008年）

在第三波创业浪潮来临之前，创办企业的门槛还是比较高的。初期资金投入对于许多人而言依然是一个不可逾越的障碍。1996年之后，信息技术的发展催生了一大批高科技互联网公司，形成了一股互联网创业的浪潮，同时大批留学生回国，他们渴望把美国市场的成功业务移植到国内，这批海归回国创业还引入了风险投资方式；同时中国本土培养的大批大学生也开始创业，新浪的王志东、网易的丁磊、腾讯的马化腾都是本土成长起来的技术人才。

在这一波浪潮中，境外风险投资大量进入中国，使得创业企业的资金来源更加多样化；创业企业除了通过沪深股市上市，还可到境外交易所上市。同时国外创业企业的先进管理方式进入国内，带来了宝贵的经验。此外，随着企业上市，创业者的社会地位和影响力发生了非常大的改变，社会上出现了对创业者尊重、敬佩甚至是敬仰的思潮。

1.4.4　第四波浪潮（2008年—至今）

真正将年轻人全面带动起来的创业浪潮起始于2008年移动互联时代的到来，这波浪潮让全民创业成为可能。2014年起创业活动开始蓬勃发展；2015年国务院提出"大众创业，万众创新"战略和"互联网+"计划；2018年国务院提出通过打造"双创"升级版，进一步优化创新创业环境，大幅降低创新创业成本，提升创业带动就业能力，增强科技创新引领作用，提升支撑平台服务能力，推动形成线上线下结合、产学研用协同、大中小企业融合的创新创业格局。创业政策和环境都很不错。政府把通过创业推动经济发展上升到了国家战略的高度，各级政府部门相继出台了一系列鼓励创业的政策。比如工商登记制度的改变，理论上 1 元钱就能开办公司，让"白手起家"变得现实；税收、金融、担保等各项政策都有相应的改变；各地开办创业孵化器，为新创企业提供较低的场租、法律登记服务、培训指导等。无论是中央政府还是地方政府，对创业的支持力度前所未有，吸引着越来越多的人关注创业、实践创业。现今的资本市场拥有更成熟完整的投资链，多样化的投资主体都在搜寻好的投资项目。除了风险投资以外，还有天使投资、新三板、创业板等。创业企业发展的每个阶段都有相应的资金提供者，创业门槛降低，整个创业服务体系日趋完善。随着移动互联网技术的进步，市场上出现了很多基于移动互联网的平台，有了这些平台，每个人都可以通过做一个APP的形式来创立新企业，做一个产品，为千家万户服务。除了政府提供的服务和投资者提供的融资体系外，社会上还有大量为创业者提供法律、金融、审计服务的机构，形成了一整套服务链。

【学以致用】

中国互联网企业纷纷涌入北京 2022 冬奥会

冬奥会承载着全球人民的期待，2月4日在中国农历立春这一天，一场宏大的北京冬奥会开幕式吸引了全世界的目光，人们期待着北京这座双奥之城给人们带来一场顶级的体育盛宴。这几年，中国互联网企业频频在春晚、世界杯、奥运会等这样的全民级活动上亮相，收获了指数级曝光的同时，也让外界感知到了互联网新经济的汹涌澎湃。

奥运火炬一直是奥林匹克精神的重要象征，名为"飞扬"的北京 2022 冬奥会和冬残奥会火炬，是承载了北京冬奥会愿景和中国文化底蕴的"国之礼器"。2022 冬奥会火炬的外观设计，仪式火种台的设计，是由一群来自阿里巴巴的设计师设计完成的，他们以"让商业美而简单"为使命，让技术、产品和服务显现出美观、简单、好用。阿里巴巴在 2017 年初就已经与国际奥组委展开合作，为奥运会提供官方云计算服务以及电子商务平台服务，并成为奥林匹克频道的创始合作伙伴。今年冬奥会，阿里巴巴依然为云上奥运助力，并和奥林匹克广播服务公司联手打造出奥林匹克转播云 OBS Cloud，为转播方提供云上解决方案。

在中国政府采购网发布的北京 2022 冬奥会和冬残奥会组织委员会物流服务商项目成交公告中，京东物流成功中标。京东的物流与供应链能力有目共睹，京东物流目前已经成为全球唯一一家拥有中小件、大件、冷链、B2B、跨境和众包六大物流网络的企业。早在 2017 年，京东就提出了 3S 理论，把短链、智能、共生的无界物流嵌入到生产、流通、消费的每个环节当中，在体育赛事物流服务保障方面也积累了丰富的经验。北京冬奥会期间，京东物流实现了供应链的全面数字化，自动搬运机器人、分拣机器人、智能快递车、无人机、双面智能配送柜均在冬奥物流服务中被广泛应用。京东物流在保证运输效率的同时兼顾低碳环保，在主物流中心和场馆内设立了物资回收角，提升物流包装再利用率；在赛区城市配送物流以及场馆内部物流中 100% 使用电动物流车，并在张家口赛区运行氢能源物流车等。

这届冬奥会，百度智能云通过"3D+AI"技术，在线上打造了虚拟跳台，通过虚拟显示技术，解决了两大观赛痛点，还给观众带来了更智慧的观赛体验，并打造出"同场竞技"系统，将单人比赛项目变成"多人比赛"，实现了冠、亚军比赛画面的三维恢复和虚拟叠加，方便观众通过一个赛道看到不同选手的实时动作。不止于此，首个冬奥 AI 手语主播也是由百度智能云曦灵数字人平台提供技术支持和服务。在首钢园区内展开的基于多种车型的 L4 级自动驾驶示范应用，服务于冬奥会期间首钢园区的日常运营，满足奥运会期间园区运输需求。百度负责科技冬奥专项高精地图服务、无人 MINI 客车自动驾驶功能开发与仿真平台开发。

科大讯飞是北京 2022 冬奥会和冬残奥会官方自动语音转换与翻译独家供应商，担负着让来自全球各地的运动员、教练、裁判以及赛事服务人员都能够在冬奥会期间"无障碍"沟通的重任。科大讯飞推出的双屏翻译机可支持中文与 60 种外文互译，15 种语言的语音翻译，32 种语言拍照互译，并针对冬奥赛事，加入百万级别专业词汇及行业术语，覆盖各类体育运动和裁判用语，能有效满足运动员、教练员、观众等跨语言沟通需求。"讯飞听见"APP 已入驻奥组委日常办公中；多语种冬奥虚拟志愿者"爱加"是科大讯飞研制的虚拟人智能交互一体机，能进行面对面的冬奥赛事、赛程实时互动交流，周边交通、文化、旅游等咨询问答也不在话下。科大讯飞打造的智能服务机器人平台也在首钢园应用落地，在语言翻译、导航、酒店入住、赛事查询、旅游观光等环节为运动员、赛事服务人员提供更加智能化、个性化的服务。

北京 2022 冬奥会开幕式上呈现的冰雪视觉盛宴全程使用数字表演与仿真技术，而承担这一视觉盛宴技术底座的，是京东方。为了完成这一艰巨的任务，京东方的项目团队绘制了 3000 余份图纸，现场安装了 1.8 万个显示模块，使用了 10 余万米的线缆、7.2 万个接头、近 8 万米钢构件，造就了开幕式的"完美呈现"。雪花型主火炬台的软硬件设计也出自京东方之手，它采用了 55 万颗 LED 灯珠，每一颗灯珠都由驱动芯片的单一信道独立控制，镂空雪花的出光面采用目前业内出光面最窄的单像素可控 LED，充分呈现雪花的线条感和细腻的画面显示效果。

开幕式五环的精彩亮相，是北京长征天民研制团队 200 多人、700 多天上百次仿真试验的日夜奋战的成果展现。长征天民研制团队参照航天结构设计的一些方法，以铝合金桁架结构为骨骼，以 LED 显示屏为衣服，以扩散板为外套，采用三维虚拟设计、视觉效果渲染对比、半实物仿真技术，圆满完成了设计任务。

为保障冬奥会各项工作的信息网络安全，奇安信公司部署包括终端安全管理、Web 应用防火墙等在内的各类安全设备近千套，并对冬奥使用的产品开展专项漏洞挖掘工作，包括人工黑盒测试、二进制自动化漏洞挖掘、人工白盒代码审计、代码卫士白盒扫描，进行安全检测和闭环修复等。

一场开幕式，处处透露着中国科技的智慧：水下传递奥运圣火的火炬机器人，开幕式暖场的杭州宇数科技的四足机器人"福虎"，还有 5G、AR、裸眼 3D、无人机等硬核科技悉数登场亮相，一场开幕式被活生生演绎成了中国科技的应用秀，成为数字奥运的生动缩影。

北京冬奥会期间，小红书、微博、抖音、快手等内容平台纷纷邀请奥运冠军或相关人士入驻，还推出了运动员赛后专访、名嘴解读等形式的直播或集锦栏目。武大靖抖音官方账号的短道速滑混合团体 2000 米接力赛冠军报喜视频获赞超过 188 万；谷爱凌夺冠后，相关词条在微博前十热搜中占据五席，其中第一条和第二条数量超三千万。

由冬奥会延伸出的产品及内容话题也源源不断。国美真快乐 APP 成为冬奥会的合作伙伴，也是中国冰雪系列手办"冰娃雪娃"的现货首发平台；网易文创联合网易体育推出了系列冰雪燃情访谈类纪录片《冰雪·热爱者》，与全民共创 2022 冰雪记忆。

四年一届的冬奥会，是互联网企业对外展示自身技术、产品、服务等实力的一个绝佳契机。冰雪产业价值令人垂涎，国家体育总局、国家发改委等联合印发的《冰雪运动发展规划（2016-2025 年）》提出，到 2020 年中国冰雪产业总规模达到 6000 亿元，2025 年达到 10000 亿元。从冰墩墩遭疯抢到冰雪产业的火爆，奥运产生的经济效益一次次得到验证。冬奥会给互联网企业提供了炫技的平台，互联网企业借势冬奥收割流量，我们看到了一场科技武装的体育盛会，也看到了中国新一轮经济的增长点。

案例思考题

1. 案例中有提及哪些中国互联网企业支持本届北京冬奥会？
2. 以上这些中国互联网企业集体"进驻"冬奥，分别展示了哪些来自产品或服务的价值？
3. 你认为在互联网＋创业环境中，应该注意哪些因素？
4. 案例给你带来哪些启示？

第2单元 互联网创业团队与股权分配

知识目标

了解互联网创业团队组织与架构
熟悉合伙创业与合伙人
掌握股权分配原则、要素、方法和作用

技能目标

能够搭建互联网创业团队
能够进行简单股权设计
能够撰拟合伙创业协议

思政目标

培养学生从"B站"创业历程中汲取团结协作的成功经验
培养学生在股权分配过程中遵循"契约"精神

【他山之石】

B站创业故事：确认过眼神，都是二次元的人[①]

Bilibili（B站）成立于2009年，最初以二次元文化为标签。2021年3月29日，B站在香港二次上市，距离第一次在美国纳斯达克上市刚刚过去了三年。B站曾被创始人徐逸称为"A站的后花园"。2009年，因为A站曾关停了一段时间，很多沉迷于二次元的玩家无处可去，于是身为AcFun（A站）铁杆用户的徐逸，便建立了一个类似A站的公司MikuFans，希望二次元粉们在A站宕机时，有地方可去。2010年，大学毕业后的徐逸全职投入创业，他将MikuFans更名为bilibili，简称B站。不过这时的B站连公司都还没有注册，唯一的收入是搜索广告，但这几万块钱远不够支付每月十几万的运营成本。

也是在这个时期，B站迎来了改变其命运的"铁杆用户"，这个人就是当时金山网络（现猎豹移动）联合创始人陈睿。当时陈睿苦于猎豹与360的拉锯战，每天在B站上看半小时动漫解压。"我当时就非常深刻地感觉到这个产品很特别，是发自内心的喜欢。"于是，他在网上找到了徐逸的联系方式，并给他发了一封邮件，内容写着"我是陈睿，对你们这个网站很感兴趣，我们能不能见一见？"陈睿很快约见了B站创始人徐逸。据陈睿在一次采访中回忆，那次见面他和徐逸一直聊到凌晨3点钟。当时B站用户量不到2万，还没有拿到投资。徐逸和另外几个初创人员都是二十岁出头的年轻人，挤在杭州一个月租3000元的房子里。见到B站初创团队后，陈睿就预测这个公司目前虽然很小众，但未来会越来越庞大。于是，这场"粉丝见面会"就发展成了投资意向会。

不过投资过程并不是很顺利。最初陈睿提出投资B站时，被徐逸拒绝了。据徐逸后来解释："当时B站属于个人站点，什么证都没有，用户数也只有几十万。钱投进来亏了怎么办？"可是当年年中，新番很给力，用户数再次激增，徐逸需要钱买新的服务器，最终还是接纳了陈睿的投资。就这样，陈睿成了B站的天使投资人，并以业

[①] 来源：腾讯网：揭秘B站幕后大佬：掌舵人曾是B站铁杆用户 而创始人选择了退居幕后；新浪科技：B站创业故事：确认过眼神，都是二次元的人。略有改动。

务顾问的身份一手促成了B站从个人站点到公司化的演进。2011年9月14日，B站终于有了自己的公司实体，即杭州幻电科技有限公司。

作为一个技术男，徐逸是理智的，他深谙"专业人士干专业的事情"这个道理。在运营公司这件事上，徐逸将这份理智运用到了极限。当陈睿成为B站投资人后，徐逸就开始有意通过外放股份的方式，让陈睿这个专业人士更多地加入到管理层，为公司发展提供更多的决策。大概从2012年开始，徐逸开始反复游说陈睿加入公司。陈睿提出希望像雷军和求伯君那样，在股权上比较平均，而徐逸回复没有问题，如果陈睿对公司的贡献更大，股份比自己多都可以。"用最大的诚意拉动比你专业的人"，这个道理徐逸在很小的时候就懂了。

2014年，猎豹移动刚刚风光上市，身为联合创始人的陈睿在此时放弃了一半期权，怀揣着少年梦想，全职加入仅有30多人的B站。就这样，B站掌舵权顺利交接——陈睿成为B站董事长兼CEO，很快走向台前。此后，陈睿负责产品和技术，徐逸专攻内容，做个体现兴趣爱好的网站是够了，但做一家企业远远不够。如何将B站从一个小众社区向商业化发展、运作，陈睿需要帮手，于是他找到了有着丰富企业管理和人力资源管理经验的李旎。

李旎是一个"爱打仗"的冒险者，"爱打仗，敢于接受挑战"是熟悉李旎的人对她的评价。第一次冒险是她选择在大学一毕业就创业。大学时的实习经历让她对企业管理咨询工作产生了极大兴趣。于是，毕业后李旎自己创立了一家咨询公司，给科技公司提供企业管理、人力资源以及投资相关的服务。这次冒险，李旎收获很多，她出色的业务能力获得当时服务过的科技公司的认可。2012年李旎加入猎豹，成为当时互联网公司最年轻的人力高管。第二次冒险，是她放弃上市公司的高管职位，毅然加入当时只有40多人、名不见经传的B站。但李旎并不这么认为，"我不认为自己的选择是冒险，更多是相信自己的判断。"事实上，加入B站，是她在将陈睿和徐逸认作"知音"后做出的决定。回忆当初的选择，李旎认为这纯属一次理想主义的"感召"。"他们俩（陈睿和徐逸）的价值观很相像，都很理想主义，做事不是个人成就驱动，也不是金钱驱动。"正是这种非典型的理想主义气质，让她深信自己终于找到了内心追求和事业的完美结合。

陈睿、徐逸、李旎，上述这样的三人组成了B站的"三角阵营"，一起维护B站，如今逐渐被主流商业社会认可。

2.1 互联网创业团队

2.1.1 创业团队的内涵及搭建

随着社会分工的细化，个人单打独斗的时代已经结束，没有团队的创业也许不会失败，但要成为一个高成长性的企业却极为困难。有效的创业团队，全体队员要各就其位，各司其职，密切配合，发挥整体功效。创业团队作为一种先进的组织形态，越来越引起企业的重视，许多企业已经从理念、方法等管理层面进行团队建设。

（1）创业团队的内涵

创业团队由少数人组成，这些人具有相互补充的技能，为达到共同的目的和绩效目标，他们使用同样的方法，相互之间承担责任。狭义的创业团队是由两个或两个以上有着共同目的、共享创业收益、共担创业风险的人组成，彼此间通过分享认知和合作行动，共同承担创建新企业的责任，形成的高效工作团队。广义的创业团队还包括与创业过程有关的各种利益相关者，如风险投资家、专家顾问等。

创业团队应具有较强的机会识别能力、机会开发能力、机会获取能力。风险投资家非常重视创业团队，创业团队是风险投资的最大风险。

（2）创业团队的搭建

创业团队搭建是指聚集具有不同需要、背景和专业的个人，把他们变成一个整体、有效的工作单元。创业团队搭建方法与过程一般包括以下四个阶段。

1）准备工作

本阶段首要的任务是决定团队是否为完成任务所必需，这要看任务的性质。因为有些任务由个体独自完成效率可能更高。此外，本阶段还要明确团队的目标与职权。

2）创造条件

为团队提供完成任务所需要的各种资源，如物资资源、人力资源、财务资源等。如果没有足够的相关资源，团队不可能成功。

3）形成团队

本阶段的任务是让团队开始运作。此时须做三件事：确立谁是团队成员，谁不是团队成员；让成员接受团队的使命与目标；管理者公开宣布团队的职责与权力。

4）提供持续支持

团队开始运行后，尽管可以自我管理、自我指导，但也离不开上级领导者的大力支持，以帮助团队克服困难、战胜危机、消除障碍。

（3）团队组建中的常见问题

1）团队出现内耗，能力抵消，造成"1+1<2"

如果团队成员在价值观上不能彼此认同，人与之间难以沟通，不能形成合力，就会使整体功能小于部分功能之和，甚至小于单个部分的功能。

2）团队的运作受到外部干扰，团队建设受到影响

当团队遇到困难，无法整合优势力量攻克难关之时，其他团队有可能"乘人之危"挖"墙脚"，这在市场上属于正常现象，但被挖"墙脚"的团队会陷入困境。

3）团队缺少一个有威望的领导，出现群龙无首的状态

在有些情况下，虽然团队成员目标一致，但缺少一个有威望的团队领导的指挥，团队成员也会陷入盲目状态。

4）创业团队需具备的关键要素（5P模型）

① 目标（purpose） 创业团队应该有一个既定的共同目标，知道要向何处去，没有目标团队就没有存在的价值。目标在创业企业的管理中以创业企业的远景、战略的形式体现。

② 定位（place） 团队的定位是指团队在企业中处于什么位置，由谁选择和决定团队的成员，团队最终应对谁负责，团队采取什么方式激励下属。而团队中个体的定位是指团队成员在团队中扮演什么角色。贝尔宾·R·梅瑞狄斯（Belbin. R. Meredith）认为成功的团队必须拥有9种角色，包括创新者、资源调查者、协调者、塑造者、监控评估者、协作者、执行者、完成者和专家。

③ 职权（power） 团队当中领导人的权力大小跟团队的发展阶段相关，一般来说，团队越成熟，领导者所拥有的权力相应越小，在团队发展的初期领导权是相对比较集中的。

④ 计划（plan） 把职责和权限具体分配给团队成员，制订计划和指导团队成员分别做哪些工作以及怎样做，把计划理解成达到目标的具体工作程序，制定一系列具体的行动方案，保证创业团队一步步贴近目标，从而最终实现目标。

⑤ 人员（people） 人是构成创业团队最核心的力量。人力资源是所有创业资源中最活跃、最重要的资源。在人员选择方面要考虑人员的能力如何，技能是否互补，人员的经验如何。

（4）互联网创业者如何组建一个有效的创业团队

① 懂商业的人：他能判别做的项目有没有市场，带领团队找到商业模式（可能会经历探索阶段，但是最终比较靠谱地给你满意答案）。没有懂商业的人，就解决不了商业问题，公司可能朝不保夕。

② 策划好业务的人：在懂商业的人的商业模式指引下，迅速找到业务的突破口，策划业务的利益链条如何链接，如何分配利益，最终满足业务的使用者，从产品功能、产品UE、系统架构上下功夫，其他的留给产品经理。

③ 具有强大业务推广能力的人：具有专业的推广技能，能找到按阶段推广业务的有效手段，运用现有资源，达到最佳效果。

④ 专业的程序设计人员：按照定好的业务，兢兢业业，老实本分地将产品正确地开发出来就可以了。一般初创公司都不缺这类人。

⑤ 能将第 1～4 类人聚在一起的人：做好高效沟通、协调、引导、监督工作，以便指引团队做正确的事。此类人作用非常重要，可保障一个团队的工作高效、无摩擦地按照公司的战略规划进行。一般公司会以三种方式找到这类人：一是老板自己挂帅督战，一切争议最终由老板裁决，风险由老板一人承担；二是聘请职业经理人，但一般薪水太高，鱼目混珠，容易带有私心和其他目的进来，对做出的决定并不一定负责，容易留下烂摊子走人；三是大家选举一个德才兼备的人担此重任，但能在合适的时期找到此类合适的人很难。

2.1.2 创业团队建设

团队建设的目的是创造团结精神，使管理层有时间进行战略性思考，提高决策速度，使员工队伍多元化，提高绩效。一个优秀团队的创建，需要经过如图 2-1 所示的一系列过程。

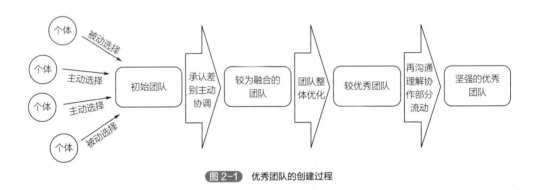

图 2-1 优秀团队的创建过程

（1）高效创业团队的特征

成功的团队需要有：一个强有力的核心人物——团队的脊梁；一支优势互补的队伍——团队的路基；一个透明沟通的平台——团队的桥梁；一套规范的运作——团队的立柱；一种创业企业的文化——创业企业的黏合剂；一种有效的执行能力——团队的泥工刀。各个成员心理上相互认同，行为上互相配合和制约，对该群体有一种归属感，由共同目标聚集在一起。

高效创业团队要有明确的目标，团队成员对于共同的理想要有清晰的了解，并坚信这一目标包含着重大的意义和价值，这种目标能激励成员把个人的目标升华到团队目标中。高效的创业团队，每个成员都要明晰自己的角色，明确自己的职责，能够主动完成自己角色下的任务。高效的创业团队成员技能互补，具备实现理想目标所必需的知识、信息、经验，相互之间良好合作,从而能出色地完成任务。高效的创业团队成员之间具有良好的沟通,互相之间能迅速、准确地达成一致的想法和情感。高效创业团队有一个合适的领导者,承担教练和后盾的角色,他们给团队提供指导和支持,但并不是去控制它,他们鼓舞团队成员的自信心,帮助他们更充分了解自己的潜能。

(2)团队建设的原则

好的工作团队一般以不超过10人为佳,人太多会妨碍交流,难以形成凝聚力。高效团队需要三种不同类型的成员:具有技术专长的人,具有发现、解决问题和决策技能的人,具有较强人际关系能力的人。要合理分配角色,把个人偏好与团队要求适当匹配,使团队成员各尽其才,各显其能。要树立共同目标,共同目标是指引团队成员前进的动力。要提高整个团队绩效水平,使群体充满活力。要建立绩效评估与激励体系,除了根据个体的贡献进行评估和激励外,还应考虑以群体为基础进行绩效评估、团队激励等强化团队的奋进精神。要培养相互信任的精神,将团队成员的个体利益与团队整体利益相统一,用语言和行动支持自己的团队,开诚布公、公平、保密。要培养团队的大局意识、协作精神和服务精神。

(3)团队建设的过程

团队建设有自己的生命周期,如图2-2所示,各个阶段对应的时期及特征如下。

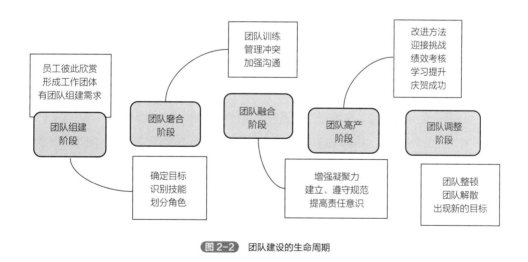

图 2-2　团队建设的生命周期

① 团队组建阶段——形成时期:初步形成创业团队的内部框架,建立创业团队与外界的初步联系。

② 团队磨合阶段——规范时期:设定标准,交流想法,阐明愿景,明确职责建立必要规范。

③ 团队融合阶段——震荡时期:隐藏问题暴露,公开讨论,解决冲突,促进沟通,改善

关系等。

④ 团队高产阶段——凝聚和收获时期：形成强有力的团队文化、更广泛的授权与更清晰的权责划分。关注如何提高团队效率和效益，把全部精力用于应对各种挑战，形成成果。

⑤ 团队调整阶段——调整时期：对团队实行整顿，优化团队规范。

（4）团队建设的误区

随着市场竞争的日益激烈，现代企业更加强调发挥团队精神，但在团队建设过程中，难免会走入以下误区：

① 团队利益高于一切，团队内部不能有竞争，团队之内皆兄弟，牺牲小我换大我等；

② 讲求团结互助，结果发展成推诿扯皮；

③ 讲求宽大包容，结果演化成纪律松散；

④ 讲究领袖魅力，演化成阿谀奉承等。

总之，团队建设过程中一定要时刻注意可能存在的问题，并及时加以解决，这样才能更快地向建设高效团队的目标迈进。

2.1.3 互联网创业团队

（1）互联网创业团队建设

从创业的角度而言，鉴于互联网行业的整体特征、创业方向及盈利预期的不确定性，再考虑到竞争环境变化、资金引入方式等特点，互联网创业团队管理者对创业团队的组织和管理的结果，对项目本身成功与否至关重要。

通常，在商业模式尚未明朗之前或资金并不充足的情况下，采取谨慎尝试、小步快走的策略较为稳妥。创业初期的关键是依据业务方向及计划目标，控制团队规模。在产品（或服务）进入市场化阶段前，人力成本占总体支出的比例最大，有的会超过80%，因此，创建"小而精"的团队是绝大多数管理者的追求。如"携程四君子"之创业团队：季琦任总裁，富有创业激情而且执行力强；梁建章任首席执行官，管理细腻而且善于拥抱新事物；沈南鹏任首席财务官，熟悉投行业务，平日里也像一架高速运转的精密仪器；范敏任执行副总裁，熟悉传统旅游行业，勤勤恳恳，是守业型的典范。四人各有所长，默契的分工与合作造就了携程的成功。

软件团队应根据业务与产品开发需要，合理预测一个团队规模，一般基于工作量的预测来配备团队大小，另外可以根据运营预算来配备团队规模，尽可能用最小的人力成本创造最高的产品价值。

一个典型的移动互联网产品开发、运营的组织架构在不同的阶段，并不一定需要每一个角色或职位配备一个人。比如一个懂软件开发技巧的项目经理完全可以兼顾一个少于10人的开发团队。再比如，如果这个产品是一个交易类软件产品，那么对软件质量与性能要求就非常高，此时测试经理就变成了一个非常重要的岗位，就要配备与技巧要求严格匹配的人选，同时一定要专职。互联网创业团队一般比较年轻，由于行业特征，除物质奖励之外，管理者的人情关怀非常重要，除了树立信心、营造平等及和谐的工作氛围之外，维持整体的凝聚力和持久性非常重要，定期地关注成员、了解生活、指引方向、吃饭活动，都是非常有效的组织方式。

（2）互联网创业团队迭代

移动互联网创业公司在不断发展与迭代的过程中，会面临研发团队的"野蛮"增长，可能每天都会有新面孔进入到团队中。图 2-3 是一个创业团队典型迭代周期图。

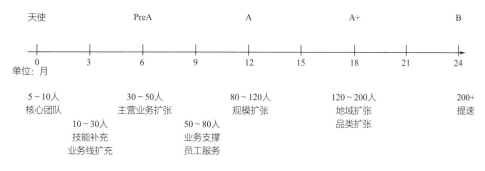

图 2-3　创业团队典型的迭代周期图

如果创业团队做到 A 轮、B 轮，就意味着具有了一定规模的产品研发、运营团队，这个时候研发团队的管理、经营就会经受以下考验。

① 保持并优化：快速开发、快速发布、快速迭代移动互联网产品开发模型。

② 新进入的不同经验层级的研发人员如何更好、更快融入现有产品研发团队并且发挥绩效。

③ 管理和沟通是否能如 10 人团队那样挥洒自如地做产品和运营。

2.2　合伙创业与合伙人

2.2.1　合伙创业与合伙人的概念及形式

（1）概念

合伙创业是指两个以上的创业者通过订立合伙协议，共同出资、合伙经营、共享收益、共担风险，并对合伙企业债务承担无限连带责任的创业模式，其创建的企业被称为合伙企业。合伙创业是一种相对"高起点、高规格、高层次"的创业模式（相对于独立创业而言），是适应相对更大的创业规模和更大的风险承受能力而产生的创业模式，也是应独立创业再发展、再提高的客观要求而产生并存在的创业形态，通常投资规模要大于独立创业，但小于创办有限责任公司的要求。在社会主义市场经济的大潮中，采取合伙创业已成为现代创业的一种普遍现象。

合伙人是指投资组成合伙企业，参与合伙经营的组织和个人，是合伙企业的主体。合伙企业中首先具备的是合伙人。合伙人在法学中是一个比较普通的概念，通常是指以其资产进行合伙投资，参与合伙经营，依协议享受权利，承担义务，并对企业债务承担无限（或有限）责任的自然人或法人。合伙人应具有民事权利能力和行为能力。

（2）合伙创业的形式

1）根据合伙人出资的形式和承担的责任，可分为普通合伙和有限合伙

普通合伙是合伙创业的基本形式，它是指由若干个普通合伙人根据合伙章程组成企业进行合伙创业。在这类企业中，全体合伙人可以向合伙企业投入同等或不等份额的资本作为其股份，合伙人按其出资比例和对合伙企业的贡献大小分享经营利益。除协议另有规定外，每个普通合伙人都有权参与企业的经营管理活动，全体合伙人对企业的亏损和债务负连带无限责任。有限合伙是合伙创业的一种特殊形式，它是指由若干名有限合伙人和若干名普通合伙人共同组成企业进行的创业活动。

法律对两种合伙人的出资要求不同。普通合伙人出资时，不需要把其财产直接交给合伙企业支配；而有限合伙人必须以现金或实物投入企业作为其入伙的资金。两种合伙人的法律地位也不同：普通合伙人负责合伙企业的经营管理，并可以代表合伙企业执行经营业务；而有限合伙人既不参与合伙企业的业务管理，也不对合伙企业的债权人承担个人责任。两种合伙人的收益分配方式也不同：普通合伙人的收益是根据企业的盈余状况确定的，因而是不固定的；而有限合伙人的收益则可在章程中事先确定，在企业盈利的前提下，其收益率是相对固定的。两种合伙人的责任范围也不同：普通合伙人对企业的债务负无限责任，当合伙企业的资产不足以清偿到期债务时，其不足部分由各合伙人按比例用其在企业出资以外的财产承担清偿责任，当合伙个人财产不足清偿其个人所负债务的，该合伙人只能以其从合伙企业中分取的收益用于清偿；而有限合伙人仅对企业的债务承担有限责任，即仅以其出资的数额为限而不需要动用出资之外的财产。

2）根据合伙人身份的特点，可分为个人合伙和法人合伙

个人合伙是指两个以上的自然人共同投资兴办并联合经营企业。我国《私营企业暂行条例》规定的合伙企业就属于个人合伙企业。个人合伙企业是我国私营企业的一种主要的企业组织形式，它可以采取普通合伙与有限合伙这两种形式。法人合伙是指两个以上的企业法人或事业法人共同出资兴办并联合经营企业，这种合伙企业是在个人合伙企业的基础上，适应横向经济联合的客观要求而出现的合伙企业形式。

2.2.2　合伙创业的特点

（1）合伙人地位的平等性

合伙人之间相互交流观点和思想，就创建企业、开发产品及经营方式等达成共识后，按照自愿的原则共同出资实现合伙，是纯粹的物质利益关系。各方出资方式乃至出资数额会有所不同，但其在法律、人格地位上一律平等。

（2）合伙利益的相互性

合伙创业的过程本身就是一个互利双赢的合作，而这种合作成功与否，就在于利益分配上能否始终坚持互利互惠的原则，若有一方企图单独受益，其合伙就难以为继。

（3）合伙人责任、权利与义务的确定性

合伙创业改变了独立创业的单一化和家族创业的伦理化，以理性的眼光明确了主要创业人员的责任、权利和义务，把合伙人之间的关系确定为物质利益关系。为了便于实施、监督各方履行义务而保障彼此利益的实现，各方共同签订书面合伙协议，明确规定各自出资的方式和数额，各自承担的责任与义务，利润分配和亏损分担方法。这一具有法律效力的协议将合伙人的责、权、利明确化、规范化，使每一个合伙人都清楚自己在合伙企业中的地位、应履行的义务和所承担的责任。

2.2.3　合伙创业的优势与劣势

（1）合伙创业的优越性

① 资金较为充足，经营规模较大，容易产生效益。

② 多人合伙创业，可以发挥集体智慧，取长补短，便于事业发展。

③ 多元化利益主体会自然形成企业内部监督机制，使企业达到一种理性化、科学化的经营管理状态，在较高的起点上顺利开展经营活动，从而更容易承担市场压力和风险。

（2）合伙企业的局限性

① 由于每个人承担风险的能力和心态不同，容易影响企业发展决策，制约企业发展；同时，合伙人是员工，员工是合伙人，容易影响企业的日常管理和协调运作。

② 由于是几个人共同创业，对每一个创业者来说，个人成就感就差了很多；利润要在几个合伙人之间分配，也降低了创业经济利益对创业者的吸引力。

③ 每个合伙人的能力有高有低，对企业的贡献有大有小，分工合作往往会加大差异，容易出现参差不齐的现象，使合伙人在企业管理、业务开展、利润分配等方面产生矛盾，影响合伙的正常运作和发展；同时，合伙人随时有可能中途退出，这对创建的企业也是一种巨大的风险。

2.2.4 合伙创业对创业者的特殊要求

合伙企业的一大优势就是在于以契约的形式确定了各合伙人的责、权、利，在合伙人之间建立起自愿、平等、公平、诚实守信的新型伦理关系，是一种具有旺盛生命力的创业模式。但由于多人合作，对创业者的素质有一些特殊的要求。

（1）协作意识

合伙企业是集各自所长，克服各自所短的理性合作，每个创业者都要有强烈的协作意识，积极搞好分工协作，从而使各方优势都得到最大限度的发挥和展现。如果缺乏积极的协作精神，容易出现矛盾，会影响工作效率和工作品质。

（2）信义品格

合伙创业是以合伙人的真诚信义为纽带将彼此联系在一起的。"人无信不立"，缺乏信义的合伙是难以持久的，创业者的人格信誉不仅是"黏合剂"，更是经营活动的精神推动力，它促使各方遵守协约，履行义务，使合伙企业能够持久不断地发展壮大。

（3）宽容态度

多方合作，免不了在管理方法、经营手段、利益分配等方面出现矛盾。有矛盾并不可怕，可怕的是有了矛盾解决不了，矛盾各方各持己见，互不相让。这就要求合伙人以宽容的态度对待之，牢记"和则两利，分则两损"的古训，顾全大局，从大处着眼，以和为贵，求大同存小异，多注意对方的长处，多寻找彼此的共同利益的结合点，求得问题的圆满解决。缺乏宽容态度、心胸狭隘、斤斤计较、寸步不让，必将会使合伙企业四分五裂，结果谁也没有占到便宜。

（4）商业模式

合伙创业要有清晰的商业模式，即盈利模式。如果合伙创业仅凭热情，是很难持续走下去的。要明确自身产品的市场在哪里，如何去挖掘这些资源等。

2.2.5 互联网行业合伙人的选配方法

什么样的人适合一起创业？有两点必须考虑，一是价值观一致和事业方向认同；二是能力资源互补。创业团队散伙分家，大部分要么是由于创始人价值观不一致或不认同而产生严重分歧，要么是某人能力或资源对公司发展未带来核心价值被迫出局。股东之间的理念、性格及信任程度，决定了公司生死。

参与创业的每一个合伙人应该是优势互补且在创业过程中不可替代的。比如一个创业项目需要一个研发，可以找一个研发合伙人，但若该项目并不以技术为主导，可能花几万元外包这个技术更合算。这种情况下，技术合伙人不是必需的。如果创业是技术方向，某人正好是技术大牛或者能够管理技术人才，那么请他来一起合伙很有必要。另外就是选择自己熟悉和了解的人，例如同学、同事或信任的人推荐的朋友。创业初期的强执行力往往来自于创始团队的相互熟悉与信任。

（1）如何挑选合伙人

创业团队最多采用的是商业合伙的形式。不同的创业者寻找合伙人可能有不同的判断标准，总结起来，可以围绕激情、专业、互补三个关键词来选拔。

1）合伙人要有激情

比如，雷军开始做小米手机时已经年近四十，他组建了一支来自谷歌、微软、金山软件、摩托罗拉等一流企业的精英团队。这些创业团队的小伙伴是在雷军的感召下满怀激情而来，但如果没有创业激情，雷军也很难吸引一批已经功成名就的大咖们注入企业，并在短短的5年内将小米做到450亿美金的估值。

2）合伙人的专业能力

比如复星集团，其人才观是：在评价一个人的时候，最重要看他的能力，永远要跟有能力的人站在一起。复星提倡"最专业的事由最专业的人来决策"，这也是复星集团产业稳步扩张、步步为营的重要支撑因素。如果缺少开放的理念，缺少对专业性的尊重，每个人都可能成为团队的能力瓶颈，特别是带队人的能力瓶颈会成为整个企业发展的天花板。

3）合伙人之间的相互合作技巧

一个初创的合伙人团队要充分体现互补优势。比如，马云自己并不懂技术，但17位追随他的人却不乏技术高手、市场高手、运营高手，这就是阿里巴巴团队中合伙人之间的互补，而马云的过人之处，在于既有独特的思维模式，能够做出富有战略远见的决策和企业布局，又有超凡的语言天赋和沟通能力，能够获得身边各种人才和资源的拥趸与支持。尽量不要选择优势重叠的合伙人，产生资源上的浪费与重叠，也容易在同一专业领域引起分歧。创业是一个不断犯错、不断学习改过的过程。创业合伙人还应具备勇于承担责任的品质，做好为自己及团队成员的过错买单的思想准备。

（2）从初创开始立规矩

对创业型公司而言，最基础的工作是在合伙人之间树立明确而规范的规矩，防止日后纠纷，使公司获得长久发展。

① 设置合理的股权比例。合伙人之间的股权不可平均分配，最佳股权结构是有一人持股最大，最大股东股权甚至可以超过50%，从而为日后引入战略投资者预留出足够的股份空间。此外，要赋予最大股东最终决策权。

② 分工明确。在创业合伙人团队中，必须有明确的分工，并且分工是落实到公司规章制度中。每一个合伙人都可拥有一项事务的决定权，甚至在他所属的领域拥有一票否决权。这能充分给予合伙人归属感，发挥合伙人之间的互补优势。

③ 退出机制。如果事先不设定退出机制，允许中途退出的合伙人带走股权，这对其他长期参与创业的合伙人是最大的不公平，其他合伙人会因此而没有安全感。

2.3 股权分配

2.3.1 创业公司股权设置

理想状态下，创业公司会经历五个阶段：起始→获得天使投资→获得风险投资（通常不止一轮）→ Pre-IPO 融资→ IPO。通常而言，如能进展到 Pre-IPO 阶段，创业基本上就大功告成了。股权安排是一个动态过程，即使公司已经上市，也会因发展需要而调整股东结构。但无论哪个阶段，股权分配都遵循三个原则：公平、效率、控制力。

股权分配问题是一种博弈，是不同角色之间的讨价还价，也取决于不同人的性格，没有一个标准答案。在中国，公司法规定同股同权，不允许直接实施双层或三层股权结构，但公司法允许公司章程对投票权进行特别约定（有限责任公司），允许股东在股东大会上将自己的投票权授予其他股东代为行使（股份有限公司）。虽然麻烦，但能做到让创始人以少数股权控制公司。

2.3.2 创业公司股权设置的原则

（1）保障创始人 CEO 的控制权

投资人在投资早期项目的时候，通常认为比较好的股权结构是：创始人 50% ~ 60% + 联合创始人 20% ~ 30%+ 期权池 10% ~ 20%。

（2）保障合伙人的话语权

很多创业者认为点子是自己提出来的，所以自己理所应当占据最大的股份，这是一个非常典型的误区：创业是一个艰苦的多年过程，而不是一个点子，过程中充满了各种的试错和调整。如果点子提出者在公司成长过程中无法做出真正的贡献和价值，其他创始人很有可能因为分配不公而抛弃你另立炉灶。创始人最好开诚布公地谈论自己的想法和期望，只要赢得创业合伙人的由衷认可，任何想法都是合理的。另外股权分配在根本上是要让所有人在分配和讨论的过程中，心里感觉到合理、公平，从而集中精力做事，这是最核心的，也是容易被忽略的。复杂、全面的股权分配分析框架和模型显然有助于各方达成共识，但是绝对无法代替信任的建立。

（3）保障核心员工的分利权

核心员工在公司高速发展阶段起到至关重要的作用，创业团队的股权分配绝对不能搞平均主义。参与分配的人，基本上围绕两条线走：一是个人承担的风险（全职与兼职，实际出资），二是持续给项目带来贡献（分为基础贡献、岗位价值贡献）。

（4）保障投资人的优先权

公司如果发生重大并购，或者资不抵债、现金流断裂，可能会进入清算阶段，这时投资人通常会要求，优先清算权。应保障投资人要求的优先清算权和优先认购权。

（5）杜绝平均和拖延

创始人普遍会犯的错误是：没有在第一天就把股份的分配问题谈清楚，并写下来。股权的分配等得越久就越难谈。随着时间的推移，每个人都会觉得自己是项目成功必不可少的功臣，关于股权分配的讨论就会变得越来越难以进行。建议尽早进行股权分配的讨论并达成共识。

（6）股权绑定，分期兑现

如果一个创始人拿了很多股份，但后来做事不给力怎么办？如果有人中途离开公司，股份如何处置？在美国，初创公司一般对创始股东的股票都有关于股权绑定（Vesting）的机制设置，公司股权按照创始人在公司工作的年数或月数逐步兑现。如果没有执行股权绑定，后果可能十分严重，甚至直接导致项目失败或公司倒闭。

股权绑定是一个很公平的方法，避免一些创始人离开公司以后手上一直还有公司股权，不劳而获。有的公司最初订立的股权分配比例是拍脑袋，但项目进行一段时间之后，发现之前股权分配较少的乙对项目的贡献或重要性比股权分配较多的甲要多，董事会可与甲乙商量后做决议，把双方的还没有股权绑定的股份重新分配，如果一方不接受的话，离开公司也有一个明确公平的已经股权绑定的股份。没有经历过股权纠纷的创业者，都不喜欢股权绑定，担心自己一旦在项目中发挥不出真正的价值而失去股份。而那些经历过股权纠纷的创业者，会在项目一开始的时候就和他的合伙人商量好股权绑定的方式。

（7）遵守契约精神

股权分配最核心的原则是"契约精神"，需遵循一定规则，包括合伙规则（做好进入规则，经营规则，退出规则）、进入规则（选对合伙人，根据股权设计的原则定好股权结构）、经营规则（公司大事股东会说了算，决策的事董事会或执行董事说了算，日常经营总经理说了算）、退出规则（事先约定规则以及其他规则）。对所有的创始团队成员而言，股权一旦定下来，也就意味着利益分配机制定好了，除去后期的调整机制不说，接下来干活的时候，每个人的努力和贡献其实和这个比例没关系，尽自己的最大努力是最基本的要求。对于所有的早期创业者来说，一定要明白一个道理：创业成功了，即使只拿1%也会很多；创业不成功，就算占有100%也分文不值。

2.3.3　分配股权的设计要素

创始人合伙创业，有的提供资金，有的提供场地，有的提供技术能力，有的提供销售渠道，有的提供融资资源。各个创始人提供不同的贡献，各个贡献性质不同，似乎完全无法等价对比。如果没有明确的标准，很难说研发就比销售更重要，也很难说拉投资的工作就比提供办公场地的贡献更重要。所以创始人之间如何分配股权，往往成为一个难题，往往不得不用"拍脑袋"的方法划分比例，这经常会埋下不满的情绪，并在创业最艰难的时候爆发。

（1）将创始人的贡献估值

Mike Moyer 在 *Slicing Pie: Fund Your Company Without Funds* 一书中首先提出将创始人在创业项目中的贡献，按照市场价值估值，然后算出所有创始人贡献的总估值，折算各个创始人贡献估值占总估值的比例，就是各创始人应该持有的股权比例。

创始人对公司的投入，公司本应该给予合理的回报，如果公司没有给予足够的回报，那么该给但没有给的部分就是创始人留在公司里的价值，就是创始人对公司的"投入"或"投资"。比如，创始人按照市场行情，工资应该是每个月 2 万，创业时只领了 5000 元的基本生活费，那么还剩 1.5 万是他应得但公司没有付的，这部分就是他对公司净投入，是他对公司的"投资"，他在公司中应该占有的股权，就可以参照他的这种"投资"占大家总"投资"的比例来计算。这种计算方式可以称之为估值法，即按照创始人投入的"市场价值"来评估股权比例。

（2）各种投入要素的估值

按照估值法，要在创始人之间分配股权，应当先折算创始人对创业企业各种投入的价值，加起来计算出总投入的价值，然后再折算每个人的投入价值占总价值的比例。

（3）工作时间的投入

工作时间上的投入，是创始人对公司最主要、最重要的贡献。创始人时间投入的价值如何计算呢？最合理的方式是按照人才市场上通常的工资标准来折算。

（4）现金和实物投入

通常，现金的价值，就是现金的金额。现金对于"初创阶段"的创业企业来说，具有非常重要的作用。公司发展壮大、前景明朗之后，有很多投资人愿意向公司投资，但是在"初创阶段"，企业前景不定，并没有太多人愿意向公司投资，此时向公司投入现金的作用就会意义非凡。创始人向企业提供实物资产，通常可以视为现金投资，但这样的实物资产必须至少满足下列条件之一。

① 创业企业主营业务所必须的核心资产。

② 是专门为创业企业的经营而特意取得的。比如专门为创业企业经营而购买的电脑、办

公桌、办公用品等。

（5）办公场地

创始人可能会向创业企业提供办公地点、仓库、店铺，以及其他一些创业企业经营所必需的场地。如果创业企业非常急需这些场地，创始人不提供的话，创业企业就不得不自己去租。那么在这种情况下，创始人向创业企业提供的场地，实际上也就是向企业提供了相当于租金的资金。并非所有的场地都可以折算为对公司的价值。比如公司只有 5 个人，只需要 30 平方米的办公室，创始人提供了 500 平方米，那多出的 470 平方米对公司就没有任何价值，因为这个场地不能为创始人带来现金收益，因此不能折算价值。

（6）创业规划

如果仅仅只是一个创业点子，一个初步的想法，那么这个创业点子本身基本上不值钱。但是，如果在创业项目启动前，创始人已经对这个创业点子进行了完整的思考，进行了一系列的试错，形成了成熟的商业计划，或者已经开始了初步的尝试，开发出了初步的技术方案乃至原始产品，是创始人已经为此独自默默地投入了大量的先期工作，这样成熟的创业规划，才能视为对公司有价值的贡献。

（7）专用技术 / 知识产权

创始人向创业企业提供的专用技术 / 知识产权的市场价值，也可算作创始人对公司的投入。如果创始人不愿意把知识产权转入创业企业，只希望授权创业企业使用，那么知识产权许可使用费也是创始人对公司贡献的价值。可以按照企业"应该支付，但未支付"的许可使用费，计算知识产权许可使用的价值。有的时候创始人会把开发或运营差不多的产品转入创业企业，比如已经开发出来的网站、APP、SNS 账号等，这个产品通常的转让价可以作为创始人的贡献的估值。

（8）人脉资源（销售、融资等）

有时候公司需要一些特定的人脉资源，如帮助公司产生收入，或者建立重要的合作伙伴关系，或者帮助公司融资。如果是帮公司带来销售收入，公司可以按市场行情支付销售提成，如果没有支付，则可以按照"应支付，但未支付"的销售提成金额，折算创始人对公司的价值。相应地，如果创始人帮公司融资，那么公司应该按照财务顾问的市场行情支付佣金，也可以按照企业"应支付，但未支付"的佣金金额，其对公司贡献的价值。

（9）其他资源

如果创始人或创始人的其他朋友能够为公司提供很重要的短期资源，公司可以付钱给他们，也可以先欠着，但是如果创业企业付不起钱，那么可以按这些资源的市场价值折算其对创业企业的贡献值。

2.3.4 股权比例的计算

（1）股权比例计算公式

确定好各种投入要素如何估值之后，就可以计算每个合伙人的股权。把某一个创始人所贡献的各种要素的估值加起来，再除以全体创始人所贡献的各种要素估值总和，就可以算出某个创始人贡献的百分比，这就是他该占有的股权比例。

（2）投入要素的估值浮动

有时候，各种投入要素在创业初期的迫切性、稀缺性是不一样的，最迫切、最稀缺的要素，可以按商量的比例适当放大其估值。

（3）股权比例的计算

创始人向公司投入的各种要素，诸如资金、设施，可能会在确定创业项目时一次性投入公司，但是最重要的投入要素——时间，是各个创始人在创业过程中，通过自己的实际工作，逐渐投入到创业企业中的。因此，创始人对公司的投入及其股权比例，很可能会处于动态变动之中。

1）预估法

在创业项目启动时，就事先预估各个创始人未来的时间投入及其价值，并据此预估和确定各自的股权比例。比如，某个创业项目中，甲、乙、丙三人创业，甲负责带领创业，乙主要负责事务性工作，丙出钱；第一年甲、乙、丙都不领工资；如果人才市场雇佣甲这样资历的人才从事甲在原创业企业里的工作，应该付给甲的年薪是42万；同理，乙方在人才市场的此职务年薪应该是18万；甲、乙都拿不出钱来，丙可以提供20万元。由于创业项目很缺钱，大家同意丙的资金按2倍估值，即估值40万元。综上，甲的投入估值42万，乙的投入估值18万，丙的投入估值40万，加起来甲、乙、丙三方的投入合计估值为100万，所以甲、乙、丙三方的股权比例分别为42%、18%、40%。

2）定期评估法

定期汇总各个创始人的贡献，计算各个创始人截至某个时间点的投入及其估值，然后计算各自投入的估值占总估值的比例，从而确定股权比例。比如：甲、乙、丙三人创业，甲出力并负责带领创业企业，乙出力并主要负责事务性工作，丙出钱；甲、乙、丙暂定都不领工资。人才市场雇佣甲这样资历的人才，担任甲在创业企业里的职务，应该付给甲的年薪是42万，也就是说月薪3.5万；乙在人才市场的此职务年薪应该是18万，即月薪1.5万。甲、乙都拿不出钱来，丙承诺可以提供20万元，由于创业项目很缺钱，丙的资金的估值按2倍计算。

第一个月月底，分别计算甲、乙、丙三方的投入：甲工作了整个月，工资是3.5万，因为创业企业没付给他工资，所以甲的投入是3.5万；乙也工作了整个月，工资应该是1.5万，同样没付工资,所以乙的投入就是 1.5 万;创业项目要买云服务器、域名和付给广告联盟费用,丙实际花了 2 万,按 2 倍估值就是 4 万。到第一个月月底,甲、乙、丙三方的投入合计估值为 9 万;甲、乙、丙三方各自的投入除以 9 万,分别为 38.9%、16.7%、44.4%,这就是此时甲、乙、丙三方的股权比例。每个月月底的时候,都可以累计计算各自的投入及其比例。当然也可以根据创业企业的需要,自行安排计算的周期,如每周计算一次,或者一个季度计算一次。这样,随着各自投入的变化,股权比例也会随着变化。随着各方投入估值的逐渐累加,到了最后,每个月的投入很可能不会给股权比例带来更大的变化。比如,到了第 11 个月的月底,各方投入估值已经累计达到了 99 万,其他人第 12 个月都不投入任何贡献,只有甲投入了 3.5 万,那他在第 12 个月月底时,只增加了 3.4%〔计算公式为 3.5 万÷(99 万+3.5 万)〕的股份。越往后,各个创始人的继续投入对股权比例影响越小,股权比例相对稳定后,基本上就不用再定期评估和计算股权比例了,可以直接确定一个相对准确的股权比例。注意如果初创企业准融资了,则需要提前明确下股权比例,否则投资人看到创始人之间不断动态变化的股权结构,会认为团队不稳定,不愿投资。

大学生创业之初,作为小型创业团队,尤其要强调小巧、灵活和变通,在股权问题上也不必拘泥于正统。比如,完全可以抛弃股权这个词,转而使用所有权、表决权、分红权来精确计算。如表 2-1 所示:

表2-1　大学生创业团队股权比例分配举例

成员	所有权	表决权	分红权
A	60%	70%	60%
B	15%	10%	15%
C	10%	10%	10%
D	15%	10%	15%

A:发起人,负责网站的前端和后端开发,对产品了解较深刻。

B:Android 客户端开发,对产品了解一般。

C:Java 客户端开发,对产品了解一般。

D:投资与助理,对产品了解一般。

当团队成员对产品、行业有了更深的理解,或者进行了再注资等较大变化之后,可以重新讨论分配上述权利。

合伙人股权布局的八大死局:股份平分、唯一股东、小股称霸、按资入股、备胎股东、股东众多、隐子股东、非出资股东等。切记股权设计顶层是控制权的设计,基层是激励权的设计,顶端封闭,底端开放。好的股权结构简单明晰,存在一个核心股东,股东资源互补,股东之间信任合作。

2.3.5 科学的股权分配的作用

（1）明晰合伙人的权、责、利

创始人最好具有绝对控股权，公司需要有一个能够拍板的领导者，这样才能更好地把握公司的发展方向，也能激发团队做大企业的信心和动力。

（2）凝聚合伙人团队

股权分配应实现股权价值的最大化（吸引合伙人、融资和人才），保证合伙人的经营权与话语权，促进投资者进入，保证投资人的优先权。俗话说"财散人聚"，散一部分股权，才能聚集优秀的合伙人和人才。股权分配的核心是要让各个创始人在分配和讨论的过程中，从心眼里感觉到合理、公平，从而事后甚至是忘掉这个分配而集中精力做公司。因为相较于固定的薪资，股权更具有长远的投资价值。一般来说，随着公司的发展壮大，合伙人手中的股权很有可能会翻好几倍，远不是固定薪资可以比拟的，创业者可以以此来说服和吸引优秀人才，激发员工的创造力，保证核心员工的分利权，从而有助于创业公司发展稳定。

（3）方便融资

投资人跟创业人谈投资的时候，会关注创业人的产品，关注创业人的情怀，也一定会关注股权架构合不合理。股权架构不合理，他们是肯定不会投资的。

（4）进入资本市场的必要条件

创业者的创业项目很多都有 IPO 这个目标，要实现 IPO，资本市场就一定要求股权结构明晰合理。

2.3.6 合作协议

所谓协议，是指有关国家、政党、企业、事业单位、社会团体或者个人，在平等协商的基础上订立的一种具有政治、经济或其他关系的契约。协议，在其所表示的意义、作用、格式、形式等方面基本上与合同是相同的。经济合同和以经济为内容的协议，都可以称为契约，两者都是确立当事人双方法律关系的法律文书。

合作创业协议范例（解说版，含提示内容）

合伙创业协议

提示：1.该协议不是合伙企业的合伙协议，而是互联网初创团队合伙人约定重大利益以及发起设立有限责任公司的协议。2.该协议适用于人数较少的互联网初创团队，基本的价值追求是保持团队长期稳定、股权清晰、决策高效、创始人的领导力。

一、创业项目

1. 该项目属于 [　　] 领域，主要功能是 [　　]，满足 [　　] 需求，目标用户是 [　　]。

2. 创业项目的基本理念是 [　　]。

提示：明确创业项目的基本内容和发展方向，是合伙创业的前提。

二、合伙人团队

成员	姓名或名称	职位	职责	身份证号或营业执照注册号
甲		创始人、首席执行官		
乙		首席技术官		
丙		首席运营官		
丁		……		

提示：合伙人一般是自然人，如果是公司等机构，填写营业执照注册号。

三、设立公司计划

1. 基本事项

（1）各方计划合资设立的公司为 [　　] 有限责任公司。

（2）公司经营场所在 [　　]。

（3）公司经营范围为 [　　]（如若与营业执照不符，以营业执照为准）。

（4）公司经营期限为 [　　] 年。公司营业期限自公司营业执照颁发之日起算，经营期满前六个月视情况办理继续经营或解散手续。

（5）公司注册资本为 [　　] 元。

（6）各方同意指定 [　　] 为公司设立事务承办人，所有和公司设立相关的事项均需获得三分之二以上表决权通过方可实施。

2. 出资事项

成员	姓名或名称	出资方式（货币、实物、知识产权、土地使用权等）	出资额（货币金额；非货币财产折价或作价后的金额）（单位：元）	出资比例	股权比例
甲					
乙					
丙					
丁					

3. 上述出资人未能按约定如实、如期、足额缴纳出资，则应当承担违约责任。

四、股权安排

1. 股权成熟

各方的股权自协议签署之日起分 4 年成熟，每年成熟 25%。若一方在股权成熟之前退出项目或离职，不能获得未成熟的股权部分。已成熟的股权，按退出时公司的净资产价格转让给创始人 [   ]。团队再根据实际情况将这部分股权重新合理分配。

2. 股权转让

除内部股权调整、员工激励之外，各方不得向公司股东以外的人转让已成熟的股权。特殊情况下，确有需要变现的，由三分之二以上的股东表决通过。

3. 股权调整

各方同意在创业早期预留 [ ]% 的股权成立股权池，由创始人 [   ] 代持，方便以后的股权调整与员工激励。

若项目运营后，合伙人所持股权与能力并不匹配，有损公司长期发展，各方还可以通过增资扩股、内部转让等方式调整股权，必须争取让各方在心里对股权分配感到合理和满意，确保团队团结和稳定。

提示：1. 创业是非常艰难和高风险的，创业成功最重要的还是依靠一个稳定且高执行力的团队。创业最大的利益分配就是股份，而股份是需要投入长期的奋斗才会有价值的。如果合伙人中途退出，还占有公司股份，这对其他成员是非常不公平的。因此，设立股权成熟机制，包括创始人在内，股权可以分 3～5 年成熟，不一次性分配到位。中途有股东退出，得不到没有成熟的股权，已经成熟的股权也只能以一个基本的价格转让给创始人。避免股东将股份随意转让给股东以外的人，那样对团队非常不利。转让给创始人最方便，让创始人先代持，实际操作中团队内部商议分配。如果出现创始人中途退出的情况，就需要重新写份协议约定股权分配了。2. 公司股东之间转让股权是非常自由的，但是向股东以外的人随意转让股权，这不利于创业团队的稳定。当然这样约定，股东就无法通过向外转让股权变现。因此，特殊情况下，确有需要少量变现的，可以约定由三分之二以上的股东表决通过。3. 创业初期，大家并不知道彼此的能力与贡献是怎样的，可以预留出一部分的股权留着日后调整，还可以激励后进来的成员。早期的股权池由创始人代持是最简单方便的设计。4. 无论股权如何设计，也不存在绝对公平、合理的方案。基本的分配原则应该是，"能力越大，付出越多，股份越多。"最重要的是合伙人之间必须彼此坦白、信守承诺、宽容谅解。出现明显不合理的情况时，友好协商，合理调整，争取让各方在心里对股权分配感到合理和满意。总之，确保团队团结和稳定是最重要的，而这是每一个合伙人必须尽到的义务。

五、薪资报酬

1. 在获得投资前或项目盈利前，各方原则上持股免薪创业。若条件方便，也可以相互协商给予补贴。

2. 公司成立前，由[   ]暂时负责财务管理分类记账，定期向团队汇报，并保存账目凭证。

3. 公司成立后，建立公司规范，严格按照法律法规以及公司管理制度，管理相关事务。

提示：1. 创业团队一般情况是没有多少可观的薪水，尤其是合伙人团队要做好长期艰苦奋斗的心理准备。2. 虽然没有多少账，但是账目一定要清晰，既避免纠纷，又规范管理，知道钱都去哪儿了。3. 项目到达一定规模，就要建立公司基本管理制度。

六、表决机制

各方应友好地协商处理项目运营中遇到的问题，特别是专业问题，应首先听取专业负责人的意见，各方慎重考虑后，根据全体股东表决的态度，最终做出决定。创始人[   ]对公司经营管理问题拥有一票决定权，也对决策后果承担责任。

提示：1. 创业过程中需要面对无数个困难，本身就是个不断试错的过程。在基本方向正确的前提下，犯错是不要紧的，但是无论成败，一定要快，不能拖泥带水。因此，要求快速决策和执行。2. 术业有专攻，在专业问题上，各方应认真、谦虚地听取专业合伙人的意见，广泛讨论。出现不一致的意见，最终创始人一个人拍板，并且对结果负责。

七、进入与退出机制

1. 新股东进入

（1）新股东必须认同公司的基本理念与价值观；

（2）发生股权比例调整，需要经全体股东召开股东会商议；

（3）全体股东按原股权比例稀释。

2. 合伙人退出

（1）某合伙人因自身原因主动退出该项目，必须经书面提交股东会全体股东表决通过方可执行。已经成熟的股权，按退出时公司的净资产价格转让给创始人[   ]，团队再根据实际情况将这部分股权重新合理分配。

（2）某合伙人因不能胜任岗位或时间精力不足，严重阻碍项目发展，由股东会全体股东按三分之二以上多数通过，可以解除合伙关系，将其除名。已经成熟的股权，按退出时公司的净资产价格转让给创始人[   ]，团队再根据实际情况将这部分股权重新合理分配。

提示：1. 保证新的成员不断加入，壮大团队力量是至关重要的。在确定谁能加入核心团队的问题上，应该征求各方意见，确保团队成员相处融洽。2. 新合伙人加入或有投资人进入时，新成员的股权，可以从股权池中取，也可以让其中一个股东转让，也可以全体股东按原股权比例一起稀释。在签订该协议时，各方应讨论清楚，能写清楚尽量写清楚。3. 为保持团队的生命力，退出的合伙人应该留下股权。书面上约定股权转让给创始人，由其先代持，实际操作中由团队讨论分配是比较合适的。当然，创始团队也应该支付较合理的对价。

八、知识产权保护

1. 各方在开发项目中获取的域名、商标、专利、软件代码、设计等知识产权，所有权归公司所有。

2. 各方都必须对该项目商业模式、商业计划、设计、软件代码等具有保密义务。

3. 各方都不能参与本项目之外，与本项目类似业务的合伙或合作，除非取得其他合伙人的同意，否则视为严重违约并自动退出项目，不再享有项目任何股权及权益。

提示：合伙人团队应该时刻注意保护项目的知识产权。对于科技公司来说，知识产权往往是最主要的资产。

九、合伙人其他承诺

甲：我承诺 [　　　　　　　　　　]

乙：我承诺 [　　　　　　　　　　]

丙：我承诺 [　　　　　　　　　　]

丁：我承诺 [　　　　　　　　　　]

十、该协议的效力

1. 通知地址：各合伙人保证，在签订本协议时，其提供的邮寄地址、传真、电话等联系方式均真实、准确，各方可以通过以上联系方式取得有效的联系和传达。如果发生变更，变更方应在变更之日起三日内告知其他合伙人。否则，因以上联系方式的错误致使其他投资方无法送达或者变更方未能收到邮件，由此造成的不利后果均由变更方承担。

2. 公司设立以后，公司的各类事项以公司章程的规定为准；如公司章程未规定或规定不明确，则以本协议为准。

十一、争议的解决

协议各方如果发生争议，应当友好协商解决；协商不成的，任何一方均有权将争议提交 [　　　] 所在地人民法院裁决。

十二、其他

1. 本协议自各方签字或加盖公章起生效。本协议一式 [　　] 份，每份均有同等法律效力。

2. 本协议的签订地为 [　　]。

以下为签名（盖章）页

甲方签字或盖章
  姓名：
  身份证号：
  地址：
  联系电话：
  通信地址或邮箱：
                        签订日期：　　年　　月　　日

乙方签字或盖章
  公司名称：
  法定代表人：
  工商注册号：
  注册地：
  联系人：
  联系电话：
  通信地址或邮箱：
                        签订日期：　　年　　月　　日

丙方

丁方

【学以致用】

小米合伙人

小米在 2010 年创立时,前半年花 80% 的时间招人,组建团队,找到 8 个牛人合伙,全是技术背景,平均年龄 42 岁,经验极其丰富,3 个本地加 5 个海归,来自金山、谷歌、摩托罗拉、微软等,土洋结合,理念一致,大都管过超过几百人的团队,充满创业热情。

创立小米时,雷军已名满天下,不仅是成功的职业经理人(做过金山的 CEO),还是成功的创业人(和陈年一起倒腾了卓越并成功在 2004 年卖给 Amazon,估价为 7500 万美元),还是成功的天使投资人。雷军既出钱又亲自出任创始人 CEO,雷军的身家在几十亿人民币左右,远超其余所有人的总和,因没有任何公开资料,根据行业惯例和坊间传闻,最初雷军的股份在 40% 左右,其余的合伙人在 5% 左右,留给员工的期权池在 10%~20%。

小米团队组织管理扁平化,仅为三层:合伙人、核心管理层及基层员工。小米的办公布局是一层产品、一层营销、一层硬件、一层电商,每层由一名创始人负责,大家互不干涉,都希望能够在各自分管的领域给力,一起把这个事情做好。比如,周光平负责公司硬件及 BSP 团队,黄江吉是路由器和云服务业务负责人,洪锋是 MIUI 产品负责人,王川负责小米盒子及电视相关业务。除七个创始人有职位,其他人都是工程师,没有职位,晋升的唯一奖励就是涨薪。团队没有利益纷争,大家一心扑在事情上,也减少了层级之间汇报浪费的时间。

小米强调责任感,不设 KPI,不实行打卡制度,强调要把别人的事当成第一件事,工程师必须要对用户价值负责。小米采用透明的利益分享机制,从刚成立就推行了全员持股、全员投资的计划。

案例思考题

1. 小米公司是如何组建一个有效的创业团队的？
2. 小米公司创业团队组建的原则和特征有哪些？
3. 小米合伙人有哪些合作分工技巧？
4. 小米公司股权设置的原则是什么？

第3单元 互联网创业机会识别与评估

知识目标

了解互联网创业机会的特征
了解互联网创业机会的来源
了解互联网创业机会的类型

技能目标

能够识别基本互联网创业机会
能够评估互联网创业机会

思政目标

培养学生对乡村振兴计划、"一带一路"等国家战略、倡议的认同感
培养学生对数字经济发展蕴含创业机会的识别认知

【他山之石】

社区电商典范——小红书

小红书是一个网络社区，也是一个跨境电商，还是一个共享平台，更是一个口碑库。小红书的用户既是消费者，还是分享者，更是同行的好伙伴。

小红书创办于2013年，通过深耕UGC（用户创造内容）购物分享社区，短短4年成长为全球最大的消费类口碑库和社区电商平台，成为200多个国家和地区的5000多万年轻消费者必备的"购物神器"。打开小红书，没有商家的宣传和推销，只有依托用户口碑写就的"消费笔记"，不仅将产品介绍得更加真实可信，也传递了美好的生活方式。截至2017年5月，小红书用户突破5000万人，每天新增约20万用户，成为全球最大的社区电商平台。其电商销售额已接近百亿元。在苹果App Store购物类下载排名第一。

和其他电商平台不同，小红书是从社区起家。一开始，用户注重于在社区里分享海外购物经验，到后来，这种分享的边界被不断拓展，触及了消费经验和生活方式的方方面面。如今，社区已经成为小红书的壁垒，也是其他平台无法复制的地方。

第一，口碑营销。没有任何方法比真实用户口碑更能提高转化率。就如用户在淘宝上买东西前一定会去看用户评论，小红书有一个真实用户口碑分享的社区，整个社区就是一个巨大的用户口碑库。

第二，结构化数据下的选品。小红书的社区中积累了大量的消费类口碑，就好像几千万用户在这个平台上发现、分享全世界的好东西。此外，用户的浏览、点赞和收藏等行为会产生大量底层数据，通过这些数据，小红书可以精准地分析出用户的需求，保证采购的商品是深受用户推崇的。

第三，个性化推荐。从2016年初开始，小红书将人工运营内容改成了机器分发的形式，基于机器学习的方式，社区中的内容会匹配给对它感兴趣的用户，实现了数据的高效分发，也使小红书变得越来越"好逛"。

3.1 创业机会的特征与类型

3.1.1 创业机会的内涵

创业是一项创造人生,改变命运的活动,把握创业机会,对于创业者来说具有至关重要的意义。机遇如同催化剂,没有机遇的催化作用,事情多半难以成功。当创业者具备创业的基本条件时,只要有市场需求的地方,就存在机会。创业者只有及时、准确地认识并把握住机遇,才能在创业的过程中赢得事业的成功。

创业是基于机会的市场驱动行为,创业机会实际上是一种亟待满足的市场需求。随着世界经济与科技的进步,创业活动作为创新精神与企业家精神的集中体现,对经济增长、科技进步与国际竞争力的提高发挥着越来越重要的作用,创业活动也日益成为经济发展的强劲推动力。

(1)创业机会的概念

创业机会,一般是指适合于创业的商业机会,指具有吸引力的、较为持久的有利于创业的商业活动空间,创业者可以据此为客户提供有价值的产品或服务,并同时使创业者自身获益。

(2)创业活动的特点

创业活动的显著特点是机会导向。创业往往是从发现、把握、利用某个或某些商业机会开始的;创业活动的机会导向表现为创造价值,创业意味着要向顾客提供有价值的产品和服务,通过产品和服务使消费者的需求得到实质性的满足;创业活动的机会导向决定了创业活动必须突出速度,并做到超前行动;创业活动是在资源不足的情况下把握机会,创业者必须创造性地整合资源;创业的实质是创新和变革,没有创新的创业活动难以生存和发展。

3.1.2 创业机会的分类

创业难,发掘创业机会更难。要想寻找到合适的创业机会,创业者应识别或辨别以下创业机会。

(1)创业的技术机会

创业的技术机会即技术变化产生的创业机会,主要来源于新的科技突破和社会的科技进步。技术上的任何一个变化或多种技术的组合,都可能给创业者带来某种商业机会。创业技术机会的表现形式如下。

1）新技术代替旧技术，带来新商机

时代造就英雄。3G 时代，苹果基本上已经成为智能手机的代名词，中国联通打了一场漂亮的翻身之战，微信几乎成为最热门的手机应用。4G 时代，无论是对运营商、设备商，还是对品牌广告主和广告传媒公司，都是一个新的起点。"2G 是顺风耳，3G 让手机变千里眼，4G 能把宽带送到你手上"。随着互联网技术的普及，大数据方法的延伸，如今 5G 网络已成功在 28GHz 波段下达到了 1Gbps，相比之下，第四代 4G LTE 服务的传输速率仅为 75Mbps。未来 5G 网络的传输速率可达 10Gbps，这意味着手机用户在不到 1s 时间内即可完成一部高清电影的下载。未来 5G 网络将与智慧城市完美结合，在交通、医疗、教育、城市管理等领域发挥更加突出的作用；在物流运输、旅游等行业，5G 高性能网络也能带来足够的产业想象空间。新技术代替旧技术，为我们带来新的商机。

2）新技术融入人们生产生活，带来新商机

随着人类社会的不断发展，如何采用新技术产品与人们生产生活完美结合，在交通、医疗、教育、城市管理等领域发挥更加突出的作用，在物流运输、旅游等行业带来足够的产业想象空间。例如，智慧城市就是运用信息和通信技术手段感测、分析、整合城市运行核心系统的各项关键信息，从而对包括民生、环保、公共安全、城市服务、工商业活动在内的各种需求做出智能响应，其实质是利用先进的信息技术，实现城市智慧式管理和运行，进而为城市中的人创造更美好的生活，促进城市的和谐、可持续成长。随着智慧城市万亿市场蛋糕的全面铺开，智慧交通、智慧安防、智慧能源、智慧医疗、智慧教育、智慧政务等应用全面覆盖城市。

（2）创业的市场机会

如果能够抢先一步抓住市场的机会，那创业者也就找到获取利润的机会。只不过大多时候市场的机会都是很隐蔽的，这也就需要创业者能够主动去分析市场，从而提前抓住难得的创业机会。

1）环境机会

环境变化了，需求也随着发生变化，客观上存在着许多未完全满足的需要，也就是存在许多市场机会，这些市场机会是环境变化客观形成的，称之为环境机会。例如，能源危机引起了对新能源的需求；城市人口增加，环境污染加剧，工业和生活垃圾增加，引起了对垃圾处理新技术的需求。

2）潜在市场机会和表面市场机会

在市场机会中那些明显没有被满足的市场需求称为表面市场机会；而那种隐藏在现有某需求后面的未被满足的市场需求被称为潜在市场机会。一个明显的表面市场机会，大多企业都能发现，这也正是它致命的弱点，机会明显，发现者多，进入者也就多，一旦超过一定限度就会造成供过于求，给企业带来亏损。而潜在市场机会不易被发现，但正是由于识别它的难度大，如果找到并抓住了这种机会，成功的机会就大得多。

（3）创业的政策机会

创业政策机会即政府的法律、法规、政策变化产生新的行业、新的市场、新的创业机会，或是国家发展战略重点转移，创业者从中发现新的市场，获取新的创业机会。

政府的创业政策对创业活动的开展和创业企业的发展有重大的影响。创业政策的内容包括激励创业的措施、对创业活动和创业企业成长的规定、环境和安全的规定、企业组织形式的规定、税收的规定等，还包括政策的执行情况、落实情况和实施上的效率情况等。我国政府在为创业提供的政策方面，与GEM（全球创业观察）其他成员国相比有优势，也有劣势。中国的创业企业在初期的税务负担比较低，创业企业的税务和其他管制是相对稳定的。我国地方政府对新成立企业优先给以扶持，对技术创新企业在税收政策方面也给予了许多优惠政策，这些都有利于新创企业的成长和发展。比如杭州市政府就出台了"提供专项人才创业公寓"的相关政策，以解决外地大学毕业生及本科以上学历人才来杭创业的政策性租赁用房问题。这样的政策就深受大学生创业者的欢迎。

3.2 创业机会的识别与评估

3.2.1 创业机会的识别

创业机会识别是创业领域的关键问题之一。从创业过程角度来说，它是创业的起点。创业过程就是围绕着机会进行识别、开发、利用的过程。识别正确的创业机会是创业者应当具备的重要技能。创业机会以不同形式出现，要想寻找到合适的创业机会，创业者应识别或辨别以下创业机会。

（1）现有市场机会和潜在市场机会

现有市场机会表现明显，往往发现者多，进入者也多，竞争势必激烈。潜在市场机会则不易被发现，识别难度大，往往蕴藏着极大的商机。例如，金融机构提供的服务与产品大多是针对专业投资大户，而占有市场大量资金的普通投资者未受到应有的重视，为一般大众投资提供服务的产品市场极具潜力。

（2）行业市场机会与边缘市场机会

行业市场机会是指某一个行业内的市场机会，而在不同行业之间的交叉结合部分出现的市场机会被称为边缘市场机会。一般而言，人们对行业市场机会比较重视，因为发现、寻找和识别的难度系数较小，但往往竞争激烈，成功的概率也低。而在行业与行业之间出现"夹缝"的真空地带，往往无人涉足或难以发现，需要有丰富的想象力和大胆的开拓精神，一旦开发，成功的概率也较高。比如，人们对于饮食需求认知的改变，创造了美食、健康食品等新兴行业。

（3）目前市场机会与未来市场机会

那些在目前环境变化中出现的市场机会称为目前市场机会，而通过市场研究和预测分析它将在未来某一时期内实现的市场机会称为未来市场机会。如果创业者提前预测到某种机会会出现，就可以在这种市场机会到来前早做准备，从而获得领先优势。

（4）全面市场机会与局部市场机会

全面市场机会是指在大范围市场出现的未满足的需求，如国际市场或全国市场出现的市场机会，着重于拓展市场的宽度和广度。而局部市场机会则是在一个局部范围或细分市场出现的未满足的需求。在大市场中寻找和发掘局部或细分市场机会，见缝插针，拾遗补阙，创业者就可以集中优势资源投入目标市场，有利于增强主动性，减少盲目性，增加成功的可能。

3.2.2 创业机会的把握

在机会识别阶段，创业者需要弄清楚机会在哪里和怎样去寻找。创业者不仅要善于发现机会，更需要正确把握并果敢行动，将机会变成现实的结果。

（1）着眼于问题把握机会

机会并不意味着无需代价就能获得，许多成功的企业都是从解决问题起步的。比如顾客需求没有得到满足就是问题，而设法满足这一需求，就抓住了市场机会。

美国"牛仔大王"李维斯的故事多年来为人津津乐道。19 世纪 50 年代，李维斯像许多年轻人一样，带着发财梦前往美国西部淘金，途中一条大河拦住了去路，李维斯设法租船，做起了摆渡生意，结果赚了不少钱。在矿场，李维斯发现由于采矿出汗多，饮用水紧张，于是，别人采矿他卖水，又赚了不少钱。李维斯还发现，由于跪地采矿，许多淘金者裤子的膝盖部分容易磨破，而矿区有许多被人丢掉的帆布帐篷，他就把这些旧帐篷收集起来洗干净，做成裤子销售，"牛仔裤"就这样诞生了。李维斯将问题当作机会，最终实现了他的财富梦想。

（2）利用变化把握机会

变化中常常蕴藏着无限商机，许多创业机会产生于不断变化的市场环境。环境变化将带来产业结构的调整、消费结构的升级、思想观念的转变、政府政策的变化、居民收入水平的提高等，人们透过这些变化可以发现新的机会。

私人轿车拥有量的不断增加，将产生汽车销售、修理、配件供应、清洁、装潢、二手车交易和陪驾等诸多创业机会。任何变化都能激发新的创业机会，需要创业者凭着自己敏锐的嗅觉去发现和创造。许多很好的商业机会并不是突然出现的，而是对"先知先觉者"的一种回报。聪明的创业者往往选择在最佳时机进入市场，当市场需求爆发时，他已经做好准备等着接单。

（3）跟踪技术创新把握机会

世界产业发展的历史告诉我们，几乎每一个新兴产业的形成和发展，都是技术创新的结果。产业的变更或产品的替代，既满足了顾客需求，同时也带来了前所未有的创业机会。电脑诞生后，软件开发、电脑维修、图文制作、信息服务和网上开店等创业机会随之而来。任何产品的市场都有其生命周期，产品会不断趋于饱和，达到成熟，直至走向衰退，最终被新产品所替代，创业者如果能够跟踪产业发展和产品替代的步伐，通过技术创新就能够不断寻求新的发展机会。在人工智能蓬勃发展的时代，创业者可以把握新型产业机会。人工智能技术正在快速应用在各个产业，成为新一轮产业变革的核心驱动力量，将推动数万亿数字经济产业转型升级。

（4）在市场夹缝中把握机会

创业机会存在于为顾客创造价值的产品或服务中，而顾客的需求是有差异的。创业者要善于找出顾客的特殊需要，盯住顾客的个性需要并认真研究其需求特征，这样就可能发现和把握商机。有的创业者热衷于高科技领域的开发，但创业机会并不只属于"高科技领域"，在金融、保健、饮食、流通这些所谓的"低科技领域"也有机会。例如随着打火机的普及，火柴慢慢退出了人们的视线，而创业者沈子凯却在这个逐渐被人淡忘的老物件里找到了新商机，他创造的"纯真年代"艺术火柴红遍大江南北。还有为数不少的创业者追求向行业内的最佳企业看齐，试图通过模仿快速取得成功，结果使得产品和服务没有差异，众多企业为争夺现有的客户和资源展开激烈竞争，企业面临困境。所以，创业者要克服从众心理和传统习惯思维的束缚，寻找市场空白点或市场缝隙，从行业或市场在矛盾发展中形成的空白地带把握机会。

（5）捕捉政策变化把握机会

中国市场受政策影响很大，新政策出台往往引发新商机，如果创业者善于研究和利用政策，就能抓住商机站在潮头。当国家出台了新的汽车产业政策，鼓励个人、集体和外资投资建设停车场，停车场日益增多时，停车场建设中的智能门禁考勤系统、停车场系统、通道管理系统等的需求也随之增多，专门供应停车场所需的软硬件设备就成为一个重要商机。事实上，从政策中寻找商机并不仅仅表现在政策条文所规定的表面，随着社会分工的不断细化和专业化，政策变化所提供的商机还可以延伸，创业者可以从产业链在上下游的延伸中寻找商机。当前，"一带一路"为创业者提供了许多机会。"一带一路"倡议能更好地帮助企业家搭建网络，吸引人才和建立人脉网，更多新兴产业打下更好的基础，以"一带一路"高质量发展推动中国经济的进一步发展,推动构建人类命运共同体。《中共中央国务院关于全面推进乡村振兴加快农业农村现代化的意见》提出,实施数字乡村建设发展工程,发展智慧农业,建立农业农村大数据体系,推动新一代信息技术与农业生产经营深度融合,加强乡村公共服务、社会治理等数字化智能化建设。"互联网+"将助力乡村全面振兴,全面实现农业强、农村美、农民富。

(6)弥补对手缺陷把握机会

很多创业机会是缘于竞争对手的失误而"意外"获得的,如果能及时抓住竞争对手策略中的漏洞而大做文章,或者能比竞争对手更快、更可靠、更便宜地提供产品或服务,也许就找到了机会。为此,创业者应追踪、分析和评价竞争对手的产品和服务,找出现有产品存在的缺陷,有针对性地提出改进方法,形成创意,并开发具有潜力的新产品或新功能,就能够出其不意,成功创业。

3.2.3 创业机会的评估

创业本身是一种高风险行为,失败也可能是奠定下一次创业成功的基础。但经调查发现,有近一成的创业者开办创业组织不到一年时间即告结束,不仅损失了金钱,而且对自身信心也有一定的影响,同时也可能放弃创业的梦想。如创业者能先以比较客观的方式进行评估,那么不至于失败一再发生,创业成功的概率也可以因此而大幅提升,降低创业风险。

(1)市场评估准则

1)市场定位

一个好的创业机会,必然具有特定市场定位,专注于满足顾客需求,同时能为顾客带来增值的效果。因此评估创业机会的时候,可由市场定位是否明确、顾客需求分析是否清晰、顾客接触通道是否流畅、产品是否持续衍生等,来判断创业机会可能创造的市场价值。创业带给顾客的价值越高,创业成功的机会也会越大。

2)市场结构

针对创业机会的市场结构进行5个方面的分析,包括进入障碍、供货商、顾客、经销商的谈判能力、替代性竞争产品的威胁,以及市场内部竞争的激烈程度。由市场结构分析可以得知新企业未来在市场中的地位,以及可能遭遇竞争对手反击的程度。

3)市场规模

市场规模大小与成长速度,也是影响新企业成败的重要因素。一般而言,市场规模大者,进入障碍相对较低,市场竞争激烈程度也会略为下降。反之,一个正在成长中的市场,通常也会是一个充满商机的市场,所谓水涨船高,只要进入时机正确,必然会有获利的空间。

4)市场渗透力

对于一个具有市场潜力的创业机会,市场渗透力评估是一项非常重要的因素。聪明的创业者知道选择在最佳时机进入市场,也就是市场需求正要大幅增长之际,你已经做好准备,等着接单。正确的判断力是对成功创业者的要求之一,发现并抓住创业机会又是成功创业者的胆识。

5)市场占有率

一般而言,要成为某一市场的领导者,最少需要拥有 20% 以上的市场占有率。但如果低于 5% 的市场占有率,则市场竞争力显然不高,小型创业组织,往往就是 5%,甚至 5% 都不到,而市场占有率就是生存率。同大型创业组织竞争,提高生存率的方式,只有采用不同于大型创业组织的经营方式,从强者手中抢食,但这是很不容易的。

(2)效益评估准则

1)合理的税后净利

一般而言,具有吸引力的创业机会,至少需要能够创造 15% 以上税后净利。如果创业预期的税后净利是在 5% 以下,那么这就不是一个好的投资机会。

2)达到损益平衡所需的时间

合理的损益平衡时间应该在两年以内,但如果超过 3 年,恐怕就不是一个值得投入的创业机会。不过有的创业机会确实需要经过比较长的耕耘时间,在这种情况下,可以将前期投入视为一种投资,才能容忍较长的损益平衡时间。

3)投资回报率

投资回报率是指生产期正常年度利润或年均利润占投资总额的百分比。投资回报率 = 年利润或年均利润 / 投资总额。考虑到创业可能面临的各项风险,合理的投资回报率应该在 25% 以上。一般而言,15% 以下的投资回报率,是不值得考虑的创业机会。

4)资本需求

资金需求量较低的创业机会,投资者一般会比较欢迎。事实上,许多个案显示,资本额过高其实并不利于创业成功,甚至还会带来稀释投资回报率的负面效果。通常知识越密集的创业机会,对资金的需求量越低,投资回报反而会越高。因此在创业开始的时候,不要募集太多资金,最好通过盈余积累的方式来积累资金,而较低的资本额将有利于提高每股盈余,并且还可以进一步提高未来上市的价格。

5)毛利率

毛利率 = 毛利 / 营业收入 ×100%=(营业收入 - 营业成本)/ 营业收入 ×100%。毛利率高的创业机会,相对风险较低,也比较容易取得损益平衡。反之,毛利率低的创业机会,风险则较高,遇到决策失误或市场产生较大变化的时候,企业很容易就遭受损失。一般而言,理想的毛利率是 40%。当毛利率低于 20% 的时候,这个创业机会就不值得再予以考虑。软件业的毛利率通常都很高，所以只要能找到足够的业务量，从事软件创业在财务上遭受严重损失的风险相对会比较低。

6）策略性价值

能否创造新企业在市场上的策略性价值，也是一项重要的评价指标。一般而言，策略性价值与产业网络规模、利益机制、竞争程度密切相关，而创业机会对于产业价值链所能创造的加值效果，也与它所采取的经营策略与经营模式密切相关。

7）资本市场活力

当新企业处于一个具有高度活力的资本市场时，它的获利回收机会相对也比较高。不过资本市场的变化幅度极大，在市场高点时投入，资金成本较低，筹资相对容易。但在资本市场低点时投入，好的创业机会也相对较少，不过，对投资者而言，市场低点的成本较低，有的时候反而投资回报会更高。一般而言，新创企业活跃的资本市场比较容易创造增值效果，因此资本市场活力也是一项可以被用来评价创业机会的外部环境指标。

8）退出机制与策略

所有投资的目的都在于回收，因此退出机制与策略就成为一项评估创业机会的重要指标。企业的价值一般也要由具有客观鉴价能力的交易市场来决定，而这种交易机制的完善程度也会影响新企业退出机制的弹性。由于退出的难度普遍要高于进入，所以一个具有吸引力的创业机会，应该要为所有投资者考虑退出机制，以及退出的策略规划。

【学以致用】

携程一枝独秀的成功秘诀

携程旅行网是中国旅游业第一家在美国纳斯达克上市的公司，创立于1999年初，总部设在中国上海，下有北京、广州、深圳、香港四个分公司，并在全国20多个大中城市设有分支机构，现有员工超过1500人，是中国最大的旅游电子商务网站，也是最大的集宾馆预订、机票预订、度假产品预订、旅游信息查询及特约商户服务为一体的综合性旅行服务公司。

携程是中国在线旅游产品预订的开创者。

由于进入门槛较低，地域分割严重，以及高昂的广告推广费用和门店管理运营成本，中国传统旅游业利润已日渐微薄，其综合毛利率大都不足10%，国内一些大的旅行社也看到了在线旅游电子商务这块市场，然而由于已经有地面门店网络，传统旅游企业对这块"新业务"的反应迟缓而谨慎。

1999年，携程旅行网成立，并迅速从在线旅游市场找到了自己独特的商业模式。携程依靠网络和电话呼叫中心，让消费者通过一根电话线就可以连接到服务信息，无需建门店，节省了大量的投资和管理成本。经过几轮融资，2003年，携程成为中国旅游业第一家在美国纳斯达克上市的公司，并凭借稳定的业务发展和优异的盈利能力，成为纳斯达克表现最佳的中国概念股之一。此后，传统旅游服务提供商如中青旅、港中旅等也纷纷推出在线订票和旅游服务。2005年5月15日，中青旅与美国胜腾公司合作推出在线预订网站——遨游网；2006年3月31日，港中旅投资10亿元打造的旅行服务电子商务平台——芒果网开通。他们分别背靠大型国有控股旅游集团，拥有雄厚的资金保障和丰富的旅游资源，依托"线下"资源，攻占"线上"市场。然而，这些大大小小的在线旅游网站基本都包括酒店预订、机票预订、旅游度假产品、公司差旅管理等在线旅游业务，同质化严重；另外，现实中用户通过电话预订的比例远远超过互联网方式，造成企业呼叫中心的规模不断扩大，成本提高。

案例思考题

1. 携程为何一枝独秀？它的成功秘诀是什么？
2. 相较于实体门店，网络旅游业务有什么优势？
3. 中国在线旅游产品的售后服务应该怎样优化？

第4单元 互联网创业资源及发展趋势

知识目标

了解支持企业运营的资源类型

熟悉互联网创业的关键资源与整合

了解"互联网+"环境下创业资源发展新态势

技能目标

能够整合基本互联网创业资源

能够运用移动互联网创新创业思维

思政目标

培养学生在创业资源的整合与利用中重视法治化和规范化意识

培养学生在创业资源整合中注重持续发展与循环利用的生态圈形成

【他山之石】

麦知网：打造知识产权闲置资源交易服务平台

浙江麦知网络科技有限公司成立于 2015 年 6 月 11 日，总部位于浙江嘉兴桐乡中国乌镇互联网产业园内，是园内首批引进的互联网优质服务企业。麦知网致力于整合全球知识产权闲置资源，全力打造全新、卓越的知识产权闲置资源交易服务平台，进而为业内提供专业、专心、专注的优质服务。

公司 CEO 余丹丹是一位 85 后创业女性，于 2001 年正式进入商标代理行业，2005 年创立了浙江名品商标代理有限公司。在互联网大潮初态渐起的 2009 年，面对传统的中国知识产权行业的混乱无序状态，余丹丹凭借在传统商标代理行业浸润多年的实战经验和对市场走向的敏锐认知，利用互联网的资源和技术优势，将知识产权和互联网有效结合，创立了麦知网，在短短 3 年间乘风破浪，成为知识产权行业最具价值的企业之一。

2016 年 10 月，麦知网"商标富农"千县万村计划首站落地黑龙江抚远市。2016 年 11 月，麦知网"互联网＋企业商标品牌战略提升"暨"商标助企"百城计划启动。2017 年 12 月，麦知网 CEO 余丹丹荣获"2017 中国年度十大创业榜样"人物称号，是中国知识产权行业唯一入选品牌，同时也是浙江省唯一入选企业。公司励志打造"互联网＋知识产权"行业的新型航母，助力于知识产权资源的有效利用和高效配置，为行业的优化发展和中国知识产权产业链的新型重塑做出应有的贡献。

4.1 互联网创业资源

4.1.1 创业资源的内涵

(1) 资源

一般意义上,"资源"是指一国或一定地区内拥有的物力、财力、人力等各种物质要素的总称。分为自然资源和社会资源两大类。前者如阳光、空气、水、土地、森林、草原、动物、矿藏等;后者包括人力资源、信息资源以及经过劳动创造的各种物质财富等。《辞海》中关于资源的定义是,生产资料和生活资料的天然来源。经济学意义上把为了创造物质财富而投入生产活动中的一切要素统称为资源,即指一般意义上的商业资源。资源是任何一个主体在向社会提供产品或服务的过程中,所拥有或者所能够支配的能够实现自己目标的各种要素以及要素组合。

(2) 创业资源

英国管理学家彭罗斯在其著作《企业成长理论》一书中提出:企业是由一系列具有不同用途的资源相联结的集合体,企业的竞争优势来源于企业拥有和控制的有价值的、稀缺的、难以模仿并不可替代的异质性资源。企业资源基础理论的主要代表人物巴尼(Barney)认为,创业资源是指企业在创业的整个过程中先后投入和使用的企业内外各种有形的和无形的资源总和,企业资源的异质性将长期存在,从而使得竞争优势呈现可持续性。

创业资源一般是指创业者在创业过程中所投入和运用的各种生产要素和支撑条件的总和。对于创业者来说,只要是对其项目和企业的发展有所帮助的要素,都是创业资源,即新创企业在创造价值的过程中所需要的特定资产,包括有形与无形的资产。最基本的资源是人员、资金和创业项目,还包含技术支持、销售渠道、咨询机构、潜在顾客甚至政府机构在内的各种内容。

(3) 创业资源与一般商业资源的异同

一般商业资源是指经济学意义上的资源,即具有经济价值或能够产生新的价值和使用价值的客观存在物。从这个意义上说,具有经济价值并能够创造新的价值,这是创业资源与一般商业资源的共同点。但资源的通用性无法使企业获得高水平绩效和持续的竞争优势,也无法实现创业企业的成长。

1) 创业资源的外部性

创业资源大多为外部资源,新创企业普遍资源短缺,创业者往往只拥有少量的资源,甚至两手空空。因此,创业者获取资源的有效途径就是使外部资源内部化,特别是对于关键性创业资源要能够有效地获取与整合。成功的创业者大多都是资源整合的高手,创造性地整合外部资源是他们成功的关键因素之一。

2）创业资源的异质性

资源基础理论认为，企业的竞争优势源于企业拥有的异质性资源。所谓资源异质性，是指其具有价值性、稀缺性、难以模仿性和难以替代性，从而构成了企业竞争优势的内生来源。包括创业者在创业过程中形成的有特色的创意、创业精神、愿景目标、创业动力、创业初始情境等，都属于这类具有异质性和固定性的资源。

3）创业资源使用价值的差异性

人类知识不仅总是对于具体事物而言，而且总是分属于不同的认识主体，相互之间难以完全统一，这就是所谓的知识分散性。分散性知识的存在，意味着对于同样的资源，创业者会看到他人未能发现的不同效用，产生不同期望，做出不同的投入产出判断，从而产生超出一般商业资源的新价值，甚至是超额利润的效果。

4）创业资源能实现新效用

资源属性的效用不是一成不变的东西，会在社会活动中不断被发现。创业者按自身发现的效用对所获资源进行开发利用，把发现的资源新效用变成产品或服务的新功能，以此获得价值增值甚至是超额利润。这种发现和实现资源新效用的过程，就是创业活动的本质。

创业资源是经由创业者识别并开发利用，充分实现其新效用、获得新价值甚至是超额利润，具有异质性的商业资源。创业者必须注重控制、整合和充分利用创业资源，以建立新创企业的竞争优势。

4.1.2 创业资源的种类

（1）按照资源要素对企业战略规划过程的参与程度分类

分直接资源和间接资源。

1）直接资源

① 物质资源：包括内在的物质资源和外在的物质资源，是企业运行的物质基础，在物质资源管理的过程中，一般将其分为三大类：固定资产、材料和低值易耗品。

② 资金资源：在创业的初期是一个最为核心的资源，如果资金不足，对初创企业来说是个致命打击。在现有政策和环境中，大学生可以从以下几个方面得到启动创业资金：自筹资金；申请小额创业贷款；社会融资；参加创业比赛获得资助支持，比如参加"挑战杯"大学生创业计划竞赛等。

③ 市场资源：企业所提供的产品或服务的种类、多少由市场中来，最终也要到市场中去。市场资源对企业的生存发展至关重要。市场资源包括营销网络与客户资源、行业经验资源、人脉关系等。市场资源主要解决的问题是：凭什么进入这个行业？赢利模式是什么？市场和客户在哪里？销售的途径有哪些？

④ 管理资源：一个企业的运转需要很多要素和资源，运转好坏的关键在于管理。管理资源包括管理人才、管理制度、管理考核等。企业发展的各个阶段都需要有效的管理资源。拥有高效的管理资源可以使企业资源更好地整合在一起。

⑤ 人力资源：人力资源在创业中占着举足轻重的地位，是企业的核心资源。在创业初期，相对于其他创业资源，人力资源是核心，也是实现企业可持续发展的关键资源。人力资源具有时效性、再生性、社会性的特点。

2）间接资源

① 社会资源：在当前社会环境下，政府及社会各界对大学生创业的支持因素就是社会资源。最为重要的社会资源是国家政策的支持，国家出台的鼓励和扶持创业的政策是大学生创业时要认真分析和把握的基础性资源。

② 信息资源：信息资源的涉及面比较广泛，从创业的初期就一直占有比较重要的地位。创业信息资源涉及企业生产和经营活动过程中的各种信息，具有内容循环重复性、导向性、整合性、流动性等特点。

③ 技术资源：在创业初期以及企业运行的过程中，技术资源是一个企业最为关键的资源。企业要想更好地可持续发展，必须要有过硬的技术资源才行，企业的技术先进，才能为产品在竞争中赢得优势。

（2）按照资源的供给分类

1）自有资源

自有资源的拥有状况将在很大程度上影响甚至决定我们获取外部资源的结果。自有资源可以帮助我们获得和运用外部资源。立志创业者首先要致力于扩大、提升自有资源。

2）外部资源

外部资源更多的来自于外部机会发现，而外部机会发现在创业初期起着决定性作用。其中关键是具有资源的使用权并能控制或影响资源部署。

（3）按照资源的表现形态分类

可分为要素资源和环境资源，如表 4-1 所示。

表4-1 创业资源按照资源的表现形态分类

资源分类		资源内容
要素资源	场地资源	基础设施、通信系统、物业管理、商务中心、交通、配套设施等
	资金资源	银行贷款、风险投资、政策性的低息或无偿扶持基金、租金等
	人才资源	人才的引进、队伍的建设、员工的聘用等
	管理资源	企业诊断、市场营销策划、制度化和正规化企业管理的咨询等
	科技资源	科研帮助、科技成果、科技试验平台等

续表

资源分类		资源内容
环境资源	政策资源	允许个人创业、技术入股,支持海内外合作,简化办事手续等
	信息资源	宣传和推介信息、中介合作信息、采购和销售渠道信息等
	文化资源	学习交流、合作支持、互相超越的文化氛围等
	品牌资源	借助大学或企业、科技园或孵化器的品牌,以及借助名人认可等

创业者获取创业资源的最终目的是为了组织这些资源,抓住创业机会,提高创业绩效和获得创业的成功。要素资源可以直接促进新创企业的成长。环境资源可影响要素资源,并间接促进新创企业的成长。

4.2 互联网创业的关键资源与整合

4.2.1 互联网创业的关键资源

(1)技术资源

技术资源是最关键的创业资源之一,决定着创业的发展走势、核心竞争力和获利能力。创业阶段企业规模较小,对管理及人才的需求度较低,很多时候,拥有了核心技术,就拥有了获得资金支持的资本。

在第二届中国青年创业周上一举获得中国最具潜力创业青年奖的董一萌,于 2001 年获得长春市新星创业基金 10 万元,并于当年 9 月成立一萌电子公司。当时全国上网人中近 90%是通过搜索引擎寻找需要的信息,董一萌意识到搜索引擎营销是一个黄金行当,便集中精力开发出了"善财童子"产品,客户只要使用该产品,便可使其网站排在搜索结果的前几名。至 2005 年年底,董一萌发展了全国多个省市的代理商,并在北京建立了分公司。

一个企业必须有自己的核心产品,其发展才有后劲。以思迈人才网为例,北京师范大学的学生胡腾和 7 位同学筹资 12 万,于 2003 年 8 月 27 日注册成立了思迈人才顾问有限公司,并建立了专业的人才网站——思迈人才网。他们公司的主旨是为企业和个人提供人才评估、咨询、培训、交流、猎头、人事代理等服务,为高校毕业生就业开通"绿色通道",提供求职培训、素质测评、推荐安置工作等服务,看起来很有市场前景,但该团队中没有一个人拥有评估、咨询、培训、猎头以及人事代理的核心技术甚至运营经验。开业之初,由于人才网络、企业网络没有运作起来,各种服务项目没法开展。于是,胡腾决定从最基础的为大学生找家教和其他兼职做起,这也不是他们所擅长的。2003 年 12 月,公司创立仅仅 3 个月,净亏 7.8 万元。他最后以 1 元钱价格把思迈转卖给了一个博士生。思迈人才网看起来很有市场前景,但该团队中没有一个人拥有与主旨相关的核心技术甚至运营经验,就贸然进入,必然遭受重创。

（2）人力资源

高素质人才的获取和开发，是现代企业可持续发展的关键。特别是高科技创业企业，人才资源更为重要。

苹果创始人史蒂夫·乔布斯说："刚创业时，最先录用的10个人将决定公司成败，而每一个人都是这家公司的十分之一。小公司对于优秀人才的依赖要比大公司大得多。"思迈人才网的案例中，技术在创业中可谓相当重要，但技术的重要主要体现在人的重要，而不单单是技术本身。寻找人力，特别是早期的核心人才，更需要下功夫。团队第一，产品第二，雷军在小米初期找到7个"极强"合伙人的故事一度被传为佳话。也正因为雷军在找人阶段的"正确投入"，小米在20年后的今天仍然保持强大的生命力。

4.2.2 创业资源获取的途径

（1）获取技术资源的途径

① 吸引技术持有者加入创业团队。
② 购买他人的成熟技术，并进行分析。
③ 购买他人的前景型技术，再完善开发。
④ 同时购买技术和引进技术持有者。
⑤ 自己研发，但时间长，耗资大。

（2）获取人力资源的途径

对于大学生来说，要多参加实践、多接触社会、积累经验，拓展人脉，以期获得更好的人力资源的机会。人力资源不是指创业企业成立以后需要招募的员工，而是指创业者及其团队拥有的知识、技能、经验、人际关系、商务网络等。

小米创立初期，规模小，甚至连产品都没有，所以在最开始的半年，雷军花的80%的时间都在找人上。雷军寻找合伙人的两个要素：一要最专业，这样能保证合伙人各管一块，放心地做决策，干出实绩；二要最合适，合伙人有共同的愿景，有很强的创业驱动力。雷军为了搞定优秀的硬件工程师，三个月的时间里物色了100多位做硬件的人选。期间有一个理想人选，前后谈了三个月，一共谈了十七八次，每次平均十个小时，但这个人对于股份"无所谓"，雷军比较失望，发现他没有创业精神，不是自己所想要的人。随后他终于找到了负责硬件的联合创始人周光平博士。第一次见面前，他本来打算谈两个小时，从中午12点到下午2点，但一见如故，一直谈到了晚上12点。后来周博士说，他愿意加入小米的最后一锤子推力，是雷军跟他说："必要的时候，我可以去站柜台卖手机。"

有竞争力的报酬并不等于重金、高薪，雷军制订了一套组合方案，邀请人才加入的时候会给三个选择条件：第一，你可以选择和跨国公司一样的报酬；第二，你可以选择 2/3 的报酬，然后拿一部分股票；第三，你可以选择 1/3 的报酬，然后拿更多的股票。实际情况是有 80% 的人选择了第二种，因为他们持有股票，非常乐意与创业公司一起奋斗，共同成长，战斗力也会很足。小米努力去营造一个中高端人才的环境，培养和引进相结合。雷军设置专项的培训费，落实培训工作，有专门的预算和专人负责。这样能保证企业有绵绵不断的执行力、创造力。

（3）获取外部资金资源的途径

① 靠亲友筹资，双方形成债权债务关系。

② 抵押、银行贷款或企业贷款。

③ 争取政府某个计划的资金支持。

④ 所有权融资，吸引新的拥有资金的同盟者加入创业团队，吸引现有企业以股东身份向新企业投资，以及吸引企业孵化器或创业投资者的股权资金投入等。

⑤ 一个好的创业计划，可吸引创业基金甚至风险投资。

（4）获取市场与政策信息资源的途径

通过政府机构、同一行业及领域的企业、专利信息机构、图书馆、大学研究机构、新闻媒体、会议、科技展览及互联网等获得相关信息。创业者可以根据自己的实际情况与各种方式的特点，选择一种或多种方式，尽可能获取急需而有效的信息。

4.2.3 各种互联网创业资源的整合

（1）创业资源的整合

不拘泥于当前资源条件的限制，将不同的资源加以利用，开发机会并创造价值的过程即是资源整合。

优酷和土豆是国内最早期出现的在线视频网站，他们一直以来都是竞争对手，还因为版权问题闹上了公堂。但他们在 2012 年 3 月 11 号签订了最终协议，双方以 100% 换股方式进行合并。业内对两个曾经的对手如此迅速地转为合作伙伴非常诧异。两个视频网站合并的原因有以下几方面。

原因一：国内在线视频网站溢涨，除了优酷、土豆外，也不乏爱奇艺、搜狐视频这样综合实力强大的视频网站，还有很多垂直性非常强的视频网站的存在，优酷和土豆渐渐失去核心竞争力。因此优酷和土豆方都是希望能够改变现在的格局，合并就成了非常好的一个方式。通过合并，一则可以吸引更多用户的关注，二来双方的用户会进行共享，竞争力可以得到大幅提升。

原因二：合并有利于降低成本，提升广告定价权。随着竞争越来越激烈，优酷和土豆都必须要想办法去节约成本，提高营收。合并就是最好的手段。合并之后，通过双方的资源共享，可以大幅地节约视频版权采购成本，这对优酷和土豆都极为有利。合并之后，他们所涉足的领域以及各领域的人群占比都会是最大的，优酷土豆将会有相当的广告定价权，他们会一定程度上制定业内的规则。

原因三：合力做中国的 Youtube。Google 旗下的 Youtube 在全球有很大的影响力，而对于优酷和土豆方来说，做中国的"Youtube"都是他们的最终梦想。单以优酷或土豆的实力，都无法对国内在线视频市场形成足够的垄断，合并会让他们离梦想更近一步。

（2）注意事项

资源通常与利益相关，创业者之所以能够从家庭成员那里获得支持，就因为家庭成员之间不仅是利益相关者，更是利益整体。既然资源与利益相关，创业者在整合资源时，就一定要设计好有助于资源整合的利益机制，借助利益机制把潜在的和非直接的资源提供者整合起来，借力发展。因此，整合资源需要关注有利益关系的组织或个人，要尽可能多地找到利益相关者。同时，分析清楚这些组织或个体和自己以及自己想做的事情有何利益关系，利益关系越强、越直接，整合到资源的可能性就越大，这是资源整合的基本前提。

利益关系者之间的利益关系有时是直接的，有时是间接的，有时是显性的，有时是隐性的，有时甚至还需要在没有的情况下创造出来。另外，有利益关系也并不意味着能够实现资源整合，还需要找到或发展共同的利益，或者说利益共同点。为此，识别到利益相关者后，逐一认真分析每一个利益相关者所关注的利益非常重要，多数情况下，将相对弱的利益关系变强，更有利于资源整合。因此，资源整合是多方面的合作，创业者在设计共赢机制时，既要帮助对方扩大收益，也要帮助对方降低风险，降低风险本身也是扩大收益。在此基础上，还需要考虑如何建立稳定的信任关系，并加以维护管理。

4.3 "互联网+"环境下的创业资源发展新态势

4.3.1 "互联网+"的未来发展目标

（1）"互联网+"与"+互联网"区别

"+互联网"，即传统行业的互联网化，对传统行业而言，互联网被看成是一种工具、一种渠道，起到辅助作用，只是提高了传统行业传统企业的工作效率，但没有质的改变，是"物理反应"。而"互联网+"则是云计算、大数据和移动互联网等现代信息技术与传统行业、实体经济的深度融合以及多行业间的跨界融合，其结果是不仅提高了传统行业的工作效率，而且还培育出新的业态、新的产品和新的服务模式，有"物理反应"，但更多是"化学反应"。两者既有区别又有联系，可以看作是传统行业信息化的两个阶段，"+互联网"是初级阶段，而"互联网+"是高级阶段。"互联网+"行动,将以夯实新信息基础设施、提升原有工农业基础设施、创新互联网经济、渗透传统产业为指向,为中国经济实现转型与增长开辟新路。

（2）"互联网+"未来的发展

国务院 2015 年 7 月 4 日发布《关于积极推进"互联网+"行动的指导意见》,明确未来三年以及十年的发展目标,提出包括创业创新、协同制造、现代农业、智慧能源等在内的 11 项重点行动。互联网与经济社会各领域的融合发展日益深化,基于互联网的新业态成为新的经济增长动力,互联网支撑大众创业、万众创新的作用进一步增强,互联网成为提供公共服务的重要手段,网络经济与实体经济协同互动的发展格局基本形成。

在经济层面,互联网在促进制造业、农业、能源、环保等产业转型升级方面取得积极成效,基于互联网的新兴业态不断涌现,电子商务、互联网金融快速发展;在社会层面,健康医疗、教育、交通等民生领域互联网应用更加丰富,公共服务更加多元;在基础设施方面,网络设施和产业基础得到有效巩固加强;在发展环境方面,互联网融合发展面临的体制机制障碍有效破除,公共数据资源开放取得实质性进展。

关于"互联网+"的十年发展目标：到 2025 年,网络化、智能化、服务化、协同化的"互联网+"产业生态体系基本完善;"互联网+"新经济形态初步形成;"互联网+"成为经济社会创新发展的重要驱动力量。

（3）"互联网+"会给生活带来哪些变化

"互联网+"不仅限于经济领域,还将通过与公共事业和生活服务业的融合,给人们的生活带来切实改变。"互联网+"益民服务行动包括推广在线医疗卫生新模式、促进智慧健康养老产业,探索新型教育服务供给方式。发展电子政务、便民服务、在线医疗、健康养老、网络教育,成为发挥互联网优势、改进民生服务的新途径。此外,"互联网+便捷交通"将促进公共交通服务效率、治理能力大幅提升；"互联网+绿色生态"将构建面向循环经济的绿色发展新模式。而降低行业进入壁垒、加强融合监管等保障举措将进一步促进互联网与民生领域的深度融合。

4.3.2 "互联网+"环境下创业资源的新特征

"互联网+"环境下创业资源具有四个特征：种类多样化、结构高级化、形式虚拟化和市场开放化。

（1）种类多样化

在"互联网+"时代,大数据、物联网、云计算等技术的渗透使得创业资源的种类更为丰富。一方面,传统的创业资源与"互联网+"各种技术有机融合,让传统资源成为具有时代特征的"新"资源,如资金资源与"互联网+"融合后形成互联网金融资源；另一方面,由于"互联网+"具有工具特性，其自身也是一种重要的创业资源，是创业者在"互联网+"背景下创业必须拥有的资源。创业资源种类的多样化，不仅让创业者能够得到更多资源，同时也滋生了更多创业机会，这对于创业者具有十分重要的意义。

（2）结构高级化

在"互联网+"的驱动下，生产者结构与区域产业结构在逐步升级转型，这一过程中高素质劳动者、高新技术和对称的信息等因素成为推动经济发展的主力，新的经济转型升级与新的创业资源需求打破了原有的创业资源结构，各种高素质人才、技术、信息等"软"资源成为"互联网"时代核创业资源，由"硬"资源为主到"软"资源为主的转变，正是实现创业资源结构高级化的过程。

为适应时代发展变化，不论是新企业的创建，还是传统产业的转型升级，都要努力实现资源由"硬"到"软"的转变，发挥"软"资源重要的作用，进而促使资源结构高级化。

（3）形式虚拟化

创业资源在"互联网+"的大环境下，衍生出新的形式——虚拟化。创业资源的虚拟化主要是指资源的数据化和网络化，是创业者以大数据、云计算和物联网技术为基础，将各种社会生活的资源进行数据化处理，通过系统有序的挖掘和分析，以网络化形式展现。这种线上、线下相结合的资源表现形式，可以将各种零碎的、无序的资源有机融合，是"互联网+"时代实现创业资源跨界共享利用，降低成本的有效形式。新时代下，创业者要充分利用创业资源的虚拟化特征，凭借后发优势，掌握关键的新信息和新机遇，实现跨越性发展。

（4）市场开放化

除了种类多样化、结构高级化、形式虚拟化之外，"互联网+"赋予创业资源另一个新特征——市场开放化。在"互联网+"与各种资源融合的大背景下，市场开放化主要是指创业者获取资源的类型和方式，完全由创业者自己在开放的资源市场中去争取，较少受信息不对称、服务不对称等问题的限制。资源市场对于任何一个创业者都是平等的、无差异的。资源市场开放化的最大优势在于实现资源共享。资源共享对处于创业初期的创业者尤为重要。

4.3.3 "互联网+"环境下创业资源发展新趋势

（1）"互联网+"精神与思维日益渗透

创业资源的获取与整合过程中，"互联网+"作为信息技术时代具有革命性的工具，其"开放、平等、协作、分享"的精神与"创新、参与、大数据"的思维无时无刻不渗透在各行各业。

创业资源的获取与整合渗透着"互联网+"的精神与思维，体现在以下两方面：

①"互联网+"与创业资源深度融合形成开放平等的资源市场，在资源的获取过程中，创

业者既要坚持共性资源的开放共享原则，又要坚持寻求个性资源的协同原则，进而实现资源获取的共赢新局面；

② 在利用与整合创业资源过程中，创业者既要敢于创新，在激烈的创业环境中脱颖而出，又要在大数据潮流下，树立"1+1＞2"的资源利用观。随着"互联网＋"的进一步发展，"互联网＋"精神与思维将更深一步渗入创业资源获取与整合过程中。

（2）跨界融合创新不断在创业资源的整合中涌现

"互联网＋"跨界融合创新浪潮正席卷经济社会各行各业，推动互联网与传统行业的横向整合与纵向重塑。跨界融合创新是成为"互联网＋"的重要特征，也是创业资源在整合过程中的发展趋势。随着创业资源种类的增多、规模的扩大，跨界融合成为创业者在创业初期的重要战略选择。跨界资源融合和创新冲破了地域和国界的限制，使有区域和国界的资源整合走向无国界、无地域的状态。未来，跨界融合创新的新趋势将是在更大程度和更宽领域全面推进创业资源的整合，为创业者提供更新、更好的资源。

（3）用户体验和服务能力将成为创业者整合利用创业资源的核心

最先被"互联网＋"带动的是用户，如今的市场主导是用户，不再是企业、生产商。可以说没有用户就没有企业，用户对产品的体验和企业服务能力的评价成为用户是否给产品、给企业好评的关键因素。处在创业初期的创业者在整合利用资源时要将如何满足用户体验和提供更好的服务作为其导航标。"顾客体验"成为考验企业竞争力的核心要素。创业资源的整合与利用要更加关注用户体验和服务能力，在控制成本提高效率、提升用户体验方面探索一条健康良性创业路径。

（4）法治化和规范化意识在创业资源的整合与利用中越来越被重视

随着"互联网＋"迅速发展，无论是创业者、消费者，还是企业和政府部门，对"互联网＋"的认识日趋理性：加快法治建设是"互联网＋"行动计划实施最基本的保障。在"互联网＋"时代下，各类创业资源的整合与利用必须法治化与规范化。比如，在对信息资源的整合利用中，政府推进了网络信息安全、个人信息保护、网络交易监管等方面的地方立法，出台了政府与公共信息资源开放共享的管理办法，一方面加强了基础信息资源和个人信息保护，另一方面强化了资源整合过程中的信息安全管控，规范了信息资源的市场秩序。随着创业者法律意识和对营造规范有序创业环境的渴望逐步加强，创业资源整合过程中，更完善的法律法规将会颁布实施。

（5）持续发展与循环利用的生态圈在创业资源整合中形成

"互联网"的范式是"万物皆可以互联，互联成全生态"，因此这里的"生态圈"并非传统意义上的"生态圈"，它是指企业自身资源构成了一个"生态圈"，有其赖以生存的空气、土地等"公共资源"。创业资源的整合要适应时代趋势，形成资源循环利用与可持续的发展模式，这种模式不仅是创业者自身与创业资源之间的"友好"关系，也是创业者与创业者之间资源利用的一种合伙关系。持续发展与循环利用的生态圈，既能科学有效地整合资源，又能提高资源的利用效率，节业成本，这必将成为未来创业资源整合的主流趋势。

（6）"互联网+"环境下创业资源的新作用

传统创业资源的作用主要体现在对新创企业成长与发展的促进与推动方面。随着"互联网+"时代的到来，创业资源出现了许多新特征。促进创业类型多样化、以"互联网+"为核心的信息技术时代，创业资源呈现出的一个基本特征是种类多样化。多样化的创业资源对培育多样化的创业类型具有重要的促进作用。一方面，作为一种载体性的生产工具，互联网是一种创业资源，它促进了互联网类型创业的出现，如网站经营、淘宝店等；另一方面，"互联网+"与其他行业结合产生的"新"资源，如"互联网+金融"资源、"互联网+交通"资源、"互联网+教育"资源等，催生出许多新类型的创业。

【学以致用】

"美食网红"李子柒成功的内在因素分析

李子柒，四川90后妹子，是2017年以来的网红之一，短短3个月时间，她的古风美食视频就引来了百万人关注，微博话题阅读量达数亿次。她专注于美食、视频制作，不接商业广告，不做代言。大家一度担心李子柒的生存之路，但她最终找到了属于自己的生存之路，创建了自己的同名品牌，开设了天猫旗舰店，出售自己制作的美食。

点开李子柒的视频，你不禁会惊叹她就像一个无所不能的仙子，在大自然的怡情山水中寻找着古色古香的美食，用她点石成金的双手化腐朽成神奇。酿花酒、磨豆腐、做果酱、用葡萄皮染衣服，她实践着现代人逃离喧嚣都市的梦想。她用心和大自然和谐相处，一动一静都是一幅绝美的风景图。

李子柒做的视频并非包装和作秀，而是她真实生活的写照。她在微博上写道："可谁又知，他人眼中的生活技能，不过是你的求生本能。"她和奶奶相依为命，抛却繁华，一心一意地照顾奶奶。虽然没有抓住读书机会改变命运，却通过自己的方式学到很多生活的技能。

成名后的李子柒却并没有用广告的方式急于变现，她依然在塑造自己的个人品牌，立志于发扬传统文化，对自身的发展有着清晰的认知和规划。李子柒的成功并不是偶然的，她的成功有显性的因素，更多的是我们看不到的隐性因素。

显性因素在于李子柒以古风美食为切入点，抓住了视频拍摄这个商业风口。2017年，短视频以势如破竹之势迅猛崛起，正如雷军的"飞猪理论"所阐述的，顺势而为是创业成功的必然条件。在直播的风口，要想异军突起，必须依靠自己独特的入口。生活在大山里的李子柒在自己的生活底蕴中找到了古风这个切入点。现代人对古风的好奇和古风在现代社会的稀缺性，导致古风成为很好的卖点。李子柒在古风的特色中选择了美食作为视频主题，正是结合了自己的强项技能。这些显性因素是我们大家都能看到的，可是这些是远远不够的。如果我们也步李子柒的后尘，也选择这样的主题进行视频营销，却只能达到东施效颦的效果，因为真正的隐性因素才是李子柒成功的关键因素。

首先，李子柒就是生长在大自然里的女子，她的一举一动都是融合于大自然的一帧画面。春种秋收，生火做饭，就地取材，成就一件件手工艺品，甚至是一个个木质建筑，这些都是李子柒的生活场景的一部分。艺术高于生活，但一定要源于生活。李子柒的各种技能在外人看来不可思议，却只是她的生活必需技能。

其次，李子柒有在残酷的生活中练就各种花样技能并乐在其中的能力。一般的孩子从小就上各种兴趣班来培养技能，而李子柒的十八般武艺是在和大自然的博弈和和谐相处中锻炼出来的。生活的重压并没有让年纪尚浅的李子柒屈服。

李子柒还具有顽强的审美能力和不断提高自己学习能力的韧劲，她的美食视频的每一个画面，都诠释着对美的执着追求。为了拍好一个视频，她买来单反相机，按照说明书一个按钮一个按钮地进行学习和实践。为了达到想要的效果，她一个人支起三脚架无数遍地重拍。生活中的李子柒也许看上去是个灰姑娘，辛苦的劳作磨粗了她的双手。为了做事方便，她也只能穿着简洁的衣物，但是，在镜头下的李子柒展示出来的是恬淡的美、飘逸的美，是修饰过的参加舞会的白雪公主。她用自己的双手和一个有创意的头脑，构建着自己的童话王国。

成为一个极致手艺人，是李子柒的孜孜追求。为了拍好兰州拉面的视频，李子柒拜师学艺，用了两个月的时间，终于学会了拉面的工艺和精华。

李子柒的成功经验可以借鉴。首先我们要找到一个风口，也就是说还有知识变现红利的窗口，最好能细分到一个领域，确定自己的特色，结合自己的天赋和能力资源，来进行输出，打磨自己的产品。5G时代，更多新平台、新媒体和变现模式会出现，流量变现有大量新机会，特别是在垂直领域。5G时代又是否会演化出更多新的形式？让我们拭目以待。

案例思考题

1. 李子柒的创业过程有哪些创业资源？
2. 李子柒是怎样获取各种创业资源的？
3. 谈谈"互联网+"时代哪些处在创业风口？

第5单元 "互联网+"商业模式

知识目标

认识商业模式的内涵和构成要素

理解商业模式创造价值的流程和逻辑

了解"互联网+"环境下的典型商业模式

技能目标

能够利用商业模式画布进行项目分析

能够设计简单商业模式

思政目标

培养学生了解"故宫文创"成为网红的故事

培养学生对中国自主品牌小米科技的商业模式进行分析

【他山之石】

六百岁故宫，就这样炼成"网红"[1]

紫禁城已经 600 岁了。这座明清两代的皇家宫殿，近几年的公众形象，却不像是一位迟暮老者，而是展现出逆生长的"萌"。不管是此前朋友圈里流行的"明成祖朱棣从画像中跳出来"的 H5 页面，还是出现在故宫淘宝店中类似雍正皇帝"不与朕相干"手书折扇这样的文创产品，都在传达一个信息：年岁渐长的故宫，并未停止追赶时代的脚步。

2014 年 8 月 1 日，一篇名为"雍正：感觉自己萌萌哒"的文章出现，也成为"故宫淘宝"公众号第一篇阅读量 10 万+的爆款文章。此后，"故宫淘宝"公众号就像一匹脱缰野马：2014 年 12 月 5 日，为配合故宫淘宝"美人屏风月历"以及故宫出品的"胤禛美人图"APP，"雍正十二美人"正式出道；2015 年 3 月 5 日，在《朕有个好爸爸》一文后，康熙帝也成了"网红"。

故宫形象的转变，发生在短短几年间。如今，故宫卖萌、搞笑的网络形象，很大程度是由"故宫淘宝"建立起来的。故宫文创产品的成功营销几乎都出自"故宫淘宝"之手：帝后画像被"玩"成表情包，每个创意产品都配上"脑洞大开"的文案。"故宫淘宝"由北京尚潮创意纪念品公司运营，由故宫文化服务中心授权开发文创产品，同时进行利润分成。有人说，故宫在"萌萌哒"大行其道的时候，找到了接地气的互联网"虚拟形象"。但这个在网络世界赢得一片喝彩的"虚拟形象"，也伴随着一些质疑的声音：这种戏谑的语言方式是否会有失历史的严肃性？其实，在这一点上，"故宫淘宝"比众多新媒体要有底气得多，因为其背后是故宫专业的学者团队。他们的成文步骤是：研究者写出符合史实的文章，再由一支年轻团队"转译"成符合年轻人阅读习惯的轻松诙谐的语言。

在文创产品上以卖萌为特色发力，也给故宫带来巨大的收益。截至 2015 年年底，故宫博物院研发的文创产品已经超过 8700 种，各种渠道的销售收入总额突破了 10 亿元。而到 2016 年为止，故宫已经研发了 9170 种文创产品、上百个产品系列，收益更为可观。

---

[1] 来源：北京日报.六百岁故宫，就这样炼成"网红"（2017-09-11）。

5.1 商业模式的概述

5.1.1 商业模式的内涵

管理学大师彼得·德鲁克曾说："当今企业之间的竞争，不是产品之间的竞争，而是商业模式之间的竞争。"在"互联网+"趋势的带动下，商业模式备受关注。创业者的一个主要任务是探索并建立与机会相适配的商业模式。但是究竟什么是商业模式呢？

哈佛商学院教授克莱顿·克里斯滕森认为，商业模式就是创造和传递客户价值以及公司价值的系统，它涉及三个基本问题：如何为顾客创造价值？如何为企业创造价值？如何将价值在企业和顾客之间进行传递？它包括四个环节：客户价值主张、盈利模式、关键资源和关键流程。通俗地讲就是：第一，你能给客户带来什么价值？第二，给客户带来价值之后你怎么赚钱？第三，你有什么资源和能力去实现前两点？第四，你如何实现前两点？

互联网的商业模式分PC互联网商业模式和移动互联网商业模式。PC互联网商业模式是指通过入口级产品获取用户，把控网络流量，最后通过流量变现来获取盈利。移动互联网商业模式是在碎片化的时间里，通过极致的产品和服务来快速吸引获取用户，并随时随地满足用户个性化的需求，互动性更强，使企业获得更大优势。

5.1.2 商业模式的逻辑

商业模式是企业创造价值的核心逻辑。商业模式的逻辑主要表现在层层递进的三个方面，如图 5-1 所示。

图 5-1 商业模式的逻辑

（1）价值发现

明确价值创造的来源，这是对机会识别的延伸。通过可行性分析识别创业者所认定的创新性产品和服务，这只是创建新企业的手段，企业最终的盈利与否取决于它是否拥有顾客。创业者在对创新性产品和服务识别的基础上，进一步明确和细化顾客价值所在，确定价值命题，是商业模式开发的关键环节。绕过价值发现的思考过程，创业者很容易陷入"只要我们生产出产品，顾客就会来买"的错误逻辑，这是许多创业实践失败的重要原因之一。

案例：1991年，摩托罗拉成立了独立的铱星公司生产铱星手机，手机的价格是3000美元，每分钟通话费是3～8美元。如此高的服务价格，肯定竞争不过传统的蜂窝移动服务。于是，铱星公司把目标市场定为传统网络无法覆盖地区的人们，但是，直到1999年7月，公司仅有2万个用户，而公司至少需要5.2万个用户才能达到贷款合约的要求。结果当年8月，铱星公司因拖欠了15亿美元贷款而申请破产。

从铱星公司惨败的教训中我们看到：公司花费了如此高昂的财务成本和时间成本开发出来的铱星手机，并没有为顾客带来真正的便利和实惠，因而没有吸引足够多的顾客成为它的用户。由于铱星电话技术依靠电话天线和在轨卫星间的视距传输，所以电话功能非常有限。在行驶的汽车内以及大城市的许多地方，铱星电话都无法使用，还有，在没有电的偏远地区，手机电池只能使用特殊的太阳能附件，这无法吸引繁忙的旅行者。

许多创业实践成功的重要原因，在于发现了具有潜力的顾客需求，为了最大限度地开发和满足这些顾客需求，创业者往往改变了创新产品或服务的发展路径，而使其更加接近顾客的需求。如李彦宏创建的百度搜索，1999年，李彦宏利用向门户网站授权网络搜索技术创业。2001年，网络泡沫破灭，门户网站自身的生存开始面临严峻考验，这时百度决定从后台走向前台，设立自己的网站，并且采用"企业竞争排名"模式向企业收取费用，使企业在搜索结果页面上优先排序，这样可以帮助企业的潜在顾客直接进入企业网站，增加企业赢得新客户的可能性。虽然搜索技术本身没有变化，但百度利用搜索技术为顾客服务的方式发生了很大的转变，在2003年年初开始盈利。

（2）价值匹配

明确合作伙伴，实现价值创造。新企业不可能拥有满足顾客需要的所有资源和能力，即便新企业愿意亲自去打造和构建，也常常面临着很大的成本和风险。因此，为了在机会窗口内取得先发优势，并最大限度地控制机会开发的风险，几乎所有的新企业都要与其他企业形成合作关系，以使其商业模式有效运作。

案例：与供应商、托运企业、顾客以及其他许多商业伙伴的合作，促使Dell公司的商业模式形成。假如Dell的供应商不愿意在即时原则基础上向它供应新式零部件，Dell公司就要付出很高的库存成本，就不可能向顾客提供高品质产品和进行价格竞争。Dell公司与供应商密切合作，不断激励他们参与进来。与Dell公司合作，这种方式也有助于供应商获利，因为Dell的订单规模占了供应商很大部分的生产份额。

（3）价值获取

制订竞争策略，占有创新价值，这是价值创造的目标，是新企业能够生存下来并获取竞争优势的关键，因此是有效商业模式的核心逻辑之一。许多创业企业是新产品或服务的开拓者，但却不是创新利益的占有者。这种现象发生的根本原因在于这些企业忽视了对创新价值的获取。价值获取的途径有两方面：一是为新企业选择价值链中核心角色；二是使自己的商业模式细节尽最大可能得到保密。对第一方面，价值链中每项活动的增值空间是不同的，哪一个企业占有了增值空间较大的活动，就占有了整个价值链价值创造的较大比例，这直接影响到创新价值的获取。对第二方面，有效的商业模式被模仿，在一定程度上将会侵蚀企业已有利润，因此创业企业越能保护自己的创意不泄漏，越能较长时间地占有创新效益。

总体来看，价值发现、价值匹配和价值获取是有效商业模式的三个逻辑性原则，在其开发过程中，每一项思考过程都不能忽略。新企业只有认真遵循了这三个原则，才能真正开发出同时为顾客、企业以及合作伙伴创造经济价值的商业模式。

5.1.3 商业模式的构成要素

为了实现企业有效执行和达成预期目标，创业企业需要一个清晰、完整的商业模式，来预测企业的成长并做好合理规划。Alexander Osterwalder 和 Yves Pigneur 认为，商业模式包含 9 个模块要素。

（1）价值主张（Value Proposition）

即公司通过其产品和服务能向消费者提供何种价值。价值主张明确了公司对消费者的实用意义。其表现按产品服务的特性分，可以分为标准化和个性化的产品、服务或解决方案；按产品范围分，可以分为宽的产品范围和窄的产品范围。

（2）客户细分（Customer Segments）

即公司经过市场划分后所瞄准的消费者群体。客户细分按辐射的区域范围可分为本地区市场、全国市场和国际市场；按客户对象可分为政府部门、企业和个体消费者；按市场份额可以分为一般大众市场、多部门市场以及各细分市场等。

（3）分销渠道（Distribution Channels）

描绘公司用来接触消费者且将价值传递给目标客户的各种途径。表现为：直接渠道和间接渠道，单一渠道和多渠道。

（4）客户关系（Customer Relationships）

阐明公司与其客户群体之间所建立的联系，主要是信息沟通反馈。通常所说的客户关系管理，即对公司同消费者群体的关系进行管理。客户关系管理具体可以分为直接关系管理和间接关系管理，也可以分为交易型关系管理和关系型关系管理。

（5）关键业务（Key Activities）

描述业务流程的安排和资源的配置。关键业务按照生产系统可以分为标准化生产系统和柔性生产系统；按照研发部门贡献可以分为强的研发部门和弱的研发部门；按照供应链管理的效率可以分为高效供应链管理和低效供应链管理。

（6）核心资源（Key Resources）

概述公司实施其商业模式所需要的资源和能力。核心资源可以表现为技术、专利、品牌、成本和质量优势等方面。

（7）重要伙伴（Key Partnerships）

即公司之间为有效提供价值并实现其商业化而形成的合作关系网络。重要伙伴可以是上下游伙伴，也可以是竞争关系或互补关系的伙伴，还可以是联盟关系伙伴或非联盟关系伙伴等。

（8）成本结构（Cost Structure）

即所使用的工具和方法的货币描述。表现为固定或流动成本比例、高或低经营杠杆等。

（9）收入来源（Revenue Streams）

描述公司通过各种收入流来创造财富的途径。表现为固定或灵活的价格，高、中、低利润率，高、中、低销售量，单一、多个、灵活渠道等。

商业模式的构成要素之间是相互作用和相互决定的。在商业模式的诸多构成要素中，任意一个组成要素不同，就可能产生不同的商业模式。

5.1.4 商业模式画布（Business Model Canvas）

一个有效的商业模式不是九个要素的简单罗列，要素之间存在着有机的联系，可以用科学的工具——商业模式画布这一工具来进行分析描述优化，如图 5-2 所示。

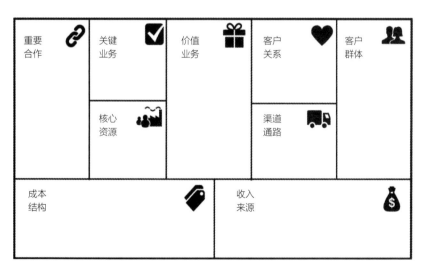

图 5-2　商业模式画布

（1）定义

商业模式画布是用来描述和分析企业、组织和个人如何创造价值、传递价值、获得价值的基本原理和工具，它能够帮助创业团队产生创意，降低猜测，确保他们找对了目标用户，合理解决问题。商业画布使得商业模式可视化，使用统一的语言讨论不同商业领域。商业画布不仅能够提供更多灵活多变的计划，而且更容易满足用户的需求。更重要的是，它可以将商业模式中的元素标准化，并强调元素间的相互作用。

（2）学习使用

学习商业模式画布最初级的目标就是帮助人们能够通过可视化工具，在短短的150s内看清一家企业或组织的运作模式，将一件事情非常有条理有逻辑地传达给同事、朋友和家人。

首先要了解目标用户群（客户细分、客户关系），再确定他们的需求（价值主张），想好如何接触到他们（分销渠道），怎么盈利（收益方式），凭借什么筹码实现盈利（关键业务、核心资源），能向你伸出援手的人（重要伙伴），以及根据综合成本（成本结构）定价。一般没有固定的表达顺序，只要从一个模块开始，将所有模块串联起来，顺畅地表达清楚，自由串联发挥，融会贯通，自圆其说即可。

5.2 商业模式的设计

在了解商业模式的概念、逻辑和构成要素之后，就需要设计商业模式了。每一个企业管理者都想设计一个具有独创性，且难以被复制的商业模式，以此在竞争中脱颖而出。因此，如何设计符合自身发展的商业模式是当下备受关注的焦点问题。

5.2.1 商业模式设计的一般过程

（1）分析并确定目标顾客

商业模式设计的第一步也是最重要的一步，就是确定你的顾客是谁。不知道顾客是谁，几乎是初次创业者最常犯的错误，因为大多数人往往是从自己想提供的产品或功能出发，而不是从顾客想要什么出发。但创业归根到底经营的是市场而不是技术，出售的是价值而不是专利，所以必须要清楚地知道顾客是谁，顾客为什么要购买你提供的产品。在识别目标顾客时可以参照以下几个步骤。

1）描述顾客的轮廓

对顾客的轮廓必须要有一个大致的描述，一开始不用精准，因为进入市场后，还可以再调整，但一定要从这个步骤开始。描述的方式包括他们的年龄、性别、婚姻状态、居住地区、收入水平、兴趣、嗜好、习惯以及其他常用的服务等。

2）详细列出顾客的问题

必须要一项项地列出顾客可能有的问题，这些问题可能有几十个，要把有可能成立的，统统逐一列出来。

3）确认并厘清重要问题

开始去跟符合顾客描述轮廓的人聊天，确认每个顾客问题的存在。在这过程中，会删掉很多其实不存在的问题，也会增加很多他们真正有的问题。最少要跟3～5个人聊天，最好能够跟二三十个人聊天。完成之后会有一个初步的、精简版的问题清单。接着可以做更大规模的问卷调查，再去确认这个精简后的问题清单中，哪些问题普遍存在，有哪些问题其实也没有那么重要。

4）调查市场

当经历了上面步骤后，理想情况下应该会产生一个重点问题的清单（如果没有的话，那就得退回到访谈的步骤，或是要重新选择另一个目标群体）。接着，需要开始做一些自上而下的市场规模调研。去看看类似、即将被新产品取代的产品在市场上的表现，有哪些竞争性产品，市场够不够大，上下游关系会不会难以切入等。完成以上这些步骤，就对顾客的基本情况、他们有哪些问题和相应的市场规模有了初步的概念。

（2）定义并检验价值主张

价值主张是商业模式的基础，它说明了我们向选定的目标顾客传递什么样的价值，或者帮顾客完成了什么样的任务。任何类型的企业都有价值主张，因为企业都需要提供产品或服务来满足其目标顾客需要完成的任务。创业团队可以利用头脑风暴方法思考可能的价值主张，进一步检验价值主张是否可行。检验价值主张是否符合顾客需求，可以从三点来看：

① 真实性。价值主张不应停留在构想阶段，须具有真实性，在某一特定期间可以让顾客看到所提供的附加价值。顾客所期望的价值可以区分为3个层次，一是解决目前问题，二是解决竞争者无法解决的问题，三是满足未来的需求。

② 可行性。具有可行性的价值主张，才是好的价值主张。可行性包括可以执行、可评估效果，最好是竞争者没有的，这样的价值才是符合多数顾客的企盼的。

③ 与顾客关联性。在定义价值主张之前，须用心研究顾客需求，购买行为、当前满足情形、不满意原因等，据此发展和顾客息息相关的产品和服务，缩小产品供给与顾客需求的落差。根据检验过的价值主张，发现可以提供的产品、服务或解决方案。

（3）设计营收模式

根据所预定的目标市场及价值主张，进一步设计可能的收费来源、收费模式及定价。

设计营收模式，首先在于确认此商业模式所有的营收来源，以及了解此商业模式如何创造营收及营收模式为何。营收模式基本上是"价格×销售量"。价格的制订，应依照价值主张而变。对于低成本的商业模式，目标价格点可能是整个营收模式的关键点。在溢价商业模式中，其价格可能是需要传递独特价值所需的资源成本。而销售量部分，则依照先前所推估的市场规模而定。

成本结构大多由直接成本、人力成本所组成，并考虑经济规模。成本结构主要取自于传递价值主张所需的关键活动与关键资源。毛利源自营收模式及成本结构，许多公司会将毛利作为获利与判断创意是否适当的指标，然而商业模式不只是协助维持至某个毛利指标，而是着眼于建立可获利的成长平台。创业最终目标当然是让收入大于成本，当一个商业模式做到了这件事情，并且有一定规模的潜在顾客，则称这是一个可升级的商业模式，这也是所有初创业者追求的目标。

（4）设计关键流程与资源

在目标顾客、价值主张及营收模式确定后，就需要考虑哪些要素必须到位才能支撑这三者。通常需要考虑三大块：关键活动、关键资源和关键伙伴。

关键活动也就是身为一个创业团队，必须要完成的工作项目。如果连产品都还没有，那开发产品当然就是关键活动。但开发什么产品绝不能完全从个人兴趣出发，一定要基于前面研究目标顾客后得到的信息，也就是目标顾客共同面临的问题，以及由此提出的价值主张，最后据此得出要开发的产品。当产品开发完成，并且发现有产品与市场之间存在适配关系后，则关键活动也会开始变多。业务、顾客服务、商务发展、质量管控，只要会帮助整个公司进步的，都必须要放入到商业模式画布中加以追踪，并且想办法不断演化。关键资源是根据前面所有的设定，思考这个商业模式需要什么资源。例如如果是提供消费者在线餐厅订位的软件系统，那关键资源当然是"空桌"，而且不是一般的"空桌"，要是消费者想订的"空桌"，因为少了这些"好空桌"，那开发再完美的订位系统也没用。同样的道理，如果是做精品生意的奢侈店，那关键资源就是那些一流国际名牌包包、皮件。当发展到了某个程度，资金也会是非常重要的关键资源；当想要加速成长的时候，关键伙伴就是提供给你关键资源的那些伙伴。

5.2.2 在学习模仿中设计商业模式

通常情况下，学习模仿其他成功企业的商业模式的方法主要分为两类：一是照搬照抄，全盘复制；二是学习借鉴，不断调整。

（1）照搬照抄，全盘复制

对成功企业的商业模式进行直接复制，这类方法主要适用于行业内的企业或完全不同的行业。如果企业选择全盘复制，需要注意以下三点：

一是必须快速捕捉到商业模式的关键信息，谁先复制就有可能具备先发优势；

二是要学会甄别，并掌握真实有效的信息；

三是要提高因全盘复制带来的风险管理能力。

（2）学习借鉴，不断提升

即企业通过学习和研究优秀企业的商业模式，根据企业自身发展方向和细分市场进行适应性调整，对商业模式中的核心内容进行总结提炼，在此基础上进行部分引用。

在借鉴提升的过程中，要注意在原有的商业模式基础上进行延伸扩展，可以进一步细分市场，针对细分市场进行优化调整，精细化延伸，寻找新的发展机会，或者实施相关多元化战略，寻求新的市场。同时，在模仿学习中运用逆向思维反向学习，避开主流的市场竞争，直接切割行业领导者忽略的市场份额开发市场蓝海，并打造与之相匹配的商业新模式。另外，在借鉴中形成优势互补，在互利共赢的竞争中，拥有不同商业模式的企业也能成为价值创造的合作伙伴，实现共同进步，形成相互促进的良性循环，实现协同效应。

5.2.3　在试错调整中设计商业模式

商业模式的设计是基于各种要素假设进行的，一旦开始投入运作，这些假设都要在市场中不断接受检验。商业模式也不是一蹴而就的，企业要实现自身商业模式的良性循环，需要经营者在模式实施过程中根据实际情况不断试错，不断进行调整，甚至全面改革，通过调整现有商业模式来打造新的关键要素之间的良性循环，使整个商业模式的每个细节和举措都能提供有价值的反馈，达到预期目标。从某种意义上说，商业模式的设计就是一个不断检验和修订的过程。

5.3　互联网典型商业模式

站在"互联网+"的风口上，传统和初创企业都在商业模式上发生了新的变化。其显示出来的新特点主要有：以用户为主导，以互联网为媒介，以大数据为支撑。目前典型的互联网商业模式主要有六种，分别是：O2O商业模式、平台商业模式、"工具+社区+变现"模式、免费商业模式、长尾型商业模式和跨界商业模式。

5.3.1　O2O商业模式

O2O即Online To Offline，是指将线下的商务机会与互联网结合，让互联网成为线下交易的前台，这个概念最早来源于美国。O2O狭义来理解就是线上交易、线下体验消费的商务模式，主要包括两种场景：一是线上到线下，用户在线上购买或预订服务，再到线下商户实地享受服务，目前这种类型比较多；二是线下到线上，用户通过线下实体店体验并选好商品，然后通过线上下单来购买商品。广义的O2O就是将互联网思维与传统产业相融合，未来O2O的发展将突破线上和线下的界限，实现线上线下、虚实之间的深度融合，其模式的核心是基于平等、开放、互动、迭代、共享等互联网思维，利用高效率、低成本的互联网信息技术，改造传统产业链中的低效率环节。

在O2O模式1.0早期，线上线下初步对接，主要是利用线上推广的便捷性等把相关的用户集中起来，然后把线上的流量导到线下，主要领域集中在以美团为代表的线上团购和促销等。在这个过程中，存在着单向性、黏性较低等主要特征，平台和用户的互动较少，基本上以交易的完成为终结点，用户更多是受价格等因素驱动，购买和消费频率等也相对较低。发展到2.0阶段后，O2O基本上已经具备了目前大家所理解的要素，这个阶段最主要的特色就是升级为服务性电商模式，包括商品服务、下单、支付等流程，把之前简单的电商模块转移到更加高频和生活化场景中来。由于传统的服务行业一直处在一个低效且劳动力消化不足的状态，在新模式的推动和资本的催化下，出现了O2O的狂欢热潮，于是诸如上门送餐、上门生鲜、上门化妆、滴滴打车等各种O2O模式开始层出不穷。在这个阶段，由于移动终端、微信支付、数据算法等环节的成熟，加上资本的催化，用户数量出现了井喷，使用频率和忠诚度开始上升，O2O开始和用户的日常生活融合。但是在这中间，有很多看起来很繁荣的需求，由于资本的大量补贴等，虚假的泡沫掩盖了真实的状况。有很多并不是刚性需求的商业模式开始浮现，如洗车等。到了3.0阶段，开始了明显的分化，一个是真正的垂直细分领域的一些公司开始凸现出来，另外一个就是垂直细分领域的平台化模式发展，由原来的细分领域的解决某个痛点的模式开始横向扩张，覆盖到整个行业。比如饿了么从早先的外卖到后来开放的蜂鸟系统，开始正式对接第三方团队和众包物流。以加盟商为主体，以自营配送为模板和运营中心，通过众包合作解决长尾订单的方式运行，配送品类包括生鲜、商超产品，甚至是洗衣等服务，实现平台化的经营。

与传统的消费者在商家直接消费的模式不同，在O2O商业模式中，整个消费过程由线上和线下两部分构成，线上平台为消费者提供消费指南、优惠信息、便利服务（预订、在线支付、地图等）和分享平台，而线下商户则专注于提供服务。在O2O模式中，消费者的消费流程可以分解为五个阶段。

（1）第一阶段：引流

线上平台作为线下消费决策的入口，可以汇聚大量有消费需求的消费者，或者引发消费者的线下消费需求。常见的O2O平台引流入口包括：消费点评类网站，如大众点评；电子地图，如百度地图、高德地图；社交类网站或应用，如微信、人人网。

（2）第二阶段：转化

线上平台向消费者提供商铺的详细信息、优惠（如团购、优惠券）、便利服务，方便消费者搜索、对比商铺，最终帮助消费者选择线下商户、完成消费决策。

（3）第三阶段：消费

消费者利用线上获得的信息到线下商户接受服务，完成消费。

（4）第四阶段：反馈

消费者将自己的消费体验反馈到线上平台，有助于其他消费者做出消费决策。线上平台通过梳理和分析消费者的反馈，形成更加完整的本地商铺信息库，可以吸引更多的消费者使用在线平台。

（5）第五阶段：存留

线上平台为消费者和本地商户建立沟通渠道，可以帮助本地商户维护消费者关系，使消费者重复消费，成为商家的回头客。

5.3.2 平台商业模式

平台型商业模式的核心是打造足够大的平台，产品更为多元化和多样化，更加重视用户体验和产品的闭环设计。互联网平台的基础是大规模的用户量，这就要求一切必须以更好地满足用户的需求为导向。平台模式的精髓，在于打造一个多方共赢互利的生态圈。平台模式属于行业和价值链层级的代表模式，吸引大量关键资源，实现跨界整合，并能以最快的速度整合资源，使企业家将眼光从企业内部转向企业外部，思考行业甚至跨行业的机遇和战略。建立平台型商业模式的企业，不仅可以迅速扩张市场，还完全脱离了诸如价格战等一般层次的竞争，达到了不战而屈人之兵的最高境界。

（1）一定要以某些核心王牌产品做切入点，打造平台模式的基础

有了此基础，才可以让各方在此基础上推出产品，并提供延展的各项服务。同时明确游戏规则，用无限生产满足无限需求，不仅可以革命性地降低成本，还实现了收入倍增、盈利倍增。平台型商业模式的企业需要设计一套使得生产和需求双方能够互动运转起来的游戏规则和算法，而需求和供给买卖都是根据设定好的游戏规则和算法自动完成匹配。在这个平台上，服务和产品被无限延展。由于海量的产品和企业在平台上大规模、生态化聚集，大幅度降低了企业的协作成本，并创造出一个竞争力足以与大企业相比拟，但是灵活上更胜一筹的商业生态集群，在这种协同模式下，商业的进入成本和创新成本都得到了明显的降低。

（2）平台模式服务于某一人群，必须有足够多的用户数量

实际上，平台模式的成功证明了梅特卡夫定律：每个新用户都因为别人的加入而获得更多的交流机会，导致信息交互的范围更加广泛，交互的次数更加频繁，因而网络的价值随着用户数量的增加而增加，"物以稀为贵"变成了"物以多为贵"。

5.3.3 "工具+社区+变现"模式

曾经的"快的"和"嘀嘀"打车软件之间的烧钱打车之战,让国人见识了竞争之激烈。腾讯和阿里为了一个小小的打车软件不惜巨资血拼街头,很多人觉得不值,一般人也许认为不就是个软件,但是内行心里明白,那怎么可能仅仅是产品之争呢?说到底是用户之争,那是掌控用户的入口之争,意味着谁拥有了用户,谁就拥有了市场话语权。移动互联网正在催熟新的商业模式杀手锏,"工具+社区+变现"的混合模式已经浮现。比如大姨妈、美妆心得、妈妈帮、陌陌等,最开始就是一个工具,都是通过各自工具属性、社交属性的核心功能过滤到了大批的目标用户,然后才培养出了自己的社群,但正在成长为社区,并开始逐步嫁接支付业务。

"工具+社区+变现"的三位一体化模式是移动互联网时代催生的新模式,如图5-3所示。工具、社区和变现这三者是"入-留-付"的关系:工具可以作为入口,通过其工具属性、社交属性、价值内容等核心功能来满足用户的痛点需求,从而过滤得到大批目标用户。但它无法有效沉淀粉丝用户,需要通过社交属性培养出自己的社群,之后通过点赞、评论等交互手段,保证用户活跃度,形成社区以沉淀、留存用户,之后逐步开始变现业务,例如电商、广告、流量、数据和金融等,实现盈利。互联网的商业模式中有三个层次:最底层以产品为中心,其次以平台为中心,而最高层是以社区为中心。这样就会出现社区商业:内容+社区+商业。内容是媒体属性,用来做流量的入口;社群是关系属性,用来沉淀流量;商业是交易属性,用来变现流量价值。用户因为好的产品、内容、工具而聚合,然后通过社区来沉淀,因为参与式的互动、共同的价值观和兴趣,形成了社群,从而有了深度链接,用定制化C2B交易来满足需求,水到渠成。

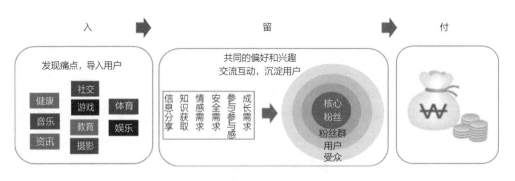

图5-3 "工具+社区+变现"商业模式

很多人都羡慕小米手机的粉丝经济、口碑营销,其实小米模式的真正核心是社群,从聚集"极客、科技男"开始,逐步吸引一个以百万级数成长的新生代社群迅速壮大,成为其运营的核心,围绕这个核心社群,小米甚至重构了产品定位、研发设计、产品迭代更新、营销推广与客户关系、售后服务等整个商业模式。围绕小米社群,小米建立了强大的阵地——社区。小米社区是小米官网旗下小米手机粉丝交流的地盘，旨在为小米手机粉丝提供包括小米手机学院、小米同城会、小米游戏软件下载、酷玩帮、小米随手拍、米兔大本营等众多分类内容。小米手机通过小米社区和线上线下的活动，聚合了大量的手机发烧友群体，其米粉通过这个社会化网络源源不断地给小米手机的产品迭代提供建议，同时又在不断地帮助小米做口碑传播，这群人就是小米的粉丝社群，这是一群以兴趣和相同价值观集结起来的固定群组。微信也是一个非常典型的案例，它从一个社交工具，加入了朋友圈点赞与评论等社区功能，继而添加了微信支付、精选商品、电影票、手机话费充值等功能，如图 5-4 所示。移动 IM 工具都已经在向移动电商延展。

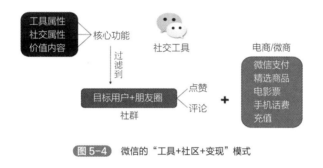

图 5-4　微信的"工具+社区+变现"模式

再如像"微杂志""她生活"以及"逻辑思维"等自媒体，它们都已经开始通过售卖书籍、化妆品来拓展自己的商业空间。这些演进的内在逻辑是相同的，即"工具 + 社区 + 变现"会成为移动互联网时代商业模式探索的杀手锏。

5.3.4　免费商业模式

"互联网 +"时代是一个"信息过剩"的时代，也是一个"注意力稀缺"的时代，怎样在"无限的信息中"获取"有限的注意力"，成为"互联网 +"时代的核心命题。互联网产品最重要的就是流量，有了流量才能够以此为基础构建自己的商业模式，所以说互联网经济就是以吸引大众注意力为基础，去创造价值，然后转化成赢利。很多互联网企业都是以免费、好的产品吸引到很多的用户，然后通过新的产品或服务给不同的用户，在此基础上再构建商业模式。互联网颠覆传统企业的常用打法就是在传统企业用来赚钱的领域免费，从而彻底把传统企业的客户群带走，继而转化成流量，然后再利用延伸价值链或增值服务来实现盈利。信息时代的精神领袖克里斯·安德森在《免费：商业的未来》中归纳基于核心服务完全免费的商业模式：一是直接交叉补贴，二是第三方市场，三是免费加收费，四是纯免费。商业模式的颠覆，最彻底的就是把收费变免费。无论什么产品，一旦变成免费，价格变成零，彻底消除了价格门槛，改变游戏规则，这个对竞争对手的冲击力非同小可。中国互联网里面最早进行颠覆式创新，最早进行免费革命的，最典型的案例就是 360 和淘宝了。

当年淘宝和 eBay 对战，市场规则都是实力强大的 eBay 制订的，例如 eBay 对买卖双方收取交易费，对卖家要收店铺入住费。为了维持这套收费体系的运转，eBay 严禁买家和卖家直接联系沟通。如果当时淘宝也遵循同样的游戏规则，那么它永远没法打败 eBay，因为 eBay 要钱有钱，要品牌有品牌，要资源有资源，会用整个生态链压垮淘宝。最终，淘宝用免费模式打败了 eBay。既然 eBay 对买卖双方要收交易费，那淘宝就对买卖双方都免费。既然 eBay 不允许买卖双方见面，那淘宝就允许他们见面。淘宝的免费模式至少产生了三个方面的创新：第一，因为免费，所有卖家都去开店。当卖家都来开店的时候，淘宝的商品就变得极丰富，买家就来了。当卖家汇聚到足够多的时候，你在淘宝搜索一个卫生纸，都能出来成千上万个商家出来。这时候，谁想排在搜索结果前面，就要给淘宝交费（这就是直通车了）。淘宝抛弃了 eBay 原来的模式，创新了自己的商业模式。第二，尽可能促成买卖双方的交易，这是电子商务的终极目标。为方便买卖双方交易，淘宝创新出来新的支付手段——支付宝，用它来支付很方便，为用户创造了价值。当海量用户使用这个支付工具的时候，它就为淘宝创造了商业价值。第三，为了尽可能促成交易，淘宝不仅不收买家和卖家的交易费，而且创新出来一个淘宝旺旺，方便买卖双方进行交流。在 eBay 的体制下，买卖双方不能直接交流，这显然不符合中国国情。这也是淘宝的一颠覆创新。

商业模式的颠覆式创新，把原有的收费变成免费，表面上看起来是自绝后路，但创新是被逼出来的，只要能够为用户创造价值，自然就会产生商业价值。过去大家要花两百块钱才能买到一个杀毒软件，360 把它的价格变成了零。免费的冲击力非常大，让传统的杀毒公司面临着 eBay 同样的困境——跟进会损失掉收入，不跟进会流失用户。360 颠覆传统，做免费，他怎么赚钱呢？免费确实带不来收益，但是，只要有用户，以后赚钱是自然而然的，现在的 360 也印证了这一点。360 免费，给他带来了无数用户，从 360 杀毒软件到安全卫士，再到浏览器，都为用户创造了价值。后来，360 在浏览器上开发了他们自己的商业模式，上面可以构筑搜索、导航、网页游戏等业务，流量就开始变现了。"地在人失，人地皆失；地失人在，人地皆得。"这句话里面蕴含着最朴素的商业规律，即你只要关注用户的需求，满足用户需求，为用户创造价值，自然就会产生商业价值。

5.3.5 长尾型商业模式

早在 2004 年 10 月，《美国在线》的杂志主编在他的文章中第一次提出长尾理论（The Long Tail），他发现在互联网时代，由于存储的无限性与物流的便捷性，那些看上去并不热门的商品，创造的销售收入居然赶上甚至超越那些热门商品。长尾概念由克里斯·安德森（Chris Anderson）提出，这个概念描述了媒体行业从面向大量用户销售少数拳头产品，到销售庞大数量的利基产品的转变，虽然每种利基产品相对而言只产生小额销售量，但利基产品销售总额可以与传统面向大量用户销售少数拳头产品的销售模式媲美。长尾模式就是为利基市场提供大量产品，每种产品相对而言卖的都少，但销售总额能与传统面向大量用户销售少数拳头产品的销售模式相当的一种商业模式，如图 5-5 所示。

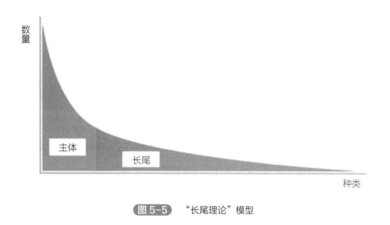

图 5-5 "长尾理论"模型

工业时代的商业模式是 B2C，它是以商家为核心来推动消费，而长尾模式一个很重要的特点就是"大规模定制"——以用户为核心的 C2B 模式，根据消费者的需求来生产消费者想要的个性化定制产品，核心是"多款少量"。长尾模式需要低库存成本和强大的平台，并使得利基产品对于兴趣买家来说容易获得，而定制最大的价值在于消灭存货，因为定制先销后采的特点，所以原则上是没有存货的。从传统的大规模生产变成大规模定制，最后走向个性化生产，效率越来越高。有了互联网后，信息同步得以实现，这就形成了一个新的产业格局，前端是 C2B 的新模式，后端是各个方面信息协同的网络。

5.3.6　跨界商业模式

互联网模糊了所有行业的界限，使跨界成为一种新常态。跨界思维的核心就是颠覆性创新，而且一般都是源于行业之外的边缘性创新，于是很多互联网企业纷纷在传统行业的领域内大展手脚，跨界模式也就应运而生。小米做了手机，做了电视，做了农业，还要做汽车、智能家居。

互联网之所以能够如此迅速地颠覆传统行业，实质上就是利用高效率来整合低效率，对传统产业核心要素再分配，也是生产关系的重构，并以此来提升整体系统效率。互联网企业通过减少中间环节，减少所有渠道不必要的损耗，减少产品从生产到进入用户手中所需要经历的环节来提高效率，降低成本。因此，对于互联网企业来说，只要抓住传统行业价值链条中的低效或高利润环节，利用互联网工具和互联网思维，重新构建商业价值链就有机会获得成功。互联网对传统行业的颠覆性创新主要体现在以下几个方面：

（1）从侧翼进攻，颠覆性破坏

互联网创新从来都不是从传统行业经营多年的正面优势进攻的，往往是从传统行业所忽视的侧翼进行创新，发起进攻。例如苹果、三星能够击溃诺基亚，并不是靠能打电话、发短信、耐摔获胜的，而是靠能上网、看电影、听音乐、玩游戏的智能手机开启了手机智能的新时代。

（2）以用户为中心，得用户者得天下

百度、阿里巴巴和腾讯之所以能牢牢坐稳互联网食物链的顶端，分别占据信息端、交易端、社交端，就是因为他们三家都有庞大的用户群，而这庞大的用户群正是三家企业经营多年最牢靠的根基，这也为他们任何一次成功的跨界举动铺平了道路。

（3）颠覆传统行业的竞争壁垒，借力打力

互联网大大降低了跨界的竞争壁垒。比如传统银行苦心建立起来的营业网点成为用户把钱存进支付宝的窗口。

【学以致用】

中国自主品牌小米科技❶

小米科技有限责任公司成立于2010年3月3日，是一家专注于智能硬件和电子产品研发的全球化移动互联网企业，同时也是一家专注于高端智能手机、互联网电视及智能家居生态链建设的创新型科技企业。小米要做一件事，要坚持做"感动人心，价格厚道"的好产品，让全球每个人都能享受科技带来的美好生活，这是小米的愿景。小米公司应用了互联网开发模式开发产品，用极客精神做产品，用互联网模式干掉中间环节，致力让全球每个人，都能享用来自中国的优质科技产品。2010年创办之后，小米在2014年这短短几年间估值就到了450亿，成为一个现象级的企业。但在2015年触顶之后盛极而衰了，增长经历了一个放缓的阶段，也遭遇了许多挑战。经过短暂的调整之后，小米又恢复了非常快速的增长，2019年的营收超过了2000亿人民币，小米在这一年成为了世界上最年轻的500强，海外营收占比超过了一半。

---

❶ 来源：新浪财经：小米王翔：小米商业模式不是单干，而是希望跟全产业链合作伙伴共赢。略有改动。

(1) 小米独创了铁人三项的模式

首先小米是一家硬件企业。硬件企业的核心有几类非常重要的硬件产品，智能手机是最重要的核心硬件产品，围绕智能手机还有其他各种非常重要的产品，比如说智能电视、AI助理语音助手、笔记本电脑、路由器这样类似的入门产品，是完全由小米的工程师团队自主设计生产的；同时还有成百上千消费类的 IoT 产品，这些是非常具有创新性的生态链模式企业生产的，这种独特的生态链模式打造了众多生态链产业，生产出成千上万的消费类生态链产品。小米希望把所有的东西连起来，以手机为内核，环绕生态链产品，提供能让每个人都享受科技带来美好生活的场景。

除了硬件，小米还提供了众多软件，包括了非常多的算法，帮助改善大家生活。比如说用智能音箱遥控所有的东西，能够解决非常多的生活上的困难，帮助残疾人更好适应当下生活，帮他们解决在各方面的各种不便，并且提供非常多的软件方面的服务。

还有非常重要的第三项，互联网的服务。小米通过智能硬件提供非常多大家能够感知到的和感知不到的互联网的服务。比如说用小米的电视，除了买了一个性价比极高，设计非常漂亮的电视，电视后面还有各种各样的内容、游戏等一系列互联网上的服务，都是通过互联网服务的平台提供。

这就是所谓的铁人三项模式，每一项都要很强，就像铁人三项比赛一样，才能赢得最后的胜利。

(2) 小米妙想，让所有的产品无缝连接

为了让物联网产品的使用体验更好，小米推出了一项服务，叫小米妙想。例如，在回家的路上，你用智能手机听一首歌，回到家后，你可以把手机贴近智能音箱，就是小爱同学，那么你正播放的歌曲或你的歌曲库就自动传到了智能音箱，你在家里就可以继续听这首歌。当你离开家出去见朋友或者去买菜的时候，你再碰一下，这首歌曲又回到了你的手机上，这仅仅是一个非常简单的例子。小米是要让所有的产品无缝连接。

(3) 小米的战略投资

小米的战略投资是从 2014 年开始的。2014 年小米手机已经取得了非常了不起的成绩，一度是中国的第一，全世界的第三名。那个时候小米的核心管理团队在想，怎么样走出手机来做更大范围的工作，所以就想到用生态链的模式发展是最快的。用战略投资的方法赋能给生态链上游下游的合作伙伴，共同发展，事实证明这条路是非常有效的。2014 年开始到 2016 年，小米投了 77 家生态链公司，2017 年 100 家，

2019 年 120 家，有 4 家上市，整个小米投资的生态企业，营收超过了 280 亿。生态链企业在小米的销售渠道是流通的，分成方式大概是两种：小米采购了生态链企业的产品后自己去卖，相当于京东自营；生态链企业直接放到小米渠道上去卖。这两个利润分成本质是一样的，都是通过小米渠道去销售。

  智能制造绝对是中国的未来，小米除了专注和产品相关的这一类投资以外，还有一个很重要的领域就是智能制造，能够赋能制造业来提高整个生产制造的效率，降低风险，最终从高效率的生产制造中获益。例如，小米投了非常多的机器人的公司、测试设备的公司、自动化生产线的公司，就是为了实现这样的目标，提高整个产业链的效率。小米的商业模式最重要的一部分就是要达到最高的效率，这样才能把东西卖得尽可能便宜。例如，在北京亦庄，小米建成了第一家黑灯工厂（无人工厂）全自动生产线，开工以后的效果超过了预期，最新的产品 Mi10 Ultra 的这一个全透明版型号，就是在这个工厂做的。在这个工厂里，除了贴片机，其他核心的制造设备以外的其他串联设备，机械手等绝大部分，都是小米和被投企业一起干的，这是一个联合项目，所有的生产线的软件都是自己干的。

  小米经历了十年的发展，未来的十年是再创业的十年，小米希望能够为社会、为中国市场、为全球的消费者提供更多更好的产品，让越来越多的人能够享受科技带来的美好生活。

案例思考题

1. 结合案例和商业模式画布等工具，请分析小米的商业模式是什么。
2. 结合小米十年创业发展历程，阐述对小米科技商业模式创新的理解。
3. 请分享一些其他互联网企业的创新商业模式案例。

第6单元 商业计划书与项目路演

 知识目标

了解商业计划书的概念和作用
熟悉商业计划书的基本结构和内容
熟悉互联网创业公司的商业计划书

 技能目标

能够撰写简单商业计划书
能够设计项目路演基本方案

 思政目标

培养学生学习行业内翘楚的创业精神
培养学生从新颖角度实事求是做计划

【他山之石】

计划书——创业融资的敲门砖

在美国,商业计划书是获得风险投资的第一步。风险投资机构一般都会收集到如雪花般蜂拥而至的商业计划书,并据此对项目进行初次审查,挑选出少数感兴趣的计划书做进一步考察,最后只有约2%的立项获得资金。

在20世纪90年代,风险投资在美国大行其道,在硅谷的咖啡厅拿着一张单薄的商业计划书给投资人讲生动的故事,在几个星期内融到几百万甚至几千万美金的大有人在。沙山路上最负盛名的餐厅是马德拉餐厅,几乎每个早上,硅谷银行的副总裁哈利·凯洛格都会在13号餐桌就餐,而对于风投巨子德雷帕而言,这家餐厅则是款待外地客户的首选。更重要的是,从马克·安德森到扎克伯格,一代代青年才俊们都在这里会见投资人,并拿到了创业资金。传说中,那些改变世界的投资协议就写在餐厅的餐巾纸上。

1995年4月,在斯坦福大学攻读博士的杨致远休学创立了雅虎,他制订了一份周密的商业计划书,每天带着计划书早出晚归,不停地拜访风险投资者,最终获得红杉投资的200万美元。

2000年前后,以搜狐、新浪、网易等门户媒体为代表的互联网企业在风险投资的启蒙下纷纷崛起,仅在1999年至2001年的3年间,吸引的投资额就在15亿美元左右。在这次热潮中,美国风险投资者首次进入中国,以跑马圈地的速度拓展领地,一手催生了当时还显得稚嫩的中国互联网产业,给人们普及了商业计划书的概念。国内大量的互联网公司拿到了融资,张朝阳凭借自己的执着和对国外互联网的简单模仿,以一纸商业计划书融来了18.5万美元;2000年,马化腾拿着改了6个版本、20多页的商业计划书,凭着早期QQ的400万用户的数量,从IDG和盈科数码那里拿到了220万美元的风险投资并迅速壮大。这让人们逐渐明白,这一纸换来的可能就是一个资金支持,或者更是一个全新的机会。

6.1 商业计划书的基本概述

6.1.1 商业计划书的内涵

商业计划书（BP，Business Plan）是企业或项目单位为了达到招商融资和其他发展目标，在前期对项目进行科学调研、搜集与整理有关资料并分析的基础上，按照一定的格式和内容要求而编辑整理的一个向投资者等受众全面展示公司和项目目前状况、未来发展潜力的书面材料。商业计划书包括企业筹资、融资、企业战略规划与执行等一切经营活动的蓝图与指南，也是企业的行动纲领和执行方案，其目的在于为投资者提供一份创业的项目介绍，向他们展现创业的潜力和价值，并说服他们对项目进行投资。

商业计划书有相对固定的格式，它几乎包括反映投资商所有感兴趣的内容，从企业成长经历、产品服务、市场营销、管理团队、股权结构、组织人事、财务、运营到融资方案。只有内容翔实、数据丰富、体系完整、装订精致的商业计划书才能吸引投资商，让他们看懂项目的商业运作计划，才能使融资需求成为现实，商业计划书的质量对项目融资至关重要。

6.1.2 商业计划书的作用

商业计划书，是创业者自己在创业前需要准备的一份书面计划，是创业者创业的蓝图，也是筹措创业资金的重要依据。其意义和作用主要体现在以下三个方面。

（1）帮助创业者自我评价，理清思路

在创业融资之前，商业计划书首先应该是给创业者自己看的。办企业不是"过家家"，创业者应该以认真的态度对自己所有的资源、已知的市场情况和初步的竞争策略做尽可能详尽的分析，并提出一个初步的行动计划，通过商业计划书做到使自己心中有数。另外，商业计划书还是创业资金准备和风险分析的必要手段。对初创的风险企业来说，商业计划书的作用尤为重要，一个酝酿中的项目，往往很模糊，通过制订商业计划书，把正反理由都书写下来，然后再逐条推敲，创业者就能对这一项目有更加清晰的认识，明确创业的可行性和创业战略。

（2）帮助创业者凝聚人心，有效管理

一份完美的商业计划书可以增强创业者的自信，使创业者明显感到对企业更容易控制、对经营更有把握。因为商业计划提供了企业全部的现状和未来发展的方向，也为企业提供了良好的效益评价体系和管理监控指标。商业计划书使得创业者在创业实践中有章可循。

商业计划书通过描绘新创企业的发展前景和成长潜力，使管理层和员工对企业及个人的未来充满信心，并明确要从事什么项目和活动，从而使大家了解将要充当什么角色，完成什么工作，以及自己是否胜任这些工作。因此，商业计划书对于创业者吸引所需要的人力资源，凝聚人心，具有重要作用。

（3）帮助创业者对外宣传，获得融资

商业计划书作为一份全方位的项目计划，它对即将展开的创业项目进行可行性分析，也在向风险投资商、合伙人、银行、客户和供应商宣传拟建的企业及其经营方式，包括企业的产品、营销、市场及人员、制度、管理等各个方面。在一定程度上也是拟建企业对外进行宣传和包装的文件。

总之，一份完美的商业计划书不但会增强创业者自己的信心，也会增强风险投资家、合作伙伴、员工、供应商、分销商对创业者的信心。而这些信心，正是企业走向创业成功的基础。此外，对于已建立的创业企业来说，商业计划书还可以为企业的发展定下比较具体的方向和重点，从而使员工了解企业的经营目标，并激励他们为共同的目标而努力。更重要的是，它可以使企业的出资者以及供应商、销售商等了解企业的经营状况和经营目标，说服出资者（原有的或新来的）为企业进一步发展提供资金。

6.2 商业计划书的编制

6.2.1 商业计划书的编制原则

要使投资者或潜在投资者对一个新的创业项目充满信心，并非要商业计划书写得如何复杂，而在于计划书是否能够提供准确的分析，周密的实施方案和步骤，可行的管理办法和技术、理念及管理上的创新点。因此一份好的商业计划书必须呈现竞争优势与投资者的利益，同时也要具体可行，并提出尽可能多的客观数据来加以佐证。通常商业计划书编制需要遵循以下原则。

（1）市场导向原则

利润来自于市场的需求，没有明确的市场需求分析作为依据，所编写的商业计划书将是空泛的、无意义的。因此，商业计划书应以市场导向的观点来编写，要充分显示对于市场现状的把握与未来发展的预测，同时要说明市场需求分析所依据的调查方法与实事证据等。

（2）文字精练原则

商业计划书应该避免那些与主题无关的内容，要开门见山、直切主题，并清晰明了地把自己的观点亮出来。风险投资家没有时间，也不愿意花过多的时间来阅读一些对他来说毫无意义的东西。文字精练，观点明确，能较容易引起投资者的注意和兴趣，提高融资成功的把握。

（3）前后一致原则

因为商业计划书的内容复杂繁多，容易出现前后不一、自相矛盾的现象，如果出现这种情况，人们会很难明白，甚至对计划产生怀疑，所以整个商业计划前后的基本假设或预估要相互呼应，保持一致。

（4）呈现竞争优势原则

编写商业计划书的重要目的之一是为投资人或贷款人提供决策依据，借以融资。因此，商业计划书中要呈现出具体的竞争优势，显示经营者创造利润的强烈愿望，并明确指出投资者预期的报酬，但同时也应该说明可能遇到的风险或威胁，不能只强调优势和机遇而忽略不足与风险。

（5）便于操作原则

商业计划书是创业者拟定的创业行动蓝图，因此，它必须具有很强的可操作性，以便于实施，特别是其中的营销计划、组织结构、管理措施、应对风险的方法和策略等，必须具有可行性和可操作性。

（6）通俗易懂原则

商业计划书中应尽量避免技术性很强的专业术语。这些术语，不是谁都可以看得明白的，而且风险投资者更关心计划能为他们带来多大效益。过多的专业术语会影响到读者的兴趣，让他们觉得太深奥。即使不得已要使用专业术语，也应该在附录中加以解释和说明。

（7）客观实际原则

商业计划书中的所有内容必须实事求是，即使是财务规划也要尽量客观、实际，切勿凭主观意愿进行估计。在商业计划书中，创业者必须事先进行大量的调查和科学分析，尽量陈列出客观、可供参考的数据与文献资料。

（8）信息需求完备原则

1）准确定义企业的目标

创业者应该对创业项目所经营的产品和服务有一个完整的认知，在此之前，还必须能清楚地回答企业的目标，设立企业的合理目标，明确需要什么和如何实现目标。如果企业的目标规划很模糊，商业计划就难以实施和控制。

2）市场信息

对创业者来说，首要的信息就是其产品或服务的潜在市场信息。目标市场的明确定义会使新创企业的市场规模及市场目标更加准确。

3）运营信息

创业者需要的信息需包括以下几个方面：地点、制造运营、原材料、设备、劳动力技能、空间、间接费用等。

4）财务信息

在准备商业计划之前，创业者必须对企业的盈利能力有一个完整的评价，判断创立一个新企业的可能性，一般需要三个方面的信息：在起步阶段至少三年的预计销售额及支出费用；起步阶段三年的现金流数据；现在的资产负债表数据和起步头三年的资产负债预估表。

大部分商业计划书存在的问题是，创业者们通常很兴奋开始拟定，他们匆匆忙忙地规划过程，从不寻求第三方反馈，从而给他们的计划书留下了无数的缺陷，如表6-1所示。

表6-1　商业计划书容易存在的七个缺点

商业计划书存在的七个缺点	具体解释
忽略现金流	负现金流可能会使公司陷入破产倒闭的境地，所以确保现金流管理策略是商业计划重要的一部分
过多地表述个人想法	是的，你的想法是很重要的，但在商业计划书里它不是最重要的。如果你把你的想法放在根本，回避一些细节性的思考，如果抱有"这个想法很好，足够用来工作"那么这本身就是一个缺陷
没有具体目标	在设定目标时，你需要具体描述场景或长期模型。大多数初创企业家会跳过细节，只给一个模糊的描述，如"在前几年大幅增长，"而不是"在第一年销售增长40%，第二年30%"
商业模型不现实	具体的目标往往并不足以让你的商业计划可行，你还需要设置现实的数据和期望值
没有重点	如果你想要有效地建立一个业务，你不能面面俱到所有事，你的商业计划必须反映这一点
缺乏足够的研究	你的商业计划中基于实际的定量数据又是多少，有多少项是你凭着揣测写出来的？如果你像大多数有抱负的企业家，你的商业计划将倾向于多考虑前者
计划很草率或凌乱	记住，你不是唯一阅读你商业计划书的人。投资者、合作伙伴、甚至是新加入的团队成员，都有可能因为你的商业计划书而影响他们的决定。如果你的计划书写得十分凌乱且部分组织不当，会给阅读者留下一个坏印象

6.2.2　撰写商业计划书的步骤

撰写商业计划书一般遵循以下五个步骤。

（1）明确目标

撰写商业计划书之前首先需要考虑清楚的是未来事业目标，总结罗列到一张纸上，这个过程有助于创业者系统思考和整理自己的思路。可以尝试思考并回答以下问题：未来1～3年公司的发展情况；公司的目标客户有哪些；提供什么样的产品和服务来满足目标客户需求；公司未来的人员、销售额、利润和资产将达到怎样的规模。

（2）市场定位

确定目标后，要详细调查和论证产品或服务是否符合要求和自身定位。可以尝试思考并回答以下问题：如何向顾客提供有价值的产品或服务；向顾客提供的商品有没有被替代的可能；市场上确实有这种需求吗？自己确定是最合适的产品或服务的提供者吗？

（3）收支预算

明确了自己的产品和服务定位后，下一步要做收支预算。可以尝试思考并回答以下问题：将每月的收支做一个大概的预算；收入大概是多少？支出大概是多少？

（4）市场计划

根据前一步所计算出的各种收入和支出的具体数额，思考并回答以下问题：如何进行市场推广？促销的目标有哪些？如何向顾客说明产品的定位？怎样让顾客知道我们的产品和服务？应使用何种媒体或渠道进行推广？如何调查广告效果？

（5）撰写商业计划书

明确了前面所有事项后，就要正式进入商业计划书的撰写过程了。

6.2.3 商业计划书的结构及内容

（1）基本格式

商业计划书通常包括封面、保密要求、目录、摘要、正文（综述）、附录部分。

1）封面（标题页）

标题页可以放一张企业的项目或产品彩图，但需留出足够的版面排列以下内容：商业计划书编号、公司名称、项目名称、项目单位、地址、电话、传真、电子邮件、联系人、公司主页、日期等。

2）保密要求

保密要求可放在标题页，也可放在次页，主要是要求投资方妥善保管商业计划书，未经融资企业同意，不得向第三方公开商业计划书涉及的商业秘密。

3）目录

目录标明各部分内容及页码，要注意确认目录页码同内容的一致性。

4）摘要

摘要是对整个商业计划书的概括，目的在于用最简练的语言将计划书的核心、要点、特色展现出来，吸引阅读者仔细读完全部文本，因而一定要简练，一般要求在两页纸内完成。摘要十分重要，它是出资者首先要看的内容，因而必须能让读者有兴趣并渴望得到更多的信息，将给读者留下长久的印象。计划摘要应从正文中摘录出投资者最关心的问题：包括对公司内部的基本情况，公司的能力以及局限性，公司的竞争对手，营销和财务战略，公司的管理队伍等情况的简明而生动的概括。如果公司是一本书，它就像是这本书的封面，做得好就可以把投资者吸引住。

5）正文

正文是商业计划书的主体部分，要分别从公司基本情况、经营管理团队、产品／服务、技术研究与开发、行业及市场预测、营销策略、产品制造、经营管理、融资计划、财务预测、风险控制等方面对投资者关心的问题进行介绍，要求既有丰富的数据资料，使人信服，又要突出重点，实事求是。

6）附录

附录是对正文中涉及的相关数据、资料的补充，作为备查。

(2) 主要内容与要点

商业计划书的内容和格式不是千篇一律的，创业项目不同，商业计划书的内容也不完全一致，但是其基本结构都是大致相同的。一般来说，一份完整的商业计划书的基本框架包括以下几个部分。

1）摘要

摘要是为了吸引战略合伙人与风险投资人的注意而将商业计划书的核心提炼出来制作而成的，它是整个商业计划书的精华，涵盖计划书的要点。一般要在后面所有内容编制完毕后，再把主要结论性内容摘录于此，以求一目了然，在短时间内给使用者留下深刻的印象。

在摘要中，企业必须回答下列问题：企业所处的行业，企业经营的性质和范围；企业主要产品的内容；企业的市场在哪里，谁是企业的顾客，他们有哪些需求；企业的合伙人、投资人是谁；企业的竞争对手是谁，竞争对手对企业的发展有何影响；如何投资、投资数量和方式；投资回报及安全保障。

摘要如同推销产品的广告，编制人要反复推敲，力求精益求精，形式完美，语句清晰流畅而富有感染力，以引起投资人阅读商业计划书全文的兴趣。特别要详细说明自身企业的不同之处以及企业获取成功的市场因素。

2）企业介绍

这一部分是向战略合伙人或者风险投资人介绍融资企业或项目的基本情况。具体而言，如果企业处于种子期或创建期，现在也只有一个美妙的商业创意，那么，应重点介绍创业者的成长经历，求学过程，并突出其性格、兴趣爱好与特长，创业者的追求，独立创业的原因以及创意如何产生。

如果企业处于成长期，应简明扼要介绍公司过去的发展历史、现在的状况以及未来的规划。具体而言，包括：公司概述、公司名称、地址、联系方法；公司的业务状况；公司的发展经历；对公司未来发展的详尽规划；本公司与众不同的竞争优势；公司的法律地位；公司的公共关系；公司的知识产权；公司的财务管理；公司的纳税情况；公司的涉诉情况等。在描述公司发展历史时，正反的经验都要写，特别是对以往的失误，不要回避。要对失误进行客观的描述，中肯地进行分析，反而能够赢得投资者的信任。

3）管理团队介绍

管理团队是投资者非常看重的，这部分主要是向投资者展现企业管理团队的结构、管理水平和能力，职业道德与素质，使投资者了解管理团队的能力，增强投资信心。这部分主要介绍管理团队、技术团队、营销团队的工作简历、取得的业绩，尤其是与目前从事工作有关的经历。另外，可以着重介绍企业目前的管理模式，如果无特色，也可以不介绍，或者归入劣势部分。

在编写过程中，首先，必须对公司管理的主要情况作一个全面介绍，包括公司的主要股东及他们的股权结构、董事和其他一些高级职员、关键的雇员以及公司管理人员的职权分配和薪金情况，必要时，还要详细介绍他们的经历和个人背景。企业的管理人员应该是互补型的，而且要具有团队精神。一个企业必须要具备负责产品设计与开发、市场营销、生产作业管理、企业理财等方面的专门人才。

此外，在这部分商业计划书中，还应对公司组织结构做一简要介绍，包括：公司的组织机构图；各部门的功能与责任；各部门的负责人及主要成员；公司的报酬体系等。这部分应让投资者认识到，创业者具有与众不同的凝聚力和团结战斗精神，管理团队人才济济且结构合理，在产品设计与开发、财务管理、市场营销等各方面均具有独当一面的能力，足以保证公司以后成长发展的需要。

4）技术产品（服务）介绍

在进行投资项目评估时，投资人最关心的问题之一就是，企业的产品、技术或服务能否以及在多大程度上解决现实生活中的问题，或者企业的产品（服务）能否帮助顾客节约开支，增加收入，这是市场销售业绩的基础。技术产品（服务）介绍一般包括以下内容：

① 产品的名称、特性及性能用途；

② 产品处于生命周期的哪一阶段，市场竞争力如何；

③ 产品的研究和开发过程；

④ 产品的技术改进、更新换代或新产品研发计划及相应的成本；

⑤ 产品的市场前景预测；

⑥ 产品的品牌和专利。

产品（服务）介绍的内容比较具体，因而写起来相对容易。虽然夸赞自己的产品是推销所必需的，但应该注意，企业家和投资家所建立的是一种长期合作的伙伴关系。空口许诺，只能得意于一时。如果企业不能兑现承诺，不能偿还债务，企业的信誉必然要受到极大的损害，这是真正的企业家所不屑为的。

5）行业、市场分析预测

行业与市场分析主要对企业所在行业基本情况，企业的产品或服务的现有市场情况、未来市场前景进行分析，使投资者对产品或服务的市场销售状况有所了解。这是投资者关注的重点问题之一。行业分析主要介绍行业发展趋势，行业发展中存在的问题，国家有关政策、市场容量、市场竞争情况、行业主要盈利模式、市场策略等。市场分析包括已有的市场用户情况、新产品或者服务的市场前景预测等几个部分：已有市场用户情况，要分析公司在以往经营中拥有了什么样的和多少用户？市场占有率如何？市场竞争情况如何？是否已经建立了完整的市场营销渠道。

市场前景预测，首先要对需求进行预测，包括市场是否存在对这种产品的需求？需求程度是否可以给企业带来所期望的利益？新的市场规模有多大？需求发展的未来趋向及其状态如何？影响需求都有哪些因素？新产品的潜在目标顾客和目标市场是什么等。还要包括对市场竞争的情况——企业所面对的竞争格局进行分析：市场中主要的竞争者有哪些？是否存在有利于本企业产品的市场空当？本企业预计的市场占有率是多少？本企业进入市场会引起竞争者怎样的反应？这些反应对企业会有什么影响等？

为此，企业首先应尽量扩大收集信息的范围，重视对环境的预测和采用科学的预测手段和方法。让投资者相信，你的预测是建立在尽可能的科学基础之上的。其次，要注意自己所假设的一些前提条件（特别是宏观经济发展、消费者偏好、消费能力等），并且要根据前提条件可能发生的变化对市场前景预测做出必要的调整。千万不能单凭想象，做出不切实际的美好前景估计。

6）市场营销策略

企业的盈利和发展最终都要拿到市场上来检验，营销成败直接决定了企业的生存命运。营销策略的内容应包括：营销机构和营销队伍的建立；营销渠道的选择和营销网络的构建；广告策略和促销策略；价格策略；市场渗透与开拓计划；市场营销中意外情况的应急对策等。在介绍市场营销策略时，创业者要讨论不同营销渠道的利弊，要明确哪些企业主管专门负责销售；主要适用哪些促销工具，以及促销目标的实现和具体经费的支出等。一般来说，中小企业可选择的市场营销策略有以下几种。

① 集中性营销策略，即企业只为单一的、特别的细分市场提供一种类型的产品（如制造汽车配件）。这种方法尤其适用于那些财力有限的小公司，或者是在为某种特殊类型的顾客提供服务方面确有一技之长的组织。

② 差异性营销策略，即为不同的市场设计和提供不同类型的产品。这种战略大多为那些实力雄厚的大公司所采用。

③ 无差异性营销策略，即只向市场提供单一品种的产品，希望它能引起整体市场上全部顾客的兴趣。当人们的需求比较简单，或者并不被人们认为很重要时，该策略较为适用。

7）运营（生产）计划

运营（生产）计划旨在使投资者了解产品的生产经营状况。这一部分应尽可能把新产品的生产制造及经营过程展示给投资者。主要的内容包括：公司现有的生产技术能力，企业生产制造所需的厂房、设备情况；质量控制和改进能力；新产品的生产经营计划，改进或将要购置的生产设备及其成本；现有的生产工艺流程，生产周期标准的制订及生产作业计划的编制；物资需求计划及其保证措施，供货者的前置期和资源的需求量；劳动力和雇员的有关情况。同时为了增大企业的评估价值，企业家应尽量使生产制造计划更详细可靠。

8）财务分析与预测

这部分包括公司过去若干年的财务状况分析、今后三年的发展预测以及详细的投资计划。旨在帮助投资者据此判断企业未来经营的财务状况，进而判断其投资能否获得理想的回报，因而它是决定投资决策的关键因素之一。

① 过去三年的财务状况，包括过去三年的现金流量表、资产负债表以及损益表和每年度的财务总结报告书。如果公司刚刚成立，应该讲述创业者对财务管理重要性的认识。

② 今后三年的发展预测。主要是明确说明财务预测的依据、前提假设和预测方法，然后给出公司未来三年预计的资产负债表、损益表以及现金流量表。

对于中小企业来说，财务预测既要为投资者描绘出美好的合作前景，同时又要使得这种前景建立于坚实的基础之上，否则反而会令投资者怀疑企业管理者的诚信或财务分析、预测及管理能力。

9）融资计划

融资计划主要是根据企业的经营计划提出企业资金需求数量，融资的方式、工具，投资者的权益，财务收益及其资金安全保证，投资退出方式等，它是资金供求双方共同合作前景的计划分析。融资计划的主要内容包括：

① 融资数额是多少，已经获得了哪些投资，希望向战略合伙人或风险投资人融资多少，计划采取哪种融资工具，是以贷款、出售债券，还是以出售普通股、优先股的形式筹集。

② 公司未来的资本结构如何安排，公司的全部债务情况如何。

③ 公司融资所提供的抵押、担保文件，包括以什么物品进行抵押或者质押，什么人或者机构提供担保。

④ 投资收益和未来再投资的安排如何。

⑤ 如果以股权形式投资，双方对公司股权、控制权、所有权比例如何安排。

⑥ 投资者介入公司后，公司的经营管理体制如何设定。

⑦ 投资资金如何运作？投资的预期回报？投资者如何监督控制企业运作。

⑧ 对于吸引风险投资的，风险投资的退出途径和方式是什么，是企业回购、股份转让还是企业上市。

这部分是融资协议的主要内容，企业既要对融资需求、用途提出令人信服的理由，又有令人心动的投资回报和投资条件,同时也要注意维护企业自身的利益。其基础是企业的财务分析与预测。由于与资金供给方合作的模式可能有多种,因此还需设计几种备选方案,给出不同盈利模式下的资金需要量及资金投向。

10)风险分析

这部分内容主要是向投资者分析企业可能面临的各种风险隐患,风险的大小以及融资者将采取何种措施来降低或防范风险、增加收益等。主要包括:

① 企业自身各方面的限制,如资源限制、管理经验限制和生产条件限制。

② 创业者自身的不足,包括技术上的、经验上的或者管理能力上的欠缺等。

③ 市场的不确定性。

④ 技术产品开发的不确定性。

⑤ 财务收益的不确定性。

⑥ 针对企业存在的每一种风险,企业进行风险控制与防范的对策或措施。

对于企业可能面临的各种风险,融资者最好采取客观、实事求是的态度,不能因为其产生的可能性小而忽略不计,也不能为了增大获得投资的机会而故意缩小、隐瞒风险因素,而应该对企业所面临的各种风险都认真地加以分析,并针对每一种可能发生的风险做出相应的防范措施,这样才能取得投资者的信任,也有利于引入投资后双方的合作。

11)附录

附录主要是对商业计划书中涉及的一些问题的细节和相关的证书、图表进行描述或证明,如企业的营业执照、公司章程、验资审计报告、税务登记证、高新技术企业(项目)证书、专利证书、鉴定报告、市场调查数据、主要供货商及经销商名单、主要客户名单、场地租用证明、公司及其产品的介绍、宣传等资料、工艺流程图、各种财务报表及财务预估表、专业术语说明等。它与商业计划书主体部分一起装订成册。

6.3 互联网创业公司的商业计划书

互联网创业企业从最初的小团队创业到最后产品成熟占据市场,一般都要经历四个阶段:种子期、A轮、B轮、C轮投资期。每个阶段,投资人对创业项目的兴趣点是不同的。因此,不同时期初创公司的商业计划书需要进行不断的调整。

6.3.1 种子期——重团队

在种子时期,团队可能仅有一个创意或者是未经市场验证的半成产品。在确立创业目标后,创业团队开始组建起小规模的公司来规划和开展生产与运营,此时创业者需要获得一批天使投资来维持创业项目的运营。而对于天使投资人来说,他们较为看重的是这个创业团队的潜力和领导者的核心能力。同时，投资人也关注团队的股权分配和设置。因此，在此阶段，商业计划书的侧重点为团队的建设情况。

6.3.2　A 轮投资期——重项目

虽然天使给的金额较少，但足以让创业项目有所成型。在把项目进行由新品牌、新产品进入到消费者视野的时候，需要大量的资金进行市场推广，而前期的天使资金不足以支撑这样的消耗，"烧钱"阶段来临，而负责"买单"的投资人在这一阶段较为注重项目本身。因为 A 轮融资，有一部分是借助了天使的人脉，对于成型的项目的后续发展更为关注。创业团队在制作商业计划书时，从精益画布上看，就是更着重于项目的特点、竞争优势、解决的痛点、所填补的市场空白，以及目标市场等方面。

6.3.3　B 轮投资期——重流量数

经过 A 轮的烧钱推广之后，B 轮阶段则是看重项目所积累的用户数和流量数。因为大量的用户数说明产品得到了市场验证，是有消费者的，并有一定的受众基数。这一阶段，是否盈利还在其次，用户数则说明了下一步盈利的潜力。创业者在做商业计划书的时候应当注重渠道和推广，进一步扩大用户基数，并且勾勒出较为清晰的商业盈利模式。

6.3.4　C 轮投资期——重转化率

该阶段企业逐渐形成经济规模，开始达到市场占有率目标，并且基于强大的用户数量和流量，在市场中占有一席之地。创业者需要在转化率上下文章，需要摸索着如何将庞大的用户基数中有溢出价值的部分转换为企业盈利。创业者需要将这部分的 BP 重心放在收入模式分析和成本分析上，盈利方式就是要实打实地计算投资回报率以及汇报周期等。

6.4　项目路演

6.4.1　什么是路演

路演（road show），依字面意思是在马路上进行的演示活动。早期华尔街股票经纪人在兜售手中的债券时，为了说服别人，总要站在街头声嘶力竭地叫卖，"路演"一词由此而来。发展至今，路演已经不仅仅是发行新股而进行的推介活动。现在路演的官方定义为：包含但不限于证券领域，在公正场所进行演说、演示产品、推介理念及向他人推广自己的公司、团体、产品、想法的一种方法。

如今，路演已被创投圈广泛采用，是创业者、创业项目集体展示的平台，是投资人和创业者相互认知的过程，成为创业者常用的一种寻求投资人的方式，其他方式还包括朋友引荐、第三方平台推荐、网上公开的投资人方式等。路演就是创业者向投资人介绍自己的项目，形式上像演讲，但里面讲的主要内容与创业项目相关。创业者需要在规定的时间内把自己的项目阐述清楚，把项目的亮点突出出来，以吸引投资人的注意，最终达到在路演结束之后能够与投资人深入交流的目的。

初创公司不一定必须要参加路演。如果创业者本身拥有比较好的人脉和资源，能帮助他对接到理想的投资人，路演并非一定要参加。但是对绝大多数创业者来说，在有限的资源范围内可能很难找到优质的投资人，那么路演就变成了一个相对开放的平台，只要项目足够好，团队足够棒，都有机会在这个平台上展示，接触到更多优秀的投资人。

6.4.2 项目路演的模式

从形式上，目前项目路演分成线上项目路演和线下项目路演两种类型。线上项目路演主要是通过 QQ 群、微信群或者在线视频等互联网方式对项目进行讲解；线下项目路演主要通过活动专场对投资人进行面对面的演讲以及交流，主要包括"一对一模式""私董会模式"、项目专场路演会、创业大赛或创业 TV 秀模式等。在线路演亦称语音路演，通过群聊方式将传统路演放到线上，方便外地投资人或想投资的自然人参与。在线路演群里一般有一个人专门从事主持人的角色，引导创业者讲述，组织投资者提问。有创业者曾被连续轰炸三天三夜回答各种稀奇古怪的问题，但他最终通过线上路演众筹的方式获得了 600 万元天使融资。下面简要介绍线下项目路演四种模式。

（1）一对一模式

它是精准度、私密度最高的形式。从投递商业计划书，到被投资机构代表邀请咖啡约谈，至投资人受邀参观企业深度沟通，到投资机构邀约创始人至投资办公室拷问，以一对一、私密性、节奏强为代表，尤其是优质项目，更是快马加鞭、三步合一步快速促成项目的成交。

（2）私董会模式

它是精准度、私密度较高的形式。联投基金或偏好一致的垂直细分行业机构将精挑细选的项目组织起来，类似于私董会一般，结合不同的基金投向侧重点，由合伙人、投资总监级发问，问题往往非常尖锐，从业务进展、市场开拓方式、成本结构、资本结构到配偶是否支持创业，不一而同。当然，效果也是非常明显的，一般有机会上会的案子，质量都非常的高，被投的概率非常大。

（3）由政府部门、知名机构或平台线下组织的项目路演会或专场路演会

随着各地招商热情一路高涨和孵化器的密集涌现，当地政府或机构也会定期组织一系列

的项目路演，有的孵化器也冠之为毕业季、DEMODAY……一般来说，有机构背景或机构托管运营的孵化器承办的路演会更好一些，因为大家都在同一个圈子里，硬伤太过明显的一般也不会拿出来，所以相当于提前过了一遍筛子。而在路演准备、路演形式方面大多也会做一些辅导，所以，创业者在演示项目过程中比较专业，创投双方对频非常的容易、减少了很多沟通成本。

（4）带有大赛和推广性质的创业大赛或创业TV秀模式

因为组织的目的不同，所以参会的企业的目标有：①求名次，有奖金或奖励；②求名声，免费的品牌传播；③求资金，遇到对路的资金方。这种往往会历经海选和优选环节，所以登台的项目普遍质量较高，一般经过层层过筛、项目辅导和优化，到登台亮相时基本都有机构锁定了，创投双方都有极大的收获，所以马太效应显现，越来越多的优质项目和顶级的投资机构聚拢过来。在这种平台上，对创业者而言，名利双收。

6.4.3　项目路演的准备

为保证路演成功，创业者非常有必要想好自己真正的路演需求，做好路演前的准备工作，以做到有备无患。创业者在路演前都需要准备以下内容。

（1）思考投资人关心的问题

投资人对企业付出资金和资源，当然是最希望获得回报，所以自己未来能为投资人带来什么？优势到底在哪里？要怎么开始做？每一步达到什么目标？这些都值得创业者思考，记录下来的内容就可以摘取作为制作计划书的内容，不要忽略了这个审视的过程。

（2）准备一份比较翔实的商业计划书

制作一份比较详细的商业计划书，包含整个项目的情况，描述产品或提供的服务，市场调研，目标客户，定价策略，营销策略，销售模式等；提供目前的财务数据；团队详细的背景履历；估算商业模式、风险、业务进展、融资规划、未来三年经营预测、退出机制等。

（3）制作一份路演幻灯片

路演幻灯片其实是商业计划书的精华提炼，主要为了让投资人在不长的时间内迅速了解项目，形成初步印象。因此最好使用幻灯片、PPT的形式，图文并茂，文字精练，切忌满屏都是文字的幻灯片。路演更多的是演讲，PPT用来辅助演讲思路，应尽可能简洁。如果这时能有一段客户应用场景的视频来展示整个商业模式就更棒了。

（4）提前了解投资机构

做到知己知彼，能够提高项目路演成功率。投资机构更喜欢把资金投向与自己"脾气相投"的创业团队；关注投资机构多涉猎的领域，比如IDG投资多集中在电子商务、企业服务上；掌握投资风格和金额，从新闻报道以及历史的数据可以了解到，IDG 早期更关注优秀的团队，现在逐渐开始关注产业，所以要在 IDG 面前体现项目在产业当中的上下游优势、产业整合能力，俗称投资赛道，投选手则是看团队，是否能够成为行业第一，这个时候凸显的就是团队优势、技术优势、商业模式等；同时需了解投资机构及程序。

纵观现在的互联网企业大咖，有很多能说善道的标杆人物，马云、李彦宏、雷军、陈欧……在信息化产业高速发展的现代，互联网创业公司要学习行业内翘楚的创业精神，他们具有开创性的思想、观念、个性、意志、作风和品质等，激情、积极性、适应性、领导力和雄心壮志是他们创业精神的五大要素。

"创始人 IP 化"将是创业者所需达到的一种状态，引用罗振宇在跨年演讲时的一句话："IP 是能凭借自身吸引力挣脱那些单一平台束缚的内容。"

【学以致用】

一公里路演——你的运动很值钱[1]

如今是跑步全民化时代，"一公里路演"应运而生。创业者可以在和投资人一起跑步一公里这段时间来讲述项目，争取融资。如果你刚好是跑步爱好者，那恭喜你，找到了一个很好的和投资人接触的切入点；如果不是，一公里倒也不长，并肩跑步会拉近彼此之间的距离，也算有趣。京东金融 CEO 陈生强认为，通过跑步达成投资意向只是表面，更深层次的是让创业者之间、创业者和投资机构之间形成一种有温度的社群关系。

接下来我们以宜生到家为例。

在传统行业与互联网结合、O2O 风起云涌之际，宜生到家创始人于飞在传统的按摩行业看到了新的发展机遇，从互联网行业搜狐娱乐到经营十年线下实体按摩店富侨，最后成功转型为上门按摩 O2O——宜生到家。于飞是这样讲述自己参加"一公里路演"的感受的：

在一开跑时人会比较多，但当你跟着梯队跑一会儿，就会逐渐分出快慢。我刚好碰到了 58 赶集的联席董事长、现任瓜子二手车 CEO 的杨浩涌，我就抓住机会跟他

---

[1] 源自：王杉《12 堂关键创业课》：一公里路演，你的运动很值钱。略作改动。

聊，跟他介绍我的项目。其实跟普通路演是一样的，都需要在很短的时间内打动他。

一开场，我说杨总好，我是宜生到家的于飞，想跟您聊一会儿。他说好。一般情况下，投资人都会说好。第一步，我先介绍自己的公司。我说宜生到家是做上门推拿服务的O2O企业，我们现在是什么样的体量，谈A轮的时间，每天的日订单在1000多单，每天的流水在400万至500万元。然后我们提供一些什么样的服务，目前在北京、上海、深圳、沈阳等城市之间展开。之后包括每天营业的内容，中医推拿、小儿推拿、康复理疗……按跑步的节奏，通过数据介绍了宜生到家。

之前按摩"互联网+"是不太被看好的。杨浩涌就问我，你能做到多大的体量？我说，我们未来的目标是希望能够做成一个有30万线下技师的平台，每天几百万单的规模。起初杨浩涌不太相信，说怎么可能，他想象不出一个管30万人的公司是一个什么样的公司。

众所周知，要说创业中烧钱最快的行业，肯定非O2O莫属。至于O2O模式的烧钱问题，于飞坦言，2015年7月、8月份，他们的确烧了很多的钱，一个月500万元左右，持续了三个月之久，险些支撑不住。经过冷静分析调研后，于飞认为按摩还是存在一定价值的，起码用户体验是非常好的。所以在9月份时，宜生到家做了一些用户充值推广，目的在于测试用户是否会真正为此买单。短短半个月的时间，大概有200万元的充值进账，这无疑给了于飞无限的信心和底气，以至于他当时就把自己的房产证拿出去抵押，借此维持宜生到家的运营。

直至今日，补贴还存在着，现在首单补贴68元，还是比较高的。每天几百个新用户使用宜生到家的服务，同时订单里70%左右都是老用户贡献的，所以其实在技师端方面已经开始小步慢跑，赢利了。

边跑步边听，杨总又追问了几个问题：

第一点：不免费，用户还喜欢上门吗？

于飞：宜生到家从未完全免费过，最低时也是每单9.9元，而每个月实际应收到账已是千万级别了，实付比也从2015年的每单9.9元上升到今天的100元，而这期间用户并没有流失。

第二点：员工管理问题如何破解？上门准时性如何做到？

于飞：这是规模化和不规模化的问题。迟到不可避免，但我们在北京已有400多个技师，基本上会在最短时间内到达服务地点，迟到率在5%左右，但迟到时间不会特别长，所以还在可接受范围之内。管理方面，目前已经规模化，所以不是问题。

第三点：风投不看好，因为很难持续扩大并进行大规模复制，怎么突破这一行业天花板？

于飞：虽然现在只在北京、上海、深圳等城市运营，但都具有较大的市场占有率。从成本角度核算，如果开一个门店，日单是2000单左右，每个月运营维护成本都要100多万元。但如果在线下开传统门店的话，为了获得2000单的日客单量前期需要投入的资金大概是1个亿，每个月的花销是1000万元左右，那就是每个月花1000万维护我2000单的接待能力，有着巨大的成本差。所以比起传统的门店规模复制方式，我对现行模式有信心。

于是，于飞得到了进一步和投资人面对面座谈的深入了解的机会，因为他用数据和多年的从业经验，在短短一公里的跑步过程中讲明白了：他是谁，他在做什么，做到了什么程度，接下来准备怎么做，将来可能做到多大……

案例思考题

1. 线下项目路演类型主要有哪些？
2. 结合素材，介绍你对"一公里路演"的理解。
3. 围绕文中案例谈谈如何在最短时间内给投资人留下最深刻的印象。

创业拓展篇

第7单元 互联网创业准备与企业开办

知识目标

了解创业者应具备的素质
熟悉初创企业开办准备流程
了解初创企业基本优惠政策

技能目标

能够完成初创公司注册实施
能够合理利用大学生创办企业优惠政策

思政目标

培养学生形成创业者素质与能力
培养学生创新创业的法治思维与法律意识

【他山之石】

小小企鹅踏遍网络聊得天下[1]

有人说，在中国，只要有互联网的地方，就几乎人人有一个QQ号。

（1）腾讯QQ的前身：ICQ

1996年夏天，以色列的三个年轻人维斯格、瓦迪和高德芬格聚在一起决定开发一种软件，充分利用互联网即时交流的特点，来实现人与人之间快速直接的交流，由此产生了ICQ的设计思想。当时是为了他们彼此之间能及时在网上联系以交流用的，可以说近乎一种个人的"玩具"，并且成立了一家名为Mirabilis的小公司，向所有注册用户提供ICQ服务。后来，美国在线以2.87亿美元收购了ICQ，在1998年5月它的用户数量已经突破1亿大关，每天平均有1000万用户在线，每个用户平均在线时间为三个小时。

在1999年，国内冒出一大批模仿ICQ的在线即时通信软件，如最早的Picq、Ricq、Ticq（TQ）、Qicq、Micq、PCicq、Oicq、OMMO等，新浪、网易、搜狐等也开发了类似的软件，如新浪的UC，网易的泡泡。QQ的前身OICQ也是在1999年2月第一次推出的。

QQ在如此众多的在线即时通信软件中脱颖而出，最终把其他竞争对手全埋没掉而占领了中国在线即时通信软件74%以上的市场。

（2）腾讯QQ之父：马化腾

1984年就随父母从海南来到深圳的马化腾曾经很喜欢天文，但那毕竟有些遥远，当计算机出现在他面前的时候，他的生活中便有了新的主宰。

在深圳大学读计算机专业的时候，马化腾的计算机水准已令老师和同学刮目相看，他既是各种病毒的克星，会为学校的PC维护提供不错的解决方案，同时又经常干些将硬盘锁住的恶作剧，让学校机房管理员哭笑不得。1993年从深大毕业后，马

---

[1] 来源：江景天.那些靠网络赚钱的小子们.企业管理出版社，2018.

化腾进入深圳润迅公司，开始做软件工程师。1997年，马化腾第一次认识了ICQ，一见面，他便被其无穷的魅力所吸引，立即就注册了一个号，可是使用了一段时间，他觉得英文界面的ICQ，在中文用户中想推广开来不是一件容易的事儿。于是他想，自己能否做个类似于ICQ的中文版本工具呢？

1998年11月，马化腾与同学张志东合作，在深圳注册了深圳的腾讯计算机系统有限公司，决定开发一个中文ICQ软件，从此踏上了创业征途。据说，当初公司运作的全部资本就是几个小伙子的所有积蓄，而整个公司就三个全职员工。最初，马化腾和张志东只是想将寻呼与网络联系起来，开发无线网络寻呼系统。当时，这家十几个人的小公司的主要业务是为深圳电信、深圳联通和一些寻呼台做项目，QQ只是公司一个无暇顾及的副产品。当时，为了能赚钱，马化腾他们啥业务都敢接，做网页、做系统集成、做程序设计……据说，当时在深圳，像腾讯这样的公司有上百家，马化腾和张志东最大的期望，只要公司能生存下来就是胜利。

"先是缺资金，资金有了软件又跟不上。"他们常常为了一个项目倾巢而出，马化腾的名片上也仅仅印了一个"工程师"头衔。这家由十几个人组成的公司力量单薄得可怜，创业的艰难让马化腾和他的同事们疲于奔命。

公司创建3个月后，马化腾和他的同事们终于开发出第一个"中国风味"的ICQ——OICQ，这就是QQ的前身。可是这个后来风靡全国并为腾讯公司创造巨大财富的聊天工具并没有给当时的腾讯人带来太多喜悦，因为那时国内也有好几款同类的软件，用户也不多，没有人看好马化腾的OICQ。

然而这位1971年出生的倔强的潮州人不肯服输，他认定这个聊天工具隐含着巨大的商机。马化腾抱着试试看的心态把QQ放到互联网上让用户免费使用，可是就连马化腾本人也没有料到，这个不被人看好的软件在不到一年就发展了500万用户。大量的下载和暴增的用户量使马化腾兴奋的同时，也让腾讯难以招架，因为人数增加就要不断扩充服务器，而那时一两千元的服务器托管费让小作坊式的腾讯公司不堪重负。没有资金更新设备，工作人员也快发不出工资，"我们只能到处去蹭人家的服务器用，最开始只是一台普通PC机，放到具有宽带条件的机房里面，然后把程序偷偷放到别人的服务器里面运行。"

眼前的困难迫使马化腾要把自己的公司转给他人，但由于和很多内容提供商没有谈拢，马化腾下定决心留下这个给自己带来麻烦的"孩子"，并把它培养长大。于是他四处筹钱，国内筹不到就寻找国外的风险投资。几经周折，功夫不负有心人，马化腾遇到了IDG和盈科数码，"他们给了QQ 220万美元，分别占公司20%的股份"，利用这笔资金，马化腾给公司买了20万兆的IBM服务器。"当时放在桌上，心里别提有多美了"，马化腾喜不自禁地回忆。

不过马化腾很清楚，光靠国外的风险投资是不够的，他开始想办法从客户身上挣钱，因为如果每个用户愿意花1至2元的话，就是近4亿元的收入。有一次他发现韩国有种给虚拟形象穿衣服的服务，于是马化腾把它搬到了QQ上。他还找来了诺基亚和耐克等国际知名公司，把这些公司最新款产品放到网上，让用户下载。所有注册用户都可以得到他们一如既往的免费服务，以满足其即时通信需求，而想享受到更具诱惑力的体验性增值服务，就必须付出相应的费用。这一措施使腾讯逐步走上了健康发展良性循环的轨道。目前这一块业务增长很快，有超过40%的用户已尝试过购买。2004年前三季度，腾讯盈利达3.28亿。2004年6月份，腾讯成功在香港上市，又募集了2亿美元的资金。当年弱不禁风的小树苗终于长成了参天大树。据说马化腾在经营中总是小心翼翼地追问自己三个问题，而这"三问"准确地揭示了马化腾的经营哲学理念。

第一问：这个新的领域你是不是擅长？

竞争对手多半对商务、利润、资本感兴趣，却不一定把握客户的真正需求；而马化腾凭着对网络市场一种朦胧却又相当有预见性的理解，用近乎偏执的兴趣和近乎狂热的工作热情搭起腾讯的架子，牢固坚持以技术为核心的公司理念，极端专注于技术开发和提升质量，当然能高出对手一筹。

第二问：如果你不做，用户会损失什么吗？

做软件工程师的经历使马化腾明白，开发软件的意义就在于实用，而不是写作者的自娱自乐："其实我只是个很爱网络生活的人，知道网迷最需要什么，所以为自己和他们开发最有用的东西，如此而已。"

第三问：如果做了，在这个新的项目中自己能保持多大的竞争优势？

1999下半年，腾讯在网络寻呼系统市场上越做越大，淘到大桶"金银"，然而也面临着重大选择：一方面寻呼行业在走下坡路；另一方面，腾讯的QQ用户数达到了100万，而且还在迅猛增长。早先，QQ只是作为公司的一个副产品存在的，马化腾们对QQ所蕴含的巨大市场价值并没有足够的认识。而且无论从技术上还是资金上，他对自己究竟能保持多大的竞争优势并没有把握。

7.1 创业者应具备的素质

7.1.1 创业素质及相关概念

素质就是一个人在社会生活中思想与行为的具体表现。在社会上，素质一般定义为一个人文化水平的高低、身体的健康程度以及家族遗传于自己惯性思维能力和对事物的洞察能力，管理能力和智商、情商层次高低以及与职业技能所达级别的综合体现。在创业过程中，创业素质亦至关重要。人是创业成功的第一要素，而创业者在其中扮演核心作用。创业是创业者通过个人及组织的努力，利用所学到的知识、才能、技术和所形成的各种能力，以自筹资金、技术入股、寻求合作等方式，在有限的环境中，努力创新、寻求机会，不断成长创造价值的过程，是由创业者主导和组织的商业冒险活动。要成功创业，不仅需要创业者富有开创新事业的激情和冒险精神、面对挫折和失败的勇气和坚韧，以及各种优良的品质素养，还需要具备解决和处理创业活动中各种挑战和问题的认识和能力。

（1）创业素质的定义

创业素质是指在人的心理素质和社会文化素质基础上，在环境和教育影响下形成和发展起来的，在创业实践中全面地较稳定地表现出来并发生作用的身心组织结构及其技术水平，创业素质一般包括良好的心理素质、创业知识和能力素质、健康的身体素质等。

（2）创业素质的构成

创业素质一般包括良好的心理素质、创业知识和能力素质、健康的身体素质等，如图7-1所示。

图 7-1　创业素质的组织结构图

创业素质中良好的心理素质、创业知识和能力素质、健康的创业身心素质内涵丰富，如表7-1所示。

表7-1 创业素质的内容

1	创业心理素质	创业意识、创业动机、顽强的意志力
2	创业知识与能力	专业知识和经济学、法学和管理科学等方面的创业知识 创新能力、理财能力、营销能力等方面的创业能力
3	身体素质	提高对身体状况的重视度 告别不健康的生活习惯和生活方式 培养健康的生活方式

1）创业心理素质

所谓创业心理素质，是指在创业实践活动中对人的心理和行为起调节作用的个性意识特征。与创业活动有关的创业心理素质有：独立性、敢为性、坚韧性、理智性、适应性、合作性、缜密性等。创业心理素质的内容包括：

① 创业意识。所谓创业意识，指在创业实践活动中对个体起动力作用的个性意识倾向，主要包括创业的需要、动机、兴趣、理想、信念和世界观等心理成分。

② 创业动机。创业动机也称创业内驱力，是直接推动人们实施一定创业目标的内部动力，是激励人们创业行动的主观因素和推动人们产生创业行为的直接原因。创业动机的产生不外乎两方面原因，一是内在条件，即需要；二是外在条件，即刺激。外在刺激是通过个体内在需要而起作用的。一定的创业动机是内部需要和外部条件共同作用的结果。不同创业者创业动机存在显著差异，动机包括：受他人邀请加入创业、有好的创业项目、未来收入好、理想是成为创业者、未找到合适的工作。

③ 顽强的意志力。创业者的创业过程既是克服困难的过程，争取成功的过程，也是创业者意志力的体现，创业成功的奥秘是刚毅、坚忍和勇敢。创业意志是顽强的意志心理品质，它将驱使创业者克服各种内部的或外部的困难，努力实现创业目标。在创业的路途上，要自信自立，不管周围的人怎么说，不管客观条件如何，只要自己下了决心，无论遇到什么困难，也坚持干下去，始终把成功的可能性建立在自己身上，沿着理想发挥出无限的生命力和创造力。

2）创业知识与能力素质

创业知识素质是创业人才应具备的基本要素和基础要素，它要求创业者不但要有必要的专业知识，还需要掌握现代科学、文学、艺术、哲学、经济学、法学和管理科学等方面的知识，以及不盲目崇拜、不唯书唯上，敢于质疑，敢于挑战传统的科学精神。

创业能力是一种具有很强社会实践的能力，是一种能够把创业知识应用到创业过程中去的能力，是一种以智力为核心的具有较高综合性的能力，又是一种具有创造性特征的能力。在创业能力形成和发挥作用的过程中，是否具有开创型个性至关重要，因为个性心理倾向将直接影响和制约创业能力的发挥。

创业能力的内容具体包括创新能力、理财能力、营销能力等（见图2-2）。创新能力是个体运用已有的基础知识和可以利用的材料，并掌握相关学科的前沿知识，产生某种新颖、独特有社会价值或个人价值的思想、观点、方法和产品的能力。理财能力是指能够合理地运用和调配已有资金的能力，这是对一个创业者才干与智慧的考验。营销能力是指创业者引导产品和劳务从生产者流转到消费者或用户手中所进行的一切企业活动的能力（见表7-2）。

表7-2　创业能力的内容

序号	名称	解释
1	创新能力	运用已有的基础知识和可以利用的材料，并掌握相关学科的前沿知识，产生某种新颖、独特有社会价值或个人价值的思想、观点、方法和产品的能力
2	理财能力	能够合理地运用和调配已有资金的能力
3	营销能力	创业者引导产品和劳务从生产者流转到消费者或用户手中所进行的一切企业活动的能力

3）身体素质

一个成功的创业者首先要有良好的身体素质。创业的初期是艰难的，没有一个好的身体素质很难做好每一件事。身体是革命的本钱，这话千真万确。时下有种说法很流行，叫做"健康时要钱不要命，有病后要命不要钱"，这是得不偿失的。市场竞争是永恒的，创业征途是无尽的，竞争是持久的，大学生必须具备良好的身体素质，要有足够的身体耐力，才能经受住长期的重任。另一方面，事业的发展，创业的艰难，也需要创业者有一个强健的身体。因此，从某种意义上说，我们的身体健康不仅是个人的事，而且是涉及创业能否成功的大事。

站在创业发展的大局来看待自己身体素质的提高，就要做到以下三点：

① 要提高对身体状况的重视度，把改善自己的身体素质当成一件大事来做好。

② 告别不健康的生活习惯和生活方式。创业者要自律，要克服不良嗜好，特别要戒烟少酒禁赌，要注意充分休息。

③ 要运用现代科学培养健康的生活方式，经常参加必要的锻炼，适时调节生理与心理平衡，合理安排工作节奏。身体素质好了，我们的创业才有了本钱，才有了保证。良好的身体素质是一个创业者最重要的素质，也是必备的素质。它使创业者在创业压力、商业压力、竞争压力下，能够保持一种朝气，一种斗志，并最终保证创业者走向成功。

7.1.2　影响创业素质形成的因素

（1）人的主观努力对创业素质形成的影响

1）调整心态，自信自强

努力调整好心态，自信自强，培养创业心理素质。心态是影响创业成功的主要因素。没有良好的心态，就不能在创业活动中取得胜利。只有努力调整好心态，积极面对风险和挫折，才能形成稳定的创业心理素质。自信自强是最基本的心理品质。有些大学生即使具备了创业的能力和条件也不一定选择创业,也有很多学生宁愿踏破铁鞋到处寻觅工作岗位,也不愿走上自主创业的道路。自信心不强,缺乏自强自立的决心,就很难形成创业意识和创业精神,当然就更不能形成稳定的创业心理素质。因此,只有努力培养个人自信自强的品质,才能形成良好的创业心理来支持创业活动。

2)学习科学文化知识,积极参加创业实践

努力学习科学文化知识,积极参加创业实践,从而培养创业知识与能力素质。对于大学生来讲,由于知识不深厚,缺乏实践,在创业活动中很难拥有可以创业的专业技术。同时,自主创业对学生的知识和能力要求很高,不仅要求学生具备专业才能,而且要求学生具备融资、领导管理、社交等各方面的能力。专业技术的缺乏加上能力欠缺,很容易阻碍大学生的创业。只有克服眼高手低、纸上谈兵的缺点,提升经验和管理能力,补充财务税法和市场经济等相关知识,才能提升创业的成功率。

3)培养诚实守信的品质

诚信是一种人们在立身处世、待人接物和生活实践中,必须而且应当具有的真诚无欺、实事求是的态度和信守然诺的行为品质,其基本要求是说老实话、办老实事、做老实人。诚信是现代人应当具备的基本素质和品格。在市场经济的条件下,创业者只有树立起真诚守信的道德品质,才能适应社会生活的要求,并实现自己的人生价值。努力培养诚实守信的品质,这是形成良好的创业素质的重要因素。一些人合同意识淡薄,为了能够达到某种目的,采用不择手段,来创业,这些现象严重影响了行业风气,造成了人与人之间的不信任,给双方带来了很大的损失。创业者必须从我做起,努力培养诚信品质,才能形成良好的道德素质,进而在创业活动中立于不败之地。

4)锻炼身体,养成良好的作息习惯

良好的身体是创业的根本,没有强健的体魄,根本谈不上创业,更不要奢谈成功。因此,努力锻炼身体,养成良好的作息习惯,是形成良好的创业身体素质的前提条件。

(2)社会政治、经济、文化因素对创业素质形成的影响

1)社会政治的影响

社会的基本政治制度是影响大学生创业素质形成的首要政治前提。社会的基本政治制度,是决定社会生产生活根本价值取向的最初渊源和最终归宿,从根本上规定着全社会的物质生产和精神生产的现实价值取向和未来发展方向。国家对大学生创业意识、创业精神和创业能力培养的高度重视,宪法、法律和治国方略上的有效保障,是大学生创业素质形成的根本政治前提。从这个角度讲,我们需要利用好国家适应社会主义现代化建设和当前国际国内政治经济形势而制定并实施的各项有利的创业政策,充分发挥自身的创业意识、创业精神和创业能力。

2）社会经济的影响

经济基础、物质因素是大学生创业意识、创业精神和创业能力形成的必要社会条件。中国目前经济已经步入新常态，经济结构调整步伐在加快，新常态经济平台正在形成，经济转型呈现良好势头。应对的政策。李克强总理在达沃斯论坛上提出以推动大众创业、万众创新作为新常态下经济发展的引擎，国家也推出了一系列支持创业的政策，如青年创业引领计划公益扶持基金，中小微企业扶持基金，注册登记免收一定的注册费、管理费，营业期间免收 3 年税收等政策，这些都客观上促进了大学生进行创业。

3）学校、家庭教育对创业素质形成影响

学校是培养人才的摇篮，是提高素质的基地。在大学期间，大学生几乎全部的时间都在学校中度过，因此学校的教育思想和观念、教育体制和结构、教育内容对学生创业素质的形成发挥着独特的重要作用。另一方面，家庭教育对创业素质的影响也是至关重要的。家庭是创业者早期接受启蒙教育和健康成长的摇篮。每个创业者的家庭条件不同，但无论家庭条件如何，对创业者来说都有可以利用的有利因素。有的家庭条件相对好一些，使创业者早期便能结识一些有利于创业者将来从事创业活动的关键人物。一些创业者家庭条件很一般，有的甚至较差，这反而能激励创业者去改变现状，进而以强烈的自信心去从事创业活动。目前，仍然有相当一部分大学生的就业意向是取决于父母，或者就业意向很大程度上受父母的影响。所以，大学生能否自主创业，父母或亲友的就业理念是十分重要的。

7.1.3 大学生创业素质的培养

（1）刻苦学习开阔眼界

对于创业者来说，见多识广是必备的素质，在学好专业知识之外，还需要广博的见识，开阔的眼界，这样可以有效地拉近自己与成功的距离，使创业活动少走弯路。眼界是说看问题要有一定的宽度和高度。开阔的眼界意味着创业者不但在创业伊始可以有一个比别人更好的起步，而且在关键时刻它可以挽救创业者及所创事业的命运。眼界的作用贯穿于创业者的整个创业历程。一个人的眼界有多广，他的胸怀才会有多大，他的事业也才会有多大。

（2）增加创业体验

增加学生的创业体验。从实践来看，通过亲身体验获得的知识最容易记忆和提取。同样，通过自身行动获得的创业体验越丰富，创业成功的可能性就越大。一般来说，在校期间，大学生可通过以下四种方式来加强创业体验：

一是利用创业园地或实习基地，主持或参与经营管理活动；

二是制订创业计划，号召团队成员合作进行创业实践；

三是参加企业实训，积累创业经验；

四是参加各种社团活动，增加创业实践体验。

可以说，能力的产生需要通过一定的实践行动而完成。在校期间能参加学校举行的一次次创业计划大赛、学校倡导的社会实践等校园文化活动，对尝试创业者实际能力的形成将起到不可忽视的作用。

（3）善于把握机会

创业是一个发现和捕获机会并由此创造出新颖的产品或服务，进而实现其潜在价值的过程。对于创业者来说，机遇具有重要的意义，它能帮助创业者找到创业突破口，甚至是能帮助创业者从起步到成功。发现和认识机遇要摆在首要位置，创业者在平时注重积累的基础上，用心观察细微事物，才有可能发现和认识机遇；再者，创业者要善于寻找机遇，在纷繁复杂的社会中寻找适合自己创业的路子。

（4）参加各种创业或相关的培训

创业培训是对具有创业愿望和相应条件的人员所进行的开办小企业等创业活动所必备的基础知识和能力的培训，是近年来国家培训工作在促进创业中逐渐发展起来的一种新的培训。以SYB（创办你的企业）培训模式为例，SYB是国际劳工组织针对培养微（小）型企业创办者的需要而专门开发的一个培训项目，于2001年由劳动保障部与国际劳工组织共同实施的试点项目正式引入中国后，在全国多个城市实施。该培训采取小班教学，注重教师与学生之间的互动，教学内容丰富，分为创业意识培训和创业计划培训两部分内容。培训结束后，学员能独立完成创业计划，并逐步实施。除了以上培训模式外，KAB也是较为著名的创业培训模式。

各种创业培训尽管在培训内容和方式上各有特点，但都是将创业培训与开业指导、小额贷款等有关活动有机结合，能为创业者提供创业指导和服务。

此外，为了帮助大学生走好自主创业之路，降低创业失败的风险，目前社会上还应运而生了不少创业培训网站、机构及课程和创业服务公司。

7.2 创业者的准备工作

7.2.1 创业准备的内涵解读

创业准备是创业者进入创业实践前所经历的物质力量和精神力量的聚集过程，它为日后的创业实践奠定物质基础和思想基础。创业准备有助于创业者明确创业方向，找准创业目标，积极把握机遇，不失时机地进行决策，将计划付诸行动。创业准备充分与否，对创业者事业的成败起着决定性的作用。

大学生创业准备中精神力量的聚集过程，就是在创业准备教育中，学习必要的创业知识准备，了解创业成功需要哪些策略，选准创业的方向，进行必要的创业身心准备等内容。而大学生创业准备中的物质力量的聚集过程，也就是创业者创业所需要的场地、创业项目、创业资金等物质条件的聚集过程。

必要的创业准备应包括创业项目的选定、创业计划的策划、创业融资的组织、创业团队的组合、创业心理的准备等内容。图7-2所示为创业准备的内涵图。

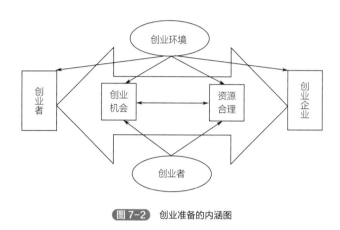

图 7-2　创业准备的内涵图

7.2.2　创业准备的内容

大学生准备创业之前，需要熟悉了解哪些知识和注意事项对创业的成败有决定性的作用。具体来说应围绕创业项目的选定、创业计划的策划、创业融资的组织、创业团队的组合、创业心理的准备等来进行。

（1）创业项目的选定

创业准备充分与否，对大学生创业的成败起着决定性的作用，而大学生创业项目的选定是创业准备中最重要的一环，直接关系着创业的成败与否。

1）创业项目的主要来源

一是实验及研究成果。实验及研究成果是指高校或各研究机构自主研究开发的成果。选择这些成果作为创业项目，将大大推进研究与教学和企业生产的衔接，加快实验及研究成果的转化进程。

二是大学生创业构思及创业计划大赛。大学生的创业构思是创业项目的重要来源。现阶段许多机构都在举行大学生创业计划大赛，这不但有利于激发大学生们的创业意识、培养他们的创新能力，而且促进了一些创业构思的诞生，还有利于大学生创业计划的实施。

三是各种发明和专利。发明和专利也是创业项目的重要来源。发明和专利都是具有独创的设想，它如果被开发出来进行产业化生产将会带来巨大的社会财富。

2）选定创业项目需考虑的因素

① 爱好与特长。只有选择了自己喜欢做且有能力做的事情，创业者才会自觉地、全身心地投入到工作中去，并忘我地工作，才有可能在遇到困难和挫折时百折不挠、千方百计地去克服困难，实现创业目标。所以，选择自己有爱好、有特长的项目是大学生创业成功的基础。

② 对所选项目的熟悉程度。一般来说，创业者在自己熟悉的行业里选择创业项目，就可以找到生财的窍门，再加上勤奋和信心，就容易取得创业的成功。

③ 把握及利用市场机会能力。大学生选择创业项目，在考虑了个人的爱好与特长以及对所选项目是否熟悉之后，要认真调查分析所选项目是否有市场机会，以及本人是否有能力利用这个市场机会。

④ 风险的承受能力。创业是有风险的，一旦把资金投入进去，谁也不敢保证一定能够成功。大学生在选择创业项目投资之前，无论对该项目怎么有把握，都必须考虑"将来最坏的情况可能是什么""最坏的情况发生时，自己能否承受"等问题，如果以上的答案是积极肯定的，那么，只要项目的预期报酬率符合大学生本人的设想目标，就可以投资。

⑤ 国家相关政策与法律因素。选定创业项目必须考虑国家相关政策和法律的因素，主要包括两个方面：

一是预期选定的项目是否属于国家政策和法律禁止或限制的范围；

二是预期选定的项目是否属于国家政策和法律鼓励的范畴。

（2）创业计划的策划

创业计划的策划是一个创造性的过程。无论是学什么专业的大学生，也无论编制哪一领域的创业计划，在编制过程中都应该在以下两方面特别注意。

1）创业计划的内容

① 创业目标规划。包括创业区域，创业业务类别，创业性质（所有制）及为什么要设计此项计划。

② 创业背景概述。包括对创业背景、主客观条件的详细描述，主要竞争对手的分析，市场进入和开发策略。

③ 市场调查与分析。包括阐释顾客，市场份额，市场发展走势。

④ 公司发展战略。包括营销计划，规划和开发计划，制造和操作步骤。

⑤ 应急措施。包括如何应付可能出现的风险和问题。

⑥ 创业团队。包括参与创业人员的数量、专业特长、个人简历；社会实践经验，专业技术成果，合作单位或合作人员。

⑦ 内部组织管理。包括创业团队各成员的教育和工作背景，介绍领导层成员，创业顾问以及主要投资人的情况。

⑧ 可行性分析。包括创业的法律依据，拟审批程序，所需资金数额，资金来源，资金投

向，风险分析，可借鉴的成功经验，应注意的问题。

⑨ 财务预测。包括收入报告，平衡报表。

⑩ 实施方案。包括创业前的准备，创业的阶段及各阶段的重点，创业所需的时间，所需的外部支持，具体困难的应对办法等。

2）制订创业计划的要求

① 创业计划要有科学性。大学生创业计划的设计应在深入调查研究市场和客观现实的基础上，符合市场经济的发展规律；大学生创业计划应针对社会需求，结合创业大学生的专业特长、个人兴趣和实际能力。

② 要有抗风险意识。大学生创业者在追求最大效益的同时，力争将风险降低到最低程度，大学生创业者要有化解风险的措施和承担风险的能力。

③ 要具有可行性。大学生创业计划必须符合国家政策法规和学校有关规定，应真实、可信、可行。

④ 创业计划参加者应注意学科间合理搭配。提倡跨系、跨专业联合组成创业团队，共同设计创业计划，以培养协作精神和合作意识。大学生创业团队应以理工科、法学、财会、管理等学科的学生参加为主，同时，根据创业计划项目的选择，适当吸收相关学科的学生参加。

（3）创业融资的组织

融资渠道窄，融资难度大，是摆在大学生创业者们面前的最大障碍。就现代经济中的独立经济实体来说，融资分为内部融资和外部融资两种。对于大学生创业者而言，在校读书基本上是一个净消费过程，能在毕业之际拿出创业资金的人少之又少。内部融资可行性不大。因此，大学生应努力寻求社会的帮助，积极进行外部融资。大学生的创业融资方式主要有：

1）向亲人朋友借钱

向亲人朋友借钱是大学生在创业阶段最容易实现的融资方式。家庭成员的血缘关系和亲友的信任都是天然的资源，只要他们有一定经济基础，并支持大学生创业，从他们那儿筹到创业资金不是难事。当然，能否筹到钱和能筹到多少钱又另当别论。

2）向银行贷款

向银行贷款是大学生创业者最认同的融资方式。一些商业银行已推出专门为"个人创业者"设计的贷款品种，个人可以通过贷款筹措先期资金。不过，银行向个人提供贷款一般需要质押、抵押和担保3种条件，这无疑给大学生创业者设了一道不可逾越的"门槛"。虽然曾有银行界人士表示，贷款给大学生创业，贷款数额少、利息低、风险大，银行还得付出大量人力、物力，经营成本无形中提高，几乎无利润可言，是件很"不划算"的事。但可喜的是在很多地方贷款门槛迅速降低，可以"一站式"办齐所有手续。

3）吸引风险投资基金

吸引风险投资基金是大学生创业最值得提倡、最有潜力的融资方式。风险投资或称创业资本，源于 20 世纪 40 年代的美国硅谷。与传统的金融服务不同，它是在没有任何财产抵押的情况下，以资金与公司业者持有的公司股权相交换。投资是建立在对创业者持有的技术甚至理念的认同的基础之上的。风险投资的对象大多数是处于初创时期或快速成长时间的高科技企业的要求，只要创业计划可行，产品有市场前景，就有机会得到风险投资基金的青睐，获得创业的"第一推动力"。

4）利用政策基金

政策基金是创业者的"免费皇粮"。政府提供的创业基金通常被所有创业者所高度关注，其优势在于利用政府资金不用担心投资方的信用问题，而且政府的投资一般都是免费的，进而降低或免除了筹资成本。但申请创业基金有严格的申报要求，同时政府每年的投入有限，筹资者需面对其他筹资者的竞争。

（4）创业团队的组合

正确认识创业团队的作用，对于积极组建创业团队和创业团队的有效运行具有重要作用。高素质的创业团队对企业的高成长潜力及其重要，对于想把企业做大、做强的大学生创业者来说，即使不是在创业伊始，也要在企业发展到一定阶段引入高素质的创业团队成员。这样，更有可能利用创业机会，收获更大的创业价值。

1）组建创业团队

创业团队的组建，主要涉及以下几个关键问题。

① 创业团队成员的素质。作为创业团队成员，应该具备创业者的特征和技能。优秀的创业者具备的特征包括以下方面：

a. 工作积极主动、有目的性，他们有明确的目标，全身心地投入到其事业发展之中；

b. 有信心，不仅相信自己，而且相信他们正在追求的事业，不仅能在失败之后振作起来，而且还能从失败中吸取教训，以增加下一次成功的机会；

c. 接受新事物，他们能认识到自己的局限性和改进的必要性，意志坚定但不拒绝改变，必要时勇于变革和敢于承担责任；

d. 勤学好问，他们从不满足于现状，经常意识到他们能将事情做得更好，渴望并从不放弃学习和改进的机会；

e. 责任感，他们能认识到其他人带给企业的价值，意识到自己对其他人的责任，提供给其他人为做好工作所需要的支持；

f. 正确地行使权力和对待金钱，虽然权力和金钱是创业的动机之一，但他们负责任地运用权力，也不仅仅为金钱所激励，他们主要从事业成功中体验快乐，不把追逐权力和财富作为目的。

② 大学生创业团队组建的时机选择。组建创业团队，是大学生创业者常常会想到的事情，特别是在创业之前的创意阶段。何时组建大学生创业者自己的团队，依赖于核心创业者与创

业机会之间的匹配。

2）确保创业团队的有效运行

① 树立正确的创业理念。创业理念决定着创业团队的性质、宗旨和获取创业的回报，并且关系到创业的目标和行为准则，这些准则指导着团队成员如何工作和如何取得成功。

核心创业者树立创业理念，然后吸引关键人才加入进来组成创业团队，以实现创业梦想的能力决定着创业乃至企业的成败。共同的创业理念是组建大学生创业团队的一个基本准则。如果没有正确的创业理念，在一起创业的大学生进行决策时，常常有大量不同的想法，很容易陷入对危机、冲突和变化的漠不关心，陷入预测及反应计划的泥潭之中。

② 妥善处理大学生创业团队成员之间的责任和利益关系。首先是责任关系。在大学生创业团队运行过程中，团队要确定谁适合于从事何种关键任务和谁对关键任务承担什么责任，以使能力和责任的重复最小化。其次是利益关系，这与大学生新创企业的报酬体系有关。一个新创企业的报酬体系不仅包括诸如股权、工资、奖金等金钱报酬，而且包括个人成长机会和提高相关技能等方面的因素。每个团队成员所看重的并不一致，取决于其个人的价值观、奋斗目标和抱负。一些大学生追求的是长远的资本收益，而另一些大学生考虑的不那么远，只关心短期收入和本职业安全，对后者来说，股权激励可能并不如高工资更受欢迎。

（5）创业心理的准备

大学生要想成功创业，要实现自己的人生价值，离不开良好的创业心理品质，大学生创业心理品质包括以下内容。

① 创业成功的自信。如果连自己都不相信能创业成功，是不可能去争取和追求的。

② 创业的责任感。大学生创业，上为国家做贡献，下为自己谋出路。

③ 身处创业逆境的心理准备。即使身处逆境，也能拼力抗争，不断追求，这样才能造就壮丽的创业人生。

④ 乐观积极的创业心态。积极的创业心态能激发潜能、拓展潜能和实现潜能，帮助获得事业上的成就和巨大的财富。积极的创业心态，一是拥有巨大的创业热情，二是要清除内心障碍，三是要努力变不可能为可能。

⑤ 顽强的创业意志。创业意志指个体能百折不挠地把创业行动坚持到底以达到目的的心理品质，创业意志品质包括：创业目的明确，决断果敢，具有恒心和毅力。

⑥ 独特的个性。大凡创业成功者，一般都有独特的个性品质，例如敢冒风险、痴迷、独立自主等。

良好的心理品质是创业成功的前提和条件，它是在后天的生活实践中陶冶训练出来的。只要通过正确的途径，有针对性地锻炼自己的心理品质，人人都可以拥有良好的创业心理品质。

7.3 初创企业的法律和政策须知

在法治社会进程中，创新创业活动的法制化、规范化成为必然发展趋势。创新创业者只有强化自身法律意识，规避法律风险，才能健康发展。

7.3.1 创业前必备的法律知识

创业者在创业时，确定设立的是个体工商户、个人独资企业、合伙企业、一人公司还是有限责任公司，要使设立的企业合法化并且对外经营，必须要到工商局登记并办理营业执照。不同的企业办理登记有不同的具体要求，企业登记申请提交的文件材料应当真实、合法，否则，应当承担由提交虚假材料引发的一切法律后果。

（1）材料的准备

在工商局申请登记时，在填写材料时，一定要按照《登记提交材料目录》《登记申请书》《委托书》等要求填写。在申请表格中，需签字的地方由本人亲笔签名，被书面授权代为签名的人提交书面授权书后可以在被授权的范围内代为签署。设立、注销表格应当填写表格中的全部内容，变更、备案表格只需要填写与本次申请的变更相关的内容，表格、文书中的日期都要填写。材料中加盖的公章必须是真实、合法、有效的公章，不得与企业登记名称不符，不得加盖未经登记或已注销、吊销企业的公章。凡要求出示原件的材料，申请人还需要提交复印件。所有提交的复印件应当清晰、完整，由提供者在复印件的每页（或骑缝）上签章（单位公章、自然人签字）并注明"次件与原件一致"。

（2）企业名称登记

1）提交的材料

① 全体投资人签署的《企业名称预先核准申请书》。

② 全体投资人签署的《指定代表或共同委托代理人的证明》及指定代表或共同委托代理人的身份证复印件（本人签字）。应标明具体委托事项、被委托人的权限、委托期限。

③ 特殊的申请名称，名称登记机关可以要求投资人提交相关的说明或证明材料。

④ 投资人的身份证明。

⑤ 主管部门或审批机关的批准文件。

⑥ 其他有关材料。

2）企业名称登记注意事项

① 企业名称的申请和使用应当遵守诚实信用和公平竞争原则，在经营活动中，企业应当规范使用企业名称的全称，从事的主营业务与其行业表述用语应当一致。

② 企业名称预先核准时不审查投资人资格和企业设立条件，投资人资格和企业设立条件

在企业登记时审查。企业登记时登记机关审查发现名称预先核准时申请的主营业务与企业登记时的主营业务不一致，要求重新申请预先核准的，申请人应当另行申请企业名称，申请人不得以企业名称已核准为由抗辩登记机关对投资人资格和企业设立条件的审查。

③ 预先核准的企业名称中如果含有法律、行政法规、国务院决定规定需报经审批内容，该企业设立登记时，必须提交有关批准文件，如不能提交，不得以预先核准的企业名称登记注册，应另行申请企业名称。

④ 在填写登记申请表时，一定要使用钢笔、毛笔和签字笔工整填写或签名。

⑤ 领取企业名称预先核准通知书。

⑥ 凭企业名称预先核准通知书到会计师事务所办理验资手续。

（3）企业设立登记

1）个人独资企业设立提交的材料

投资人签署的设立登记申请书；投资人的身份证明；投资人委托代理人的证明；企业的住所证明；其他有关文件证件。

2）有限责任公司设立提交的材料

① 公司法定代表人签署的《公司设立登记申请书》；

② 全体股东或董事会指定代表或共同委托代理人的证明；

③ 公司章程；

④ 股东或发起人的主体资格证明或自然人身份证明；

⑤ 依法设立的验资机关出具的验资证明；股东或发起人首次出资是非货币财产的，应当在公司设立登记时提交已办理财产产权转移手续的证明文件；

⑥ 公司董事、监事和经理的任职文件及身份证明；

⑦ 公司法定代表人任职文件及身份证明；

⑧ 公司住所使用证明；

⑨《企业名称预先核准通知书》。

法律、行政法规或国务院决定规定设立公司必须报经批准的，应当提交有关的批准文件；公司申请登记的经营范围中属于法律、行政法规或国务院决定规定在登记前须经批准的项目，应当提交有关的批准文件。

7.3.2 注册公司的详细流程

① 公司名称核准，想好不下 5 个名字作为备用，因为各大行业的中小企业数量很多，只要是重复就无法通过。以浙江省为例，在"浙江政务服务网"经过系统审查有无重复的名字，如果没有，则工商局会给一份《企业名称预先核准通知书》。

② 银行开设临时账户，带齐法人、股东身份证原件、企业名称预先核准通知书、股东章、

法人章去各大银行以公司名义开一个临时账户,股东可以将股本投入其中。(特殊行业需验资,其他行业,由于认缴制可省略此步骤)。

③ 办理工商营业执照(五证合一)在工商局领取一套新公司设立登记的文件及表格,按要求填写,股东法人签字,将《企业名称预先核准通知书》、场地租赁合同、所有股东身份证原件递交给工商局的注册科,工商局审查完没有问题会发放一份受理文件(7个工作日后领取)。

④ 刻章,一般刻公章、财务章、法人章、发票章、合同章(连备案3个工作日)。

⑤ 银行开户,带齐全部办理完毕的证件,营业执照正副本(五证合一),法人代表身份证原件,公章,法人章,财务章,到开户行办理基本户(5个工作日领取)。

7.3.3 注册公司所需材料

① 《公司设立登记申请书》,由公司法定代表人签署。

② 《指定代表或者共同委托代理人的证明》,由董事会签署。

③ 由发起人亲自签署的或由会议的主持人与出席会议的董事亲自签字的股东大会或创立大会的会议记录(募集设立的提交)相当于股东会决议(设立)。

④ 全体发起人签署或者全体董事签字的公司章程。

⑤ 自然人身份证件复印件。

⑥ 董事、监事和经理的任职文件及身份证复印件。

⑦ 法定代表人任职文件及身份证复印件。

⑧ 住所使用证明。

⑨ 《企业名称预先核准通知书》。

7.3.4 创业后必备的法律知识

(1)如何签订合同

1)签订合同的主体

合同是当事人设立、变更、终止双方权利义务关系的协议。签订合同的主体一定具有相应的民事权利能力和民事行为能力。民事权利能力是指民事法律关系主体享受权利和承担义务的资格。民事权利能力的主体有三种类型:自然人、法人和其他组织。自然人包括公民、外国人和无国籍人。自然人的民事权利能力开始于自然人出生,终止于自然人死亡(包括自然死亡和宣告死亡)。法人或其他组织的民事权利能力始于成立,终止于其撤销、解散、破产等。民事行为能力是指民事法律关系主体通过自己的行为享受权利和承担民事义务的能力和资格。公民的民事权利能力与民事行为能力具有不一致性,也就是说,具有民事权利能力的不一定具有民事行为能力。法人或其他组织的民事行为能力与权利能力基本一致。民事行为能力分为完全行为能力人、限制行为能力人、无行为能力人三种。

2）合同具备的一般条款

合同的一般条款应包含当事人的名称或者姓名和住所；标的；数量；质量；价款或者报酬；履行期限、地点和方式；违约责任；解决争议的方法。通常，创业者创业初始没有签订合同的经验，可以参照各类合同的示范文本订立合同。

3）订立合同的过程

合同订立的过程就是要约与承诺的过程。

① 要约。要约是希望与他人签订合同的意思，表示发出要约的当事人成为要约人，接受要约的当事人成为受要约人。要约的撤回是指在要约到达受要约人之前或者到达受要约人之时，要约人做出收回要约的行为。因为要约到达受要约人时生效，因此，撤回要约的通知必须在要约人发出的要约到达受要约人之前到达受要约人，或者同时到达受要约人，如果撤回要约的通知在要约已经到达受要约人之后才到达受要约人，要约已经生效，撤回要约的通知无效。

要约的撤销是指要约生效后，受要约人的承诺发出前，要约人向受要约人做出的撤销要约的行为。如果撤销要约的通知在受要约人的承诺通知发出之后才到达受要约人的，该撤销要约的行为无效。

要约邀请是指希望他人向自己发出要约的意思表示。其表现形式：寄送的价目表、拍卖公告、招标公告、招股说明书、商业广告等。但商业广告的内容符合要约规定的，视为要约。

② 承诺。承诺是指受要约人同意要约人的意思，表示承诺应当以通知的方式做出，但根据交易习惯或者要约表明可以通过行为做出承诺的除外。

承诺的撤回。承诺撤回是指受要约人阻止承诺发生法律效力的意思表示。承诺一旦被受要约人撤回，该承诺就丧失导致合同成立的法律效力。

承诺的迟延与迟到的区别关键是是否在承诺期内做出。承诺的迟延是受要约人超过承诺期限发出承诺的，除要约人及时通知受要约人该承诺有效外，迟延的承诺应视为新要约。承诺的迟到是受要约人在承诺期限内发出承诺，按照通常情形应该能够及时到达要约人，但因其他原因使承诺到达要约人时超过承诺期限。除要约人及时通知受要约人因承诺超过期限不接受该承诺的以外，迟到的承诺为有效承诺。

（2）格式合同的法律规定

格式条款是当事人为了重复使用而预先拟定，并在订立合同时未与对方协商的条款。含有格式条款的合同称为格式合同。由于格式合同是由一方事先拟定好且双方不能协商，在使用时可能对合同另一方不公平，所以，我国法律对格式合同做了专门的规定。采用格式条款订立的合同，提供格式条款的一方应当采取合理的方式提请对方注意免除或限制责任的条款，按照对方的要求，对该条款予以说明；当格式条款与非格式条款不一致的，应当采用非格式条款的约定；对格式条款的理解发生争议的，应当按照通常理解予以解释，对格式条款有两种以上解释的，应当做出不利于提供格式条款一方的解释。

7.3.5 高校毕业生创办企业的有关优惠政策

（1）高校毕业生自主创业可以享受的优惠政策

按照《国务院关于进一步做好新形势下就业创业工作的意见》（国发〔2015〕23号）、《国务院办公厅关于深化高等学校创新创业教育改革的实施意见》（国办发〔2015〕36号）等文件规定，高校毕业生自主创业优惠政策主要包括：

① 税收优惠：持人社部门核发《就业创业证》（注明"毕业年度内自主创业税收政策"）的高校毕业生在毕业年度内（指毕业所在自然年，即1月1日至12月31日）创办个体工商户、个人独资企业的，3年内按每户每年8000元为限额依次扣减其当年实际应缴纳的营业税、城市维护建设税、教育费附加和个人所得税。对高校毕业生创办的小型微利企业，按国家规定享受相关税收支持政策。

② 创业担保贷款和贴息支持：对符合条件的高校毕业生自主创业的，可在创业地按规定申请创业担保贷款，贷款额度为10万元。鼓励金融机构参照贷款基础利率，结合风险分担情况，合理确定贷款利率水平，对个人发放的创业担保贷款，在贷款基础利率基础上上浮3个百分点以内的，由财政给予贴息。

③ 免收有关行政事业性收费：毕业2年以内的普通高校毕业生从事个体经营（除国家限制的行业外）的，自其在工商部门首次注册登记之日起3年内，免收管理类、登记类和证照类等有关行政事业性收费。

④ 享受培训补贴：对高校毕业生在毕业学年（即从毕业前一年7月1日起的12个月）内参加创业培训的，根据其获得创业培训合格证书或就业、创业情况，按规定给予培训补贴。

⑤ 免费创业服务：有创业意愿的高校毕业生，可免费获得公共就业和人才服务机构提供的创业指导服务，包括政策咨询、信息服务、项目开发、风险评估、开业指导、融资服务、跟踪扶持等"一条龙"创业服务。各地在充分发挥各类创业孵化基地作用的基础上，因地制宜建设一批大学生创业孵化基地，并给予相关政策扶持。对基地内大学生创业企业要提供培训和指导服务，落实扶持政策，努力提高创业成功率，延长企业存活期。

⑥ 取消高校毕业生落户限制，允许高校毕业生在创业地办理落户手续（直辖市按有关规定执行）。

（2）大学生创业工商登记的要求

深化商事制度改革，进一步落实注册资本登记制度改革，坚决推行工商营业执照、组织机构代码证、税务登记证、社会保险登记证和统计登记证"五证合一",推进"五证合一"登记制度改革意见和统一社会信用代码方案,实现"一照一码"。放宽新注册企业场所登记条件限制,推动"一址多照"、集群注册等,降低大学生创业门槛。

【学以致用】

抖音的创业成功案例[1]

每个成功的创业者都经历过诸多艰难苦痛,创业过程中遇到的问题远比我们想象的要多,一帆风顺,只是良好心愿,风雨兼程才是真实写照。商业战场竞争尤为激烈,企业没有核心竞争力,那么最终会被淘汰。能够在一些同行中脱颖而出的企业背后都有着专业的团队来运营。通过一系列的数据分析、方案策划并最后落实,能让企业更有黏性,留住众多用户,提高活跃度。

上线2年,年度营业收入已经高达200亿;说好刷抖音3分钟,结果一眨眼工夫1个小时就过去了,3个小时熬下去,5个小时好像也挺快……这就是抖音短视频在2018年的创业成绩!

不过,与往年的短视频平台不同,抖音内容的观赏性并不强,不美不是精品,不需要俊男靓女,可能也不需要什么高超的技术,单凭一个"个性化推荐"就让用户沉迷于它而无法自拔了。抖音能满足用户的好奇心,引起用户共鸣——喜欢看哪类的就继续推荐此类,再加上新鲜感、适合年轻人的玩法,已经对社会话题拥有极高的把控能力……对某些事件的一再翻转与跟进……所以,看起来很短的抖音小视频,一不小心就让你看遍了世间所有的相似事件,让你欣赏了一整件事的后续再后续……电视剧只是男女主的完美大结局,抖音可能还能为你培养出个儿孙三代再后续。无论是对内容的把控,还是对算法的精准运用,对音乐领域的创新定位……抖音的内容与用户仿佛同处于一室,在同样的节拍下感受相似的情绪,勾起情节记忆。

这大约是抖音成功的主要原因,当然,还有一大成功主因是:人们能在抖音上赚钱!民以食为天,一边玩着就能把钱赚了,谁会不爱?配上创意性玩法,再加上社交属性,这个全新的社交载体就形成了,赚钱的新路子也打通了。

---

[1] 来源:杨华东主编.创业精英汇案例精选.清华大学出版社.

案例思考题

1. 如何解读抖音成功的必然性?
2. 你在抖音上有什么创业体验吗?
3. 谈谈如何通过一系列的数据分析、方案策划到最后落实,让企业留住众多用户,提高活跃度。

第8单元 基础财务与创业风险

知识目标

了解初创企业财务报表编制
掌握融资的主要途径与流程
熟悉创业风险的识别与管理

技能目标

能够编制企业基础财务报表
能够识别与管理常见创业风险

思政目标

培养学生在融资过程中坚守诚实守信
培养学生在创业实践中增强风险应对能力

【他山之石】

亿唐网：定位不清　快速烧钱

不少人还记得 2000 年北京街头出现的大大小小的亿唐广告牌，"今天你是否亿唐"的那句仿效雅虎的广告词，着实让亿唐风光了好一阵子。亿唐想做一个针对中国年轻人的包罗万象的互联网门户。他们自己定义了中国年轻人为"明黄一代"。

1999 年，第一次互联网泡沫破灭的前夕，刚刚获得哈佛商学院 MBA 的唐海松创建了亿唐公司，其"梦幻团队"由 5 个哈佛 MBA 和两个芝加哥大学 MBA 组成。

凭借诱人的创业方案和精英团队，亿唐从两家著名美国风险投资 DFJ、SevinRosen 手中拿到两期共 5000 万美元左右的融资。

亿唐网一夜之间横空出世，迅速在各大高校攻城略地，在全国范围快速"烧钱"：除了在北京、广州、深圳三地建立分公司外，亿唐还广招人手，并在各地进行规模浩大的宣传造势活动。

2000 年年底，互联网的寒冬突如其来，亿唐钱烧光了大半，仍然无法盈利。此后的转型也一直没有取得成功，2008 年的亿唐公司只剩下空壳，昔日的"梦幻团队"在公司烧光钱后也纷纷选择出走。

亿唐失败的最大问题就是缺乏清晰的定位——这也是大部分互联网创业者公司的问题。浮夸，没有沉下心帮用户解决实际的问题，而是幻想凭钱就可以砸出一个互联网集团出来。有人调侃道，亿唐对中国互联网可以说没有做出任何值得一提的贡献，唯一贡献也许就是提供了一个极其失败的投资案例。它是含着金汤匙出生的贵族，几千万美元的资金换来的只有一声叹息。

后续发展：2009 年 5 月，etang.com 域名由于无续费被公开竞拍，最终的竞投人以 3.5 万美元的价格投得。

8.1 新创企业财务管理方法及财务报表编制

8.1.1 新创企业财务管理的方法

（1）加强日常财务管理和规划

根据有关部门研究，中国个人新创企业存活两年以上的不到 30%，即 70% 的个人企业或个人新创企业会在两年内倒闭。新创企业失败的原因主要是财务方面的问题。一般情况下，小型的新创企业缺乏对企业的财务作整体的规划。在新创企业开始营业前，新创业者大部分不会预估营业额，同时也不拟定年度预算和销售计划。因此，不懂得怎样预算利润和控制成本，只关注现金的盈亏，缺乏对实际收支上的盈亏计算。如一家饮食店，创业者感觉小店生意很好，每天均有现金结余，因此，每个月都给员工发奖金。但到年终进行核算，发现亏损很多。亏损的原因是没有将当初投入的设备和创业者自己的薪资计入成本。因此，只有全面考核投入的成本，才能不断扩大新创企业的规模，获取更大的利润。

（2）建立和完善财务管理的规章制度

新创企业要处理许多的财务管理工作，涉及日常的各项经费支出和销售收入核算，因此新创业者必须建立一套完善严密的财务制度，做到日清月结。如果自己缺乏财务管理知识，可以聘请专门的财会人员帮助管理。企业的财务管理制度分为记账管理、财务核算管理、资金管理三类。

1）记账管理

记账管理就是采用账本记账的管理制度。即对新创企业把每日支出和收入的钱、物登记在账本上。通常情况下，较小的新创企业，日常业务少，每天收入和支出都一清二楚，且大多是现金收入，新创企业可以做到日清日结，当天整理好账本记录。因此，每天认真记账是做好账本管理的关键。如果金额较少，也可两三天记账一次，但不能拖延过多，否则会影响核算工作。另外，除了及时记账外，还应该对账目及时进行整理统计，制成一览表，存档备用。

2）财务核算管理

财务核算管理是对新创企业经营活动的过程和结果以货币价值为单位进行核算和统计，然后编制成会计报表。新创业者可以通过会计报表了解新创企业的经营情况，评价经营成果，因此，会计报表是新创业者决策的重要依据。因此，要严格制定财务核算制度。

① 成本费用的构成。新创企业的成本费用由职工工资、房租、设备费用、水电费用、库存商品费用、应缴账款、广告宣传、促销费用、杂费、损耗构成。这些费用可以分为固定成

本和可变成本。固定成本包括房租、设备等费用,其他属于可变成本。有效控制成本费用,必须从可变成本着手。

② 建立控制费用制度。新创企业的成本核算中,一般职工费用所占比例较高,会超过月营业额的60%。新创业者成本控制的重点是灵活的员工工作调度,提高员工的工作效率。减少日常管理费用,节约水电费及杂费,形成人走闸关的习惯;集中采购办公用品,节约办公费用开支。合理控制商品库存,减少资金占用。合理库存可以提高新创企业的盈利率;库存太少,会增加商品的采购费用;库存太多,会占用大量资金,还会增加仓储保管费用;另外,因商品销售不畅而引起商品积压出现大量的商品损耗。新创业者可以通过计算"库存盘/销售量"值来预算某种商品的合理库存。合理预算广告及促销费用,亲手制作广告促销用品或重复使用,节约费用开支。

3)资金管理

资金管理是建立一套规章制度确保资金安全、合理地运用,有计划地进行周转资金,保证新创企业的正常经营。

① 现金收入的管理制度。新创企业的现金收入管理,主要就是收银管理。收银员是新创企业联结顾客的桥梁,是服务链中极为重要的环节,不可轻视收银管理岗位。规范收银制度:坚守岗位,不得离台,做到热情服务、态度和蔼、语言礼貌;严格收银操作程序,不得出错,零钞准备充足,不因零钞短缺丢失生意;熟悉业务,提高假钞辨别能力,发现假钞及时处理。收到假钞由当事人负责赔偿;收银员下班前必须结清当天款项。严格遵守现金收入管理制度。

② 现金管理制度。新创业者将现金管理的重点落在清点和安全两个方面。

a. 及时清点和结算现金。现金由收银员与新创业者在指定地点、指定时间当面点清,并填写每日营业收入结账表,由收银员与新创业者签名确认。

b. 加强现金的安全措施,新创企业至少要配备一个保险箱,用于存放当日现金或过夜营业款,保险箱要由新创业者自己保管。如果到银行存款,最少配备1人陪同新创业者前往,以防路上出现意外。

(3)谨慎避免赊销

对于新创业者来说,在营运过程中遇到赊账是正常的。赊账者一般是熟人朋友,不赊可能会得罪顾客;赊账太多,又会占用资金,影响资金周转,还有可能形成"呆账"而导致新创企业倒闭。因此,在经营过程中应尽量避免赊账。

(4)开源节流,降低成本

在收入一定的条件下,成本与利润是呈反比的关系。新创企业大部分是小本经营创业,所以,节约成本至关重要。切忌铺张浪费,要减少不必要的费用,防止财务危机的发生。无论是个人独资还是合伙出资新创企业,都要安排出资总额,达到最佳配置出资比例,降低融资的成本。但不能过分强调降低成本，不然会因融资不足导致经营失败。

8.1.2 常见财务报表编制

新创企业的经营状况优劣，可以通过财务指标的变化进行分析。因此，新创业者要掌握财务指标的分析方法。通过分析财务指标，了解新创企业的经营状况；提高盈利能力，规避经营风险。

1）资产负债表

资产负债表是反映企业某一特定日期财务状况的会计报表，如月末、季末、年末等。是企业的基本会计报表之一，是所有独立核算的企业都必须对外报送的会计报表。

资产负债表的依据是：资产 = 负债 + 所有者权益，资产负债表的左边是资产类科目，右边是负债类、所有者权益类科目，也就是资产负债表的左右两部分的合计金额要相等。资产负债表一般由表头、表身、表尾等部分组成。资产负债表的格式主要分为账户式和报告式两种，我国企业的资产负债表多采用账户式结构，具体格式如表 8-1 所示。

表8-1 资产负债表

编制单位：　　　　　　　　　　　　＿＿＿年＿＿月＿＿日　　　　　　　　　　　　单位：元

资产	期末余额	年初余额	负债及所有者权益（或股东权益）	期末余额	年初余额
流动资产：			流动负债：		
货币资金			短期借款		
交易性金融资产			交易性金融负债		
应收票据			应付票据		
应收账款			应付账款		
预付账款			预收账款		
应收利息			应付职工酬薪		
应收股利			应交税费		
其他应收款			应付利息		
存货			应付股利		
一年内到期的非流动资产			其他应付款		
其他流动资产			一年内到期的非流动负债		
流动资产合计			其他流动负债		
非流动资产：			流动负债合计		
可供出售金融资产			非流动负债：		
持有至到期资产			长期借款		

续表

资产	期末余额	年初余额	负债及所有者权益（或股东权益）	期末余额	年初余额
长期应收款			应付债券		
非流动资产：			非流动负债：		
长期股权投资			长期应付款		
投资性房地产			专项应付款		
固定资产			预计负债		
在建工程			延递所得税负债		
工程物资			其他非流动负债		
固定资产清理			非流动负债合计		
生产性生物资产			负债合计		
油气资产			所有者权益：		
无形资产			实收资本		
开发支出			资本公积		
商誉			减：库存股		
长期待摊费用			盈余公积		
延递所得税资产			未分配利润		
其他非流动资产			所有者权益总计		
非流动资产合计			长期借款		
资产合计			负债及所有者权益（或股东权益）总计		

由资产负债表可以看出，账户式资产负债表分为左右两部分，左方为资产项目，按流动性由大到小排列；右方为负债和所有者权益项目，按求偿权的先后顺序排列。资产负债表的左方与右方的合计金额应当符合"资产＝负债＋所有者权益"这一会计等式。

在现行的资产负债表中，资产项目一般是按资产的流动性排序的，流动性由强到弱，依次排列，即"流动列前"；相应地，负债也分短期负债和长期负债，短期负债列前，长期负债列后；在所有者权益项目中，则将所有者投入的资本和在经营中取得的利润的未分配部分分别列示。

2）利润表

利润表又称损益表，是根据会计的配比原则，把一定会计期间的收入和成本费用配比，从而计算企业某个会计期间的利润指标，是反映企业一定会计期间经营成果的会计报表。

利润表的作用：

① 从总体上了解企业收入、成本、费用及净利润的实现及构成情况。

② 通过不同时期的利润表分析企业的获利能力及利润的未来发展趋势。

③ 体现企业在某一会计期间的经营业绩，是企业进行利润分配的主要依据。

利润表大体分为表头、表身、表尾三部分，表头应标明单位名称，编制时间和计量单位；表身反映的是构成利润表的具体内容；表尾为补充说明部分。利润表一般分为多步式利润表和单步式利润表两种。在我国，企业通常采用多步式利润表，格式如表8-2所示。

表8-2 利润表

编制单位：　　　　　　　　　　　　　　　年 　月 　日　　　　　　　　　　　　单位：元

项目	本期金额	上期金额
一、营业收入		
减：营业成本		
营业税金及附加		
销售费用		
管理费用		
财务费用		
资产减值损失		
加：公允价值变动收益（损失以"-"填列）		
投资收益（损失以"-"填列）		
其中：对联营企业和合营企业的投资收益		
二、营业利润（亏损以"-"填列）		
加：营业外收入		
减：营业外支出		
其中：非流动资产处置损失		
三、利润总额（亏损总额以"-"填列）		
减：所得税费用		
四、净利润（净亏损以"-"填列）		
五、每股收益		
（一）基本每股收益		
（二）稀释每股收益		

利润表中的各项目主要根据损益类科目的发生额分析填列。

3）现金流量表

现金流量表就是反映企业在某一会计期间现金及现金等价物流入和流出的报表。现金是指库存现金以及可以随时用于支付结算的存款，具体包括库存现金、银行存款和其他货币资金。

现金等价物是指一个企业所持有的风险小、期限短、流动性强、易于转换为现金的各项投资，如三个月内到期的债券投资。而权益性投资由于变现金额不确定，所以不属于现金等价物。企业可以根据本企业的具体情况确定现金等价物，一经确定，不可随意更改。

现金流量表主要分以下几部分。

① 经营活动产生的现金流量。经营活动是指企业的投资和筹资活动以外的所有交易，主要包括购买、销售商品或接受提供劳务、支付工资和缴纳税款等交易事项中流入和流出的现金和现金等价物。

② 投资活动产生的现金流量。投资活动主要包括构建固定资产、处置子公司及其他营业单位流入和流出的现金和现金等价物。

③ 筹资活动产生的现金流量。筹资活动是指使企业资本及债务规模和构成发生变化的活动，主要包括吸收投资、发行股票债券等。需要注意的是偿付应付账款、应付票据等应付款项属于经营活动，而不是筹资活动。

在我国，现金流量表通常采用的是报告式结构，反映企业在经营、投资、筹资活动三个阶段产生的现金流量，最后汇总反映企业在某一会计期间现金及其等价物的净增加额。我国现金流量表的格式如表 8-3 所示。现金流量表的编制分为直接法和间接法，在我国，现金流量表使用直接法编制。

表8-3 现金流量表

编制单位：　　　　　　　　　　　　　　　___年___月___日　　　　　　　　　　单位：元

项目	本期金额	上期金额
一、经营活动产生的现金流量：		
销售商品、提供劳务收到的现金		
收到的税费返还		
收到的其他与经营活动有关的现金		
经营活动现金流入小计		
购买商品、接收劳务支付的现金		
支付的各项税费		
支付给职工以及为职工支付的现金		
支付其他与经营活动有关的现金		
经营活动现金流出小计		
经营活动产生的现金流量净额		
二、投资活动产生的现金流量：		
收回投资收到的现金		
取得投资收益收到的现金		

续表

项目	本期金额	上期金额
处置固定资产、无形资产和其他长期资产收到的现金净额		
收到的其他与投资活动有关的现金		
投资活动现金流入小计		
购建固定资产、无形资产和其他长期资产所支付的现金		
投资所支付的现金		
支付的其他与投资活动有关的现金		
投资活动现金流出小计		
投资活动产生的现金流量净额		
三、筹资活动产生的现金流量：		
吸收投资收到的现金		
取得借款收到的现金		
收到的其他与筹资活动有关的现金		
筹资活动现金流入小计		
偿还债务支付的现金		
分配股利、利润和偿付利息支付的现金		
支付其他与筹资活动有关的现金		
筹资活动现金流入小计		
筹资活动产生的现金流量净额		
四、汇率变动对现金及现金等价物的影响		
五、现金及现金等价物净增加额		
加：期初现金及现金等价物余额		
六、期末现金及现金等价物余额		

8.2 融资的主要途径和流程

8.2.1 政策基金——政府提供的创业基金

（1）政策基金的概述

政府提供的创业基金通常被称为创业者的"免费皇粮"。近年来，政府充分意识到创业对促进经济增长、扩大就业容量和推动技术创新有着非常重要的作用。基于创业所带动的就业倍增效应、中国创业机会较多以及我国人口众多、就业形势严峻等现实国情，不断采取各种方式扶持大学生创业。为此，各级政府相继设立了一些政府基金予以支持。这对于拥有一技之长又有志于创业的诸多科技人员，特别是归国留学人员是一个很好的吃"免费皇粮"的机会。

寻求政府资金资助，但政府的资金来源是有限的，只能满足很少一部分项目的需要。这里的创业基金是指政府为了鼓励创业，用于企业创业辅导和服务，支持技术创新，鼓励专业化发展以及开拓国际市场专门设立的基金。一般有财政贴息和创新基金两种渠道。创业基金是吸收政府投资的最理想方式，也是大学生创业最值得争取的融资方式。以湖北省为例，据荆楚网消息，湖北团省委设立湖北大学生创业基金，为有创业愿望的大学生提供资金资助。该基金每年资助 20 个大学生就业创业项目，每个项目提供 2 万元创业启动资金。一些省份还实施了"青年创业小额贷款项目"，帮助大学生迈出创业第一步。大学生毕业以后自主创业可以持自主创业计划书到当地大学生就业指导委员会办公室申请创业扶持，在他们的帮助下申请大学生自主创业基金（创业贷款，贴息或低息的），也可以通过当地团委青年自主创业基金会的支持，获得创业基金，不过创业计划书很关键。

（2）政策基金的利弊分析及融资途径

政策基金优势是利用政府资金，不用担心投资方的信用问题；政府的投资一般都是免费的，降低或者免除了融资成本。缺陷是申请创业基金有严格程序要求；政府每年的投入有限，融资者需面对其他融资者的竞争。

融资路径是认真了解和学习政府的有关产业政策和扶持政策，严格按照规定程序提交申请资料，少走弯路；有优势的创业项目和完善的创业计划书，做好申请的准备工作。

8.2.2 亲情融资——成本最低的创业"贷款"

（1）亲情融资的概念

个人筹集创业启动资金最常见、最简单而且最有效的途径就是向亲友借钱，它属于负债融资的一种方式。在中国，因为亲情、友情因素的存在，通过这条途径取得亲友的支持，筹集创业资金就比较容易。亲情融资即向家庭成员或亲朋好友筹款。这种融资方式所能筹到的钱是有限的，不能满足较大数额的资金需求。

（2）亲情融资的利弊分析及融资路径

亲情融资优势是向亲友借钱，一般不需要承担利息。也就是说，向亲友借钱没有资金成本。因此，向亲友借钱只在借钱和还钱时增加现金的流入和流出，不会增加创业的成本。即这个方法筹措资金速度快，风险小，成本低。缺陷是向亲友借钱创业，会给亲友带来资金风险，甚至是资金损失，如果创业失败就会影响双方感情。诚信是社会主义核心价值观的核心要义。正是诚实守信的品质，世界"船王"包玉刚和阿里巴巴的马云，凭借着亲朋好友的借款开始了自己的事业。

融资路径是借钱之初就向亲友说明借钱具有一定的风险；为了能够取得亲友支持，有效地借到创业资金，创业者应不断提高自身与亲友之间的亲情和友情；向亲友说明创业计划的可行性和预期收益以及风险度；主动给亲友写下书面借据或书面借款协议；定期报告个人创业的进展情况，及时沟通信息；及时偿还你的所有借款，提高个人信用；不长期拖欠，明白"有借有还再借不难的道理"。另外，毕竟有"富豪"家人朋友的大学生创业者是少数，因此从家人朋友处筹一次两次钱是可行的，但却难把其作为一个长期的融资源。大学生创业者应该发挥主观能动性，来寻找比较适合的融资方式。

8.2.3 天使基金——民间的创业基金

（1）天使投资概述

天使投资（Angel Capital），是创业者的"婴儿奶粉"，是自由投资者或非正式风险投资机构对处于构思状态的原创项目或小型初创企业进行的一次性的前期投资。

天使投资虽是风险投资的一种，但两者有着较大差别。天使投资是一种非组织化的创业投资形式，其资金来源大多是民间资本，而非专业的风险投资商；随着我国政府对民间投资的鼓励与引导，以及国民经济市场化程度的提高，民间资本正获得越来越大的发展空间，目前，我国民间投资不再局限于传统的制造业和服务业领域，在基础设施、科教文卫、金融保险等领域已"全面开花"，对正在为"找钱"发愁的创业者来说，这无疑是"利好消息"。

天使投资的门槛较低，有时即便是一个创业构思，只要有发展潜力，就能获得资金，而风险投资一般对这些尚未诞生或嗷嗷待哺的"婴儿"兴趣不大。在风险投资领域，"天使"这个词指的是企业家的第一批投资人，这些投资人在公司产品和业务成型之前就把资金投入进来。天使投资人通常是创业企业家的朋友、亲戚或商业伙伴，由于他们对该企业家的能力和创意深信不疑，因而愿意在业务远未开展之前就向该企业家投入大笔资金。一笔典型的天使投资往往只是区区几十万美元，是风险资本家随后可能投入资金的零头。对刚刚起步的创业者来说，既吃不了银行贷款的"大米饭"，又沾不了风险投资"维生素"的光，在这种情况下，只能靠天使投资的"婴儿奶粉"来吸收营养并茁壮成长。

（2）天使基金的优缺点分析及融资路径

天使基金的优点是投资操作程序较为简单，融资速度快，门槛也较低。缺点是很多民间投资者在投资的时候总想控股，因而容易与创业者发生一些矛盾。为避免矛盾，双方应把所有问题摆在桌面上谈，并清清楚楚地用书面形式表达出来。此外，对创业者来说，对民间资本进行调研，是融资前的"必修课"。

8.2.4 合伙融资

（1）合伙融资的定义

寻找合伙人投资是按照"共同投资、共同经营、共担风险、共享利润"的原则，直接吸收单位或者个人投资合伙创业的一种融资途径和方法。

（2）合伙融资的利弊分析及融资路径

由于一个人势单力薄，所以几个人凑在一起合伙创业有利于创业投资。合伙创业不但可以有效筹集到资金，还可以充分发挥人才的作用，并且有利于对各种资源的利用和整合，增强企业信誉，能尽快形成生产能力，有利于降低创业风险。合伙创业也存在一些问题，老板多了就很容易产生意见分歧，降低办事效率，也有可能因为权利与义务的不对等而产生合伙人之间的矛盾。很多人合伙都是因为感情好，你办事我放心，所以就相互信任，长此以往也容易产生误解与分歧，不利于合伙基础的稳定。

合伙融资实施时，首先要明晰投资份额。个人在确定合伙经营时应确定好每个人的投资份额，不一定平分股份，平分投资股份往往埋下矛盾的祸根。其次应加强信息沟通，既然合伙创业，那企业就是大家的，为了企业的发展和感情的延续，大家应该加强信息的沟通，以统一意见，减少误解与分歧。最后要事先确立章程，合伙企业不能因为大家感情好或者有血缘关系就没有企业的章程，没有章程是合作的大忌。

8.2.5 金融机构贷款——银行小额贷款

（1）金融机构贷款的概述

银行贷款被誉为创业融资的"蓄水池"，由于银行财力雄厚，而且大多具有政府背景，因此在创业者中很有"群众基础"。

从目前的情况看，银行贷款有以下四种：

一是抵押贷款，指借款人向银行提供一定的财产作为信贷抵押的贷款方式。

二是信用贷款，指银行仅凭对借款资信的信任而发放的贷款，借款人无需向银行提供抵押物。

三是担保贷款，指以担保人的信用为担保而发放的贷款。

四是贴现贷款，指借款人在急需资金时，以未到期的票据向银行申请贴现而融通资金的贷款方式。

提醒创业者从申请银行贷款起，就要做好打"持久战"的准备，因为申请贷款并非与银行一家打交道，而是需要经过工商管理部门、税务部门、中介机构等一道道"门坎"。而且，手续繁琐，任何一个环节都不能出问题。

（2）金融机构贷款的利弊分析及融资路径

银行贷款的优点是利息支出可以在税前抵扣，融资成本低，运营良好的企业在债务到期时可以续贷。缺点是一般要提供抵押（担保）品，还要有不低于30%的自融资金，由于要按期还本付息，如果企业经营状况不好，就有可能导致财务危机。

目前许多地方政府指定专门银行从事与再就业配套的小额贷款，条件比正常贷款业务更优惠；部分金融企业推出的对高校毕业生创业贷款业务可以高校毕业生为借款主体，以其家庭或直系亲属家庭成员的稳定收入或有效资产提供相应的联合担保，对创业贷款给予一定的优惠利率扶持，视贷款风险度的不同，在法定贷款利率的基础上可适当下浮或小幅度上浮。有志于自主创业的大学毕业生可多加关注。

大学生自主创业的融资方式有多种，以上仅是常用的几种。选择何种融资方式，应结合投资的性质、企业的资金需求、融资成本和财务风险、投资回收期、投资收益率以及举债能力等综合考虑。

8.3 创业风险的识别与管理

8.3.1 创业风险内涵

对创业风险的认识与解读，有广义与狭义两种，前者凸显结果非确定性，后者凸显损失非确定性。不管怎么解读风险，它的最基础最重要的定义就是"未来结果非确定性或是损失"。

创业风险可以说是包罗万象。从创业风险的具体内容来划分，包括行业风险、市场风险、技术风险、资金风险、管理风险、环境风险、政治风险、法律责任风险等，如表8-4所示。

表8-4 创业风险的内容

类型	类型描述
行业风险	是指在特定行业中与经营相关的风险，包括行业的生命周期、行业的波动性和行业的集中程度。生命周期越长，风险越小；行业波动性越大，风险越小；行业集中程度越高，其他企业进入的壁垒越高，面临的行业风险越小
市场风险	是指市场主体从事经济活动所面临的赢利或亏损的可能性和不确定性。市场风险涉及的因素有市场需求量、市场接受时间、市场价格和市场战略等。如果有一项产品投入巨大，但不被市场接受，或者市场需要的时间太长，又没有好的市场战略规划和产品价格定位，产品销售将不畅，产品积压会给企业资金周转带来困难
技术风险	是指在企业产品创新过程中，因技术因素导致创新失败的可能性，主要包括技术成功的不确定性、技术前景的不确定性、技术效果的不确定性和技术寿命的不确定性

续表

类型	类型描述
资金风险	是指因资金不能适时供应而导致创业失败的可能性。资金风险主要有两类，一是缺少创业资金风险，二是融资成本风险
管理风险	是指企业在经营过程中存在的内部风险，包括管理者素质风险、决策风险、组织风险和人才风险等
环境风险	是指一项高技术产品创新活动由于所处的社会、政治、政策、法律环境变化或意外灾害发生而造成失败的可能性。政策在很大程度上取决于国家政治稳定性及当地政治制度和政策环境
法律责任风险	是指因为企业的产品、服务、经营场所的缺陷和员工行为而给他人的财产和生命造成侵害后需承担的法律责任，并因此给企业造成损害的可能性。例如，企业的产品造成用户受伤，律师的失误输掉了本该赢的官司，顾客在企业的营业场所正常购物时滑倒而受伤等
政治风险	是指由于战争、国际关系变化或有关国家政权更迭、政策改变而导致创业者或企业蒙受损失的可能性

创业风险具备下列特点：

第一，客观性。首要体现于其存在实际上是独立于个人意志之外的。就实质方面讲，由于决定风险各类要素对于风险主体实际上是独立存在的，无论风险主体有没有关注到风险，其在特定环境之下依旧将转变成现实。另外，其体现在随时随地都会出现，其隐藏在人类社会发展历史之中与各类活动里面。

第二，非确定性。这一特性指的是风险的产生存在非确定时点，也就是风险大小、发生时间地点等都难以确定。究其原因在于人类受到了客观约束，无法精准地预判风险的出现。风险如果出现，将会导致风险主体出现挫败乃至损失，对于风险主体危害甚大。

第三，不利性。这一特点需要我们认可风险，进行科学决策，极力地防止风险出现，使风险不利性尽可能最小。

第四，可变性。也就是当处于特殊条件之下，风险会出现转变。

8.3.2 创业风险的识别

创业风险识别指的是借助风险识别、分析与评估来辨识项目风险，同时根据上述研究科学运用相关应对手段、管理方式，对于风险做高效的管控，妥善处理风险所导致的不利影响，用最小成本来确保项目目标可以达成。

创业风险识别的具体内容包括：项目承担单位在资料采集以及调研基础之上，利用各类手段对于还没有出现的潜在风险和客观具有的各类风险做全面梳理、分类与识别。

构建创业风险识别机制实际上是对风险进行管理，其具体步骤如下：

第一步是针对大学生创业项目应运用识别手段加以分析识别，同时明确这些项目存在何种潜在风险，其为这类风险识别的首要任务，这是由于唯有识别与明确创业项目将遭遇何种风险，方可更好地研究上述风险性质以及结果。因此，项目风险识别里面首要的是全方位探究创业项目变化的可能性，进而辨别出项目所有风险同时编制风险清单。

第二步是对导致创业风险的最重要要素加以识别。其属于项目风险识别第二个任务，唯有辨识出创业项目风险所有最重要影响要素，方可掌握其风险发展变动规律，对风险做相应的管控。因此，风险识别里面必须全方位探讨项目风险最重要影响要素和对风险的影响方式、方向与力度等。

8.3.3 大学生创业风险管理过程及措施

（1）建立创业风险识别机制

创业风险识别主要包括五个步骤。

① 确定目标。在进行风险识别时，首先需要确认具体的识别目标。但是不同项目存在性质、类型、管理内容的差异，其目标也会不同。所以根据项目管理规划，不同相关人都要提出各自的项目风险管理的目标、范围和重点，相关人分别为项目发起人项目组、施工项目组、设计项目组、承包商项目组以及监管项目组。

② 根据最重要的项目参与者所提出的目标、范围和重点明确最终参与项目风险管理识别的人员。项目风险识别是整个项目人员都要参与的活动，所以项目经理在需要了解项目详细信息的同时还要了解项目人员的信息，这样才好确定由谁参与项目风险识别。参与人员需要具有专业的风险识别能力，了解项目，并且具有沟通能力和分享意识。

③ 收集资料。主要包括项目产品或服务的详细信息、项目管理计划、人力的调配、项目采购计划等。

④ 对项目风险的形势进行估量。

⑤ 根据目前项目的现状或潜在的内容分析出项目可能存在的风险。

在具体实际操作过程中有很多实用的风险识别方法，作为大学生创业项目发展具有一定波动性，可在不同阶段采取不同的风险识别方法，像创业前可以采用头脑风暴法进行分析。

运用头脑风暴法识别项目风险时，要在明确项目类别的基础上，选定一项目存在的风险为主题进行分析讨论，提出问题，邀请与会人员尽情发表自己观点，并辅于经验阐述，记录人员根据专家阐述可以列出综合性的风险清单。此外要注意的是创业项目风险识别不是一次性的，而是贯穿项目的始终。

（2）创业风险控制措施

大学生创业者常用的风险控制方法有风险保留和风险转移。这主要取决于创业者能否明确判断风险的等级和损失程度。如果风险较小，可以选择风险保留，利用企业自身资源抵抗风险，不必通过保险的方式来将风险转移。

大型企业具有较雄厚的资源，所以多选择风险保留的方式，创业型小公司一般不会由企业自身承担风险。所以，大学生创业初期要特别注意谨慎使用该方法。

针对大学生创业风险控制的具体应对措施如下。

1）环境风险管控方面

大学生创业项目的环境风险管理措施包括：

① 国家风险管控政策。我国相继出台了多项关于大学生创业项目风险管理的政策，并且给予大学生多方面的支持，给予大学生创业公司税收优惠、资金支持以及法律保护等。大学生创业项目的管理人要及时关注国家出台的风险管理政策，并且能有效预测国家接下来相关政策的动态以及政策风险，以便管理现有的项目风险。

② 行业内部的风险管理措施。大学生创业项目的管理者一定要了解行业情况，认清这个领域内的行业风险，在经营和管理中尽量规避风险。管理者具有清醒的行业认知，了解行业内部的运作规则，能够根据环境的变化及时调整创业项目。

③ 市场风险管理措施。大学生创业项目会遇到很多的市场风险，主要包括市场供求关系的转变、生产成本的增加以及贷款利息的增长等。大学生创业项目最开始的启动资金会直接决定该项目的规模和成本，资金少的创业项目，其抗风险的能力也低。融资风险是大学生创业项目所需重视的主要风险，项目管理者必须明确了解项目所需融资的时间、规模，避免遇到风险时没有抵抗能力，不利于项目的扩充和发展。

2）过程风险管控方面

大学生创业项目的过程风险管理方面措施主要考虑到企业管理过程中的风险，具体包括：

① 营运风险管理。一是包括企业员工所存在的风险，包括员工健康风险、防范类风险，企业应主动积极为员工购买五险一金，为员工的健康负责，既能为以后避免不必要的麻烦，又能调动员工积极性，有利于企业留住人才和长期发展。二是市场营销风险，应主动参与市场调研，精准投放广告，增加品牌的影响力和知名度，同时也要着重提高产品的质量，积极拓展影响渠道，降低营销成本及提高营销效果。

② 金融风险管理。金融风险主要包括筹资风险和资金流动性风险，应当加强对这两个风险的管理。筹资风险主要体现在筹资渠道、筹资方式以及后期维护上，尽可能降低筹资成本，最大限度地发挥筹集资金的作用。应对资金流动风险管理，应该减少企业不必要的开支，合理进行资金的调配使用，提高资金利用效率。很多企业最后失败都是因为资金利用不当，最后没有资金维持企业运营。所以创业者一定要管理好企业的流动资金，将资金的使用及流通保持在可控范围内。不要随意消耗资金，例如企业办公室可以租赁，在前期不必消耗大量资金购买，即使房产会增值也不要占用企业运营资金。

③ 道德风险管理。大学生创业项目主要存在的道德风险有社会道德风险和个人道德风险，应该加强对这两个风险的管理。大学生在孵化项目时，需要承担不对社会造成危害、不危害

群众利益的责任，要具有良好的公众形象。大学生创业项目的参与者要有自我约束能力，不能在所参与项目内做出一些侵害其他人利益的行为，避免因为个人不道德的行为损害整个项目的发展。主要管理措施有约束机制和激励机制。

3）决策风险管控方面

大学生创业项目决策风险管理措施具体包括以下几方面：

一是战略性决策风险管理措施。决策主要体现在方案决策和执行决策上。创业者在最初创业时，应综合多方面因素进行考虑，包括国家环境、市场环境以及个人因素等，从而制订出全面、切实可行的方案，避免方案风险的发生。孵化项目具体施行后，创业公司员工的专业能力、工作态度以及执行效率等，会导致执行风险的发生，决策落实过程中项目管理人对执行情况的监管也影响到执行风险的概率和发生的影响。

二是经营性决策风险管理措施，该风险主要体现在制订内容和程度阶段。内容决策指的是应该如何利用孵化器的孵化效果，来满足大学生创业项目的孵化和发展。孵化器如何利用现有的资源，最大化地满足孵化项目的发展需求，促进孵化项目的发展。程序风险主要体现在制订项目方案中制订过程的程序存在弊端，不能满足正常的程序需要。

三是财务性决策风险管理措施。该风险主要包括大学生在创业过程中需要融资，对融得的资金进行分配，并且在运用中存在的成本风险。如何在现有条件下，保证资金最大效益化，在保证现有资金的合理运行下，加快资金的运转速度，提高资金的利用率，快速地促进项目发展。

8.3.4 大学生创业风险的自身管理措施

（1）提高自身综合能力

创业成功与否，与创业者本身素质的高低有直接关系，提高创业者综合能力可以从以下几方面入手。

1）提高专业技术能力

专业技术能力是在专业知识和专业操作技术的基础上形成的基本能力，它是保证创业活动顺利开展的必要条件。专业知识是指创业者从事创业活动所必须具备的基本知识，培养专业技术能力的前提和基础是掌握牢固专业知识。另外大量的创业实践是以形成和不断提高专业技术能力为基础的。既注重理论知识的学习和积累，又善于用学会的科学理论来指导创业实践的开展，是一名优秀的创业者不断提高自身专业技术能力的重要体现。

2）提高经营管理能力

创业者经营管理能力的高低直接关系到创业活动的成败。经营管理能力是一种涵盖了创业活动中较高层次的科学配置和优化组合了人力、物力和财力合理流动的能力。首先基本经营管理知识的掌握是经营者的必备能力，缺乏以经营管理知识为支撑的经营管理能力就好比无源之水、无本之木。基本的经营管理知识是与经济学、管理学、人力资源学、国际贸易学、市场营销学、公关关系学、财务管理学、会计学、金融学、城市管理学等一些领域的基本知识相结合的。

作为一名成功的创业者，必须首先掌握基本的经营管理知识，在此基础上提高自身经营管理能力。其次要不断培养和提高自身经营能力是创业者提高自身经营管理能力的重要组成部分和基本前提条件。作为一名成功的创业者，应该时刻注重培养和提高自身经营能力，为创业活动顺利实施和开展提供保障。

创业者在创业活动中，充当着经营者、生产者和管理者的三种身份。培养和提高创业者的管理能力是创业活动健康运行、良性发展的重要保障。培养和提高管理能力，创业者要能够对不断变化发展的客观环境做出科学合理的判断和预测，指导创业活动的实施和开展，果断做出有关创业活动和发展的重大问题的决策；创业者需要不断提高自身的质量管理能力，始终以可持续发展的原则为消费者和社会提供高质量的产品和服务；创业者要不断培养和提高自身的效益管理能力，在创业活动中做到人、财、物的优化配置，争取创业的最优条件的同时，创业者要注重将企业发展的经济效益与社会效益紧密结合起来。

3）提高社会能力

创业者在开展创业活动中所具备的社会活动能力和交往能力就是创业者的社会能力。社会能力是创业活动顺利开展的重要保障。作为一名成功的创业者，必须具备较强的社会能力，正确处理和协调创业活动中人与人、人与社会之间的关系，为创业活动成功开展打下良好基础。一般来说，社会能力提高应包含以下方面。

① 独立判断和应变能力。自主创业就意味着自谋生路，这需要创业者具有较强的独立判断能力。创业者的自主抉择、自主行为、独立思考都是独立判断能力的体现。创业者面对瞬息万变的市场必须具备较强的应变能力，保持头脑清醒、冷静分析和思考问题，积极应对各种挑战。

② 实践操作能力。较强的实践操作能力是创业者创业的必备素质。在创业活动中创业者必须能够进行实际生产操作和管理，否则就会陷入"空头理论家"的窘境。实践证明，凡是成功的创业者，大都是具备较强的动手和实践操作能力的人。

③ 决策能力。它是指创业者在开展创业活动中根据市场环境的不断变化而科学地进行目标确定、方案选择、战略实施等活动的能力。决策能力是在信息时代的大背景下进行创业活动必须具备的重要技能。决策能力是创业者在深入市场调查中发现问题并科学地分析问题中形成的；也是面临复杂创业问题、风险及时找出规律并深入分析后加以解决练就的；同时还是对创业发展态势做出合理判断后不断改进促成的。

④ 组织协调能力。组织协调能力是创业者顺利开展实践活动的必要条件和保障。作为一名成功的创业者，应该能够优化资源配置，组织协调好活动开展的人力、财力和物力，做到资源的最大化利用；能够妥善处理好创业过程中的各种问题和矛盾，协调好各部门及职工之

间的关系，形成企业的内在凝聚力；能够统筹兼顾，合理安排并有序组织各部门，充分发挥企业协同一致的精神。

⑤ 人际交往能力。是指创业者与消费者、投资商、合作伙伴、企业职工、政府机关、新闻媒体等进行良好沟通，互利共赢的能力，它是创业活动顺利开展的主要保障。作为一名成功的创业者，需要具备良好的人际交往能力来妥善处理与周边的人和事物的关系，利用有利条件，争取外在因素的支持，借助于社会各界的力量为创业活动顺利开展提供服务和帮助。

（2）充分利用创业优惠政策

支持大学生创业，已经成为各级政府重要议事日程。近年来，相关部门陆续出台了许多优惠政策，鼓励和支持大学生创业。政府各级工商部门在企业注册登记方面为高校大学生设置有"绿色通道"的注册大厅，对高校毕业生申请从事个体经营或申办私营企业优先登记注册。对在科技园区、高新技术园区、经济技术开发区等地申请设立私营企业的，可实行"承诺登记制"。颁发营业执照可在申请人提交登记申请书、验资报告等主要登记材料的基础上预先颁发营业执照，让其在 3 个月内按规定补齐资料。

高校毕业生抵充 40% 的注册资本的条件如下：以高校毕业生的人力资本、智力成果、工业产权、非专利技术等无形资产作为投资申请设立有限责任公司。从事个体经营的高校毕业生，可在经营 3 年内享受免收其登记费、管理费和证书费的优惠政策。

在企业运营方面，自批准经营之日起 1 年内的高校毕业生自主创办的企业，可免费从政府相关机构获取人才信息及发布招聘广告的机会。所属人才中介服务机构的政府人事部门可为创办企业的毕业生及其员工提供一次免费培训、测评服务。

在人事档案管理方面，所属人才中介服务机构的政府人事行政部门为自主创业的高校毕业生免费保管人事档案 2 年。虽然有些优惠政策在实施过程中出现配套措施不到位、具体操作繁琐等情况，但大学生创业者一定要充分了解这些优惠政策，并把它们充分运用到自己的创业实践中。

【学以致用】

盘石公司：创业——态度决定成败

1998 年，清华大学举办了第一届创业计划大赛，大学生创业的风潮随即在全国蔓延开来。当时比尔·盖茨、戴尔、张朝阳等的成功，以难以抗拒的魅力引得许多大学生"竞折腰"。1999年，浙江大学大三学生田宁与同学张旭飞、大二校友陈大飞筹备办企业。田宁在大学里学的是动物学专业，虽然他们都不是计算机专业科班出身，但平常对计算机非常热衷，课余时间经常泡在电脑世界里，自学了不少计算机知识，对电脑比较熟悉。凭着一股热情和对IT业前景的看好，2000年3月28日，这三个志同道合的同学在没有任何稳定业务，也没有任何直接经营经验的情况下联合注册了盘石计算机网络有限公司，注册资金10万元。学校规定，大学生是不能担任法人代表的，田宁就找到杭州市西湖区科技局，经过几番软磨硬缠，杭州市西湖区科技局投入1万元，法人代表的事情也迎刃而解了。他们3人每人投了3万元，并由西湖区科技局免费提供办公用房。

田宁有个高中同学创办了指南针软件公司，发展得如火如荼，这让田宁羡慕不已。虽然家里人都不支持他们搞什么"创业"，但田宁不希望自己过一种安逸的日子，甚至还有过开馄饨店卖馄饨、粽子的念头。最后父母经不住他们的执着恳求，终于答应了。田宁说："父母最后给了我3万元让我们折腾，其中包括生活费，毕业之后就不管我们了。"他们就以西湖区东山弄32幢20平方米的办公地点（原西湖区科技局办公用房）为创业基地，开始了创业征程。

刚开始，这个只有三名正式员工的小公司以小型软件和网站建设为主要业务方向，后来开始做DIY（电脑装机）。他们在电子市场一角租了不到10平方米的营业房，当时正好台湾大地震过后，IT产品价格飞涨，购置了几台电脑与打印机、扫描仪之后，他们手头就没有什么余钱了。但是，店里总要有一些设备、存货的，这样才能吸引顾客。于是，田宁与几个同学从其他店里拣些空纸盒装模作样地摆在店里。

开始做自己的事业，是让田宁每天都激动的事。创业之初，田宁既是老板也是伙计，他们挨家挨户上门去推销。田宁直到现在还能回忆起来当时所做的第一笔装机业务："那个人对我们说看你们是学生，老实，不会骗人才在你们这儿装。"由于对行情不熟，进货的价格比同行高，卖的价格却比同行低，生意做亏了。但是这失败的"第一次"并没有让田宁退缩，反而激发了他的斗志。第一笔亏本生意，让这些刚开始创业的年轻人着实激动了好一阵子。

也许是年轻人的激情和努力的结果，盘石慢慢有了一些固定的业务，在圈子里有了些口碑。随着硬件业务不断扩大，盘石增开了硬件店铺与卖场。经过短短数年的奋斗，田宁的"盘石"在浙江打响了品牌，成为当时排名第一的计算机销售商。对于自己的团队，田宁介绍说："一个年轻、优秀、稳定的团队才是创业的最大资本。"盘石由原来的3名"光杆司令"发展成为拥有近1000名员工的浙江省知名IT企业。但是怀着对互联网领域发自内心的喜爱和对该行业前景的坚定信心，田宁在计算机销售最好的时期放弃了这一业务，而开始着手升级转型。2004年11月，盘石信息技术有限公司诞生。瞄准市场的田宁给公司的定位是：以精准、定向网络营销分析技术为基础，做企业网络营销服务提供商。然而，"二次创业"并非一帆风顺。在坚持砸掉三千多万资金后，业务终于开始有所起色。现如今，田宁创办的盘石公司已经成为国内中小企业互联网广告服务的首选，专注为中小企业提供精准的定向网络营销服务，田宁本人也成长为中国电子商务领域年青一代的领军人物之一。年初，盘石官网完成了向社交电商平台的转变，实时竞价及价格预测功能和模式将成为新的亮点。田宁喊出口号，盘石要"在技术领域全面超越百度和谷歌，像卖自来水一样卖广告。"

案例思考题

1. 谈谈田宁创业成功的原因。
2. 结合田宁创业案例，谈谈创业过程中有哪些风险，该如何规避。
3. 有人说"田宁的成功是创业时赶上了当时的良好环境，现在情况不同了，如果他现在开始创业，不一定能成功"，对此你的观点是什么？

第9单元 互联网技术与创新

知识目标

了解互联网技术内涵

了解主流互联网技术

理解互联网技术创新对企业的影响

理解互联网技术创新与创业之间的关系

技能目标

能够构建简单互联网应用技术体系

能够应用互联网思维进行创新探索

思政目标

培养学生认同创新发展对于民族复兴的重要意义

培养学生正确认识渐进式改良和创新

【他山之石】

互联网与人工智能

尼古拉斯·尼葛洛庞帝,曾被《时代》周刊列为当代最重要的未来学家之一。70多岁的尼葛洛庞帝来到中国,与到场的数百位自媒体作者面对面交流,分享他对决定未来的"科技创新"的深度思考。他认为,未来的机器人会更智能化、人性化,而工业和家用机器人也将因此"缔造出巨大的市场",甚至可能出现"比特和原子的结合",就如同麻省理工媒介实验室发明的智能义肢,未来的可穿戴设备也许并不会单独拥有"智能",但组合在一起共同工作时,则会拥有某种"思考"的能力。对于方兴未艾的智能硬件,他说:"今天我们确实看到了一些错误趋势,多数智能硬件业内人士把精力放在用手机控制微波炉,或是门把手上,但这只是冰山一角,未来的社会是物联网化的,并非一定需要以手机为中心。"

百度对外公布了其在人工智能方面取得的成就:在名为"百度大脑"的人工智能项目中,研究人员利用在深度学习方面取得的成果,成功建造了参数规模达到200亿的人工智能平台系统,规模超过谷歌一个量级。在短线科技上,百度正在演进的技术方向也与尼葛洛庞帝指出的相一致。在百度智能硬件峰会上,百度推出了Baidu Inside合作计划,来自各行各业的合作伙伴接入百度提供的多项平台型技术接口服务。佳能、海尔等合作伙伴联合发布了包括云打印机、智能健康手环、车联网解决方案Carnet等数十个搭载百度技术的智能硬件产品。此外,百度技术也开始主动整合一些典型应用场景,加速与传统产业升级整合,比如不久前,百度与万科地产正式达成了"升级智能mall"的合作计划。

正如尼葛洛庞帝所言,技术创新是互联网未来发展的主驱动力,而人工智能则是下一个二十年互联网发展的核心技术。抢占核心技术、尖端人才的企业,将更有机会抢占下一个二十年。

9.1 互联网技术与开发概况

9.1.1 互联网技术概况

(1) 互联网技术的定义

互联网技术指在计算机技术的基础上开发建立的一种信息技术。互联网技术的普遍应用，是进入信息社会的标志。不同领域对其内涵理解有所不同，主流观点认为互联网技术主要覆盖3层：

第1层是硬件，主要指数据存储、处理和传输的主机和网络通信设备；

第2层是指软件，包括可用来搜集、存储、检索、分析、应用、评估信息的各种软件，例如我们通常用的ERP（企业资源计划）、CRM（客户关系管理）、SCM（供应链管理）等商用管理软件，用来加强流程管理的WF（工作流）管理软件、辅助分析的DW/DM（数据仓库和数据挖掘）软件等；

第3层是指应用，指搜集、存储、检索、分析、应用、评估使用各种信息，包括应用ERP、CRM、SCM等软件直接辅助决策，利用其他决策分析模型或借助DW/DM等技术手段来进一步提高分析的质量，辅助决策者作决策。

有些人理解的互联网技术把前二层合二为一，统指信息的存储、处理和传输，后者则为信息的应用；也有人把后二层合二为一，则划分为前硬后软。通常第三层还没有得到足够的重视，但事实上却是唯有当信息得到有效应用时，IT的价值才能得到充分发挥，也才真正实现了信息化的目标。信息化本身不是目标，它只是在当前时代背景下一种实现目标比较好的一种手段。

(2) 互联网技术概况

当前常用的互联网技术包括移动互联网技术、大数据技术、物联网技术、虚拟现实和人工智能等。

1) 移动互联网技术

移动互联网（Mobile Internet，简称MI）是一种通过智能移动终端，采用移动无线通信方式获取业务和服务的新兴业态，包含终端、软件和应用三个层面。终端层包括智能手机、平板电脑、电子书、MID等；软件包括操作系统、中间件、数据库和安全软件等；应用层包括休闲娱乐类、工具媒体类、商务财经类等不同应用与服务。随着技术和产业的发展，未来，LTE（长期演进，4G通信技术标准之一）和NFC（近场通信，移动支付的支撑技术）等网络传输层关键技术也将被纳入移动互联网的范畴之内。随着宽带无线接入技术和移动终端技术的飞速发展，人们迫切希望能够随时随地方便地从互联网获取信息和服务，移动互联网应运而生，并迅猛发展。然而，移动互联网在移动终端、接入网络、应用服务、安全与隐私保护等方面还面临着一系列的挑战，其基础理论与关键技术的研究，对于国家信息产业整体发展具有重要的现实意义。

具体来说，移动互联网技术指互联网的技术、平台、商业模式和应用与移动通信技术结合并实践的活动的总称。简单说就是把互联网技术应用到移动网络中，开发任务就是手机、平板等移动终端的前端 APP 开发，实现移动上网。对为移动 APP 提供支撑的平台开发，以及针对手机用户行为分析、流量分析等的移动业务数据分析则属于移动互联后端的开发。主要涉及的有计算机网络及移动网络的知识。

2）大数据技术

大数据（Big Data），或称巨量资料，指的是所涉及的资料量规模巨大到无法通过目前主流软件工具在合理时间内撷取、管理、处理，以帮助企业经营决策。大数据的 4V 特点：Volume（大量）、Velocity（高速）、Variety（多样）、Value（价值）。

3）物联网技术

物联网是新一代信息技术的重要组成部分，顾名思义，物联网就是物物相连的互联网。这有两层意思：其一，物联网的核心和基础仍然是互联网，是在互联网基础上的延伸和扩展的网络；其二，其用户端延伸和扩展到了任何物品与物品之间进行信息交换和通信，也就是物物相连。物联网通过智能感知、识别技术与普适计算广泛应用于网络的融合中，也因此被称为继计算机、互联网之后世界信息产业发展的第三次浪潮。物联网是互联网的应用拓展，与其说物联网是网络，不如说物联网是业务和应用。因此，应用创新是物联网发展的核心，以用户体验为核心的创新 2.0 是物联网发展的灵魂。物联网包括互联网及互联网上所有的资源，兼容互联网所有的应用，但物联网中所有的元素（所有的设备、资源及通信等）都是个性化和私有化。

4）虚拟现实

虚拟现实技术是仿真技术的一个重要方向，是仿真技术与计算机图形学人机接口技术、多媒体技术、传感技术、网络技术等多种技术的集合，是一门富有挑战性的交叉技术前沿学科和研究领域。虚拟现实技术主要包括模拟环境、感知、自然技能和传感设备等方面。模拟环境是由计算机生成的、实时动态的三维立体逼真图像；感知是指应该具有人的感知功能，除计算机图形技术所生成的视觉感知外，还有听觉、触觉、力觉、运动等感知，甚至还包括嗅觉和味觉等，也称为多感知；自然技能是指人的头部转动以及手势或其他人体行为动作，由计算机来处理与参与者的动作相适应的数据，并对用户的输入作出实时响应，并分别反馈到用户的五官；传感设备是指三维交互设备。具体来说，虚拟现实是多种技术的综合，包括实时三维计算机图形技术、广角（宽视野）立体显示技术、对观察者运动器官的跟踪技术，以及触觉/力觉反馈、立体声、网络传输、语音输入输出技术等。

5）人工智能

人工智能是研究使计算机来模拟人的某些思维过程和智能行为（如学习、推理、思考、规划等）的学科，主要包括计算机实现智能的原理、制造类似于人脑智能的计算机，使计算机能实现更高层次的应用。人工智能涉及计算机科学、心理学、哲学和语言学等学科，可以说几乎涉及自然科学和社会科学的所有学科，其范围已远远超出了计算机科学的范畴。人工智能与思维科学的关系是实践和理论的关系，人工智能是处于思维科学的技术应用层次，也是它的一个应用分支。从思维观点看，人工智能不仅限于逻辑思维，还要考虑形象思维、灵感思维，这样才能促进人工智能的突破性的发展。数学常被认为是多种学科的基础科学，数学也进入语言、思维领域，人工智能学科也必须借用数学工具，数学不仅在标准逻辑、模糊数学等范围发挥作用，数学进入人工智能学科，它们将互相促进而更快地发展。

用来研究人工智能的主要物质基础以及能够实现人工智能技术平台的机器就是计算机，人工智能的发展历史是和计算机科学技术的发展史联系在一起的。除了计算机科学以外，人工智能还涉及信息论、控制论、自动化、仿生学、生物学、心理学、数理逻辑、语言学、医学和哲学等多门学科。人工智能学科研究的主要内容包括：知识表示、自动推理和搜索方法、机器学习和知识获取、知识处理系统、自然语言理解、计算机视觉、智能机器人、自动程序设计等方面。同时，人工智能的实现离不开开发框架和 AI 库，根据 github 上对各个深度学习框架的 Top 排名，从中可以看出 2020 年最流行的人工智能开发框架包括 tensorflow、keras、opencv、pytorch、caff 等等，其中有些库是专门针对一些特殊领域，比如 opencv 在可视化智能识别上表现突出。

9.1.2 互联网开发技术趋势与分析

从编程语言、前端＆移动客户端、数据库、大数据、人工智能这几个热门技术领域，简要分析下当前开发者们使用的技术趋势的一些变迁。

（1）编程语言

从 TIOBE 网站上可以看出，经历了 2017 年的低谷后，Java 和 C 语言的增加趋势明显（特别是 C），Python 的比例一直在提高，Ruby 和 R 的流行度有所下降，但是排名有所上升，而 R 和 Go 语言有一定上升趋势，特别是 Go 排名提高了很多，进入了 Top10。

针对 C 语言仍然很热门这一点，TIOBE 官方解释道，该趋势背后的主要驱动力是物联网（IoT）和当今大量发布的小型智能设备。众所周知，万物互联时代，智慧城市、智能家居、智慧人居等依托于 IoT 技术的领域逐步被推向风口，在各大科技公司纷纷加快数字化转型的进程中，这些场景也成为创业型企业蜂拥而至的方向。而想要为用户提供高性能的场景支撑，作为基础设施工具的 C 语言无疑为最佳的选择之一。从性能来看，C 的应用可有效提升小型设备的性能。从语言自身来看，其不仅容易学习，且每个处理器都有一个 C 编译器。

而 Python 由于具有丰富和强大的库，它又被叫做作胶水语言，能够把用其他语言制作的各种模块（尤其是 C/C++）很轻松地联结在一起。常见的一种应用情形是使用 Python 快速生成程序的原型（有时甚至是程序的最终界面），然后对其中有特别要求的部分用更合适的语言改写，比如 3D 游戏中的图形渲染模块，性能要求特别高，就可以用 C/C++ 重写，而后封装为 Python 可以调用的扩展类库。Python 可用于服务器开发、物联网开发、信息安全、大数据处理、数据可视化、机器学习、物联网开发以及各大软件的 API 和桌面应用。Go 语言对编程哲学的重塑是其快速发展和独树一帜的根本原因，其他语言仍难以摆脱 OOP 或函数式编程的烙印，只有 Go 完全放弃了这些，对编程范式重新思考，对热门的面向对象编程提供极度简约但却完备的支持。Go 是互联网时代的 C 语言，不仅会制霸云计算，10 年内可能将会制霸整个 IT 领域。此外 Docker 异常火爆也带动了行业对 Go 语言的关注。

（2）前端和移动客户端

随着移动端 HTML5 和微信小程序的崛起，Web 前端开发在未来必定会成为金饭碗。此外，随着互联网飞速发展，互联网行业及 IT 行业也受到影响，再加上移动互联网的广泛应用等一系列趋势，使得 Web 前端开发的价值得到了充分体现，因此前端开发这片沃土会越来越"肥沃"。常见的 Web 前端技术包括 HTML、CSS、Javascript 和各种 Web 前端 js 框架，比如 extjs、ajax、jquery 等。

（3）数据库

我们从 db-engines.com 网的数据库排名可以看出来，Oracle、Mysql 和 SQL Server 至 2020 年依然是最受欢迎的三大数据库，Mysql 有反超 Oracle 的可能，但是总体上 Oracle 和 Mysql 的掉分有点多，PostgresSQL 作为开源数据库，在前四名中，也有着不可小觑的竞争力。

（4）大数据技术架构

短短几年时间，大数据这个词便已家喻户晓。但在大数据这个名词被命名之前，人类对数据的搜集与分析已有着悠久的历史。从人工统计分析到电脑/大型机再到今天的分布式计算平台，数据处理速度飞速提高的背后则是整体架构的不断演进。现在大数据架构最火热的莫过于 Hadoop、Spark 和 Storm 这三种，而 Spark 和 Storm 这两个后起之秀更是抢了不少 Hadoop 的风头，也让网上逐渐开始有一种声音说 Hadoop 的日子已经快到头了。但究竟这三者之间是什么关系，未来大数据架构究竟该走向何方呢？

Hadoop 作为分布式系统的基础架构，其重要性不言而喻。Hadoop 的数据处理工作在硬盘层面，借助 HDFS（分布式文件系统），可以将架构下每一台电脑中的硬盘资源聚集起来，不论是存储、计算还是调用，都可以视为一块硬盘使用，就像以前电脑中的 C 盘、D 盘，之后使用集群管理和调度软件 YARN，相当于 Windows，毕竟我们要进行编程首先需要一个操作系统，最后利用 Map/Reduce 计算框架，相当于 Virtual Studio，就可以在这上面进行计算编程，从而大幅降低了整体计算平台的硬件投入成本。而这也就是最基础的分布式计算架构。由于 Hadoop 的计算过程放在硬盘，受制于硬件条件限制，数据的吞吐和处理速度明显不如使用内存来得快。于是 Spark 和 Storm 开始登上舞台。Spark 和 Storm 两者最大的区别在于实时性：Spark 是准实时，先收集一段时间的数据再进行统一处理，好比看网页统计票数，每隔几秒刷新一次，而 Storm 则是完全实时，来一条数据就处理一条。当然 Storm 实时处理方式所带来的缺点也是很明显的，不论是离线批处理、高延迟批处理还是交互式查询，都不如 Spark 框架。不同的机制决定了两者架构适用的场景不同，比如股价的变化不是按秒计算的（Spark 实时计算延迟度是秒级），在高频交易中，高频获利与否往往就在 1ms（0.001s）之间，而这恰好就是 Storm 的实时计算延迟度。

每一种框架都有他的优缺点，需要灵活应用，就像 Hadoop，尽管数据处理的速度和难易度都远比不过 Spark 和 Storm。但是由于硬盘断电后数据可以长期保存，因此在处理需要长期存储的数据时还是需要借助 Hadoop。不过 Hadoop 由于具有非常好的兼容性，因此非常容易同 Spark 和 Storm 进行结合，从而满足公司的不同需求。

（5）人工智能编程

自 AlphaGo 打遍天下棋手无对手，人工智能的风头就一直无人能及。人工智能是一个很广阔的领域，很多编程语言都可以用于人工智能开发，所以很难说人工智能必须用哪一种语言来开发。选择多也意味着会有优劣之分，并不是每种编程语言都能够为开发人员节省时间及精力。根据语言和人工智能本身的特征，Python、Lisp、Prolog、Java 和 C++ 这 5 种编程语言常作为人工智能开发的首选。Python 因为适用于大多数 AI 子领域，所有渐有成为 AI 编程语言之首的趋势，而 Lisp 和 Prolog 因其独特的功能，在部分 AI 项目中卓有成效，地位暂时难以撼动。Java 和 C++ 的自身优势将在 AI 项目中继续保持。

9.2 互联网技术创新

9.2.1 互联网技术创新的定义

所谓互联网技术创新，广义理解指在互联网技术现有的思维模式基础上，进行改进或者创造新的事物、方法、元素、路径、环境，并能获得一定有益效果的行为。狭义理解为伴随互联网技术本身的推广应用、完善发展的过程。互联网技术本身的变化和由互联网技术创新所引发的周边环境的变化，包括技术本身的更新迭代、新兴商业模式的出现、产业环境的变化等，都可引发新的技术创新。

互联网技术从出现发展至今，经历了三个主要的创新变化时期，概括称之为 Web 1.0 技术时代、Web 2.0 技术时代、移动互联网技术时代。Web 1.0 时期，互联网主要是信息承载平台，互联网服务商更新和提供信息，用户通过个人电脑接入互联网单向阅读接受信息。此时期主要的技术为万维网（WWW）技术，商业模式是互联网接入服务和门户网站。随着 2001 年互联网经济泡沫的破灭，互联网企业开始以去中心化、重视用户的参与性和信息的交互性、网络服务向平台化转型为特点的技术变革，涌现出社交媒体（SNS）、Wiki、微博客、播客、网摘、P2P 共享等为核心的 Web 2.0 技术。Web 2.0 时代，用户既是信息的消费者，又是信息的制造者，互联网从信息中心转变为用户共享平台。伴随 Web 2.0 技术发展的是移动互联网的发展，其又可细分为移动通信技术和智能移动终端的发展。苹果公司在 2007 年推出了划时代的 iPhone 智能手机，谷歌也随后发布了安卓智能手机系统，从此智能手机开始突飞猛进地发展，为移动互联网的普及铺平了终端设备的道路。智能手机软硬件的发展和普及又推动了 3G/4G 移动通信技术的前进。这两者的技术进步，使整个互联网业进入移动互联网时代，推动着互联网企业向移动互联网进军的步伐。

9.2.2　互联网技术创新对企业战略的影响

（1）互联网技术创新对企业外部行业环境的影响

企业的外部行业环境包括宏观环境和行业环境。企业的宏观外部环境包括政策法规、经济环境、社会文化环境、技术环境。企业的行业环境包括产业链、用户群和行业内的竞争。互联网技术创新对这些方面所造成的影响具体如下。

① 国家的宏观政策法规方面。从社会稳定和经济发展的角度，党和政府时刻关注着互联网的健康发展。在 Web 2.0 和移动互联网时代，技术的发展使信息获取更加便利、信息传播更加快速，各网络平台赋予了每个用户信息发布者的身份，而很多用户个人因为教育水平等因素，对信息的真伪良莠和社会影响力缺乏判断，这对维护信息安全和健康向上的网络文化环境十分不利，需要政府和相关专业机构对社交网络、微博等网络平台进行监督指导和管理。政府进行网络管理和审查的法律法规随着网络技术的发展而不断与时俱进，互联网企业要积极研究政府政策法规的思路和趋势，降低企业所制定的发展战略与未来政策冲突的风险。

② 宏观经济环境方面。近两年中国经济增速有所回落，处于结构调整阶段。一方面，互联网技术创新推动互联网经济规模不断扩大，使其在国民经济中所占比重不断提升，很好地促进了经济结构的不断优化。另一方面，互联网技术创新加速了互联网对传统经济行业的渗透，对整体产业经济起到了带动作用，对缓解中国当前经济增速放缓很有帮助。

③ 社会文化环境方面。互联网作为承载信息的新媒体，具有传统媒体无法企及的快捷的信息传播速度和庞大的受众群，对社会文化有着巨大影响力。互联网技术的各项创新不断提升互联网的新媒体优势，使其成为当前社会文化传播主要途径。互联网技术从 Web 1.0 发展

到 Web 2.0，使普通用户能参与信息发布和传播，促进了民智的开启、公民意识的觉醒、文化思潮的多元化，这对互联网企业战略提出了新要求，互联网企业要在文化传播和文化环境建设领域主动扛起社会主义文化建设的大旗，引领文化潮流。

④ 技术环境方面。互联网技术的变革影响着互联网企业所提供的互联网平台的变化。Web 1.0 时代，互联网平台就是门户网站。而随着 Web 2.0 技术的出现，互联网服务平台从单向信息传播的门户网站转变成用户可以发布信息的社交网络、微博等等。随着移动设备的发展和智能手机的普及，互联网平台又从传统的 Web 形式向移动 App 形式转变。互联网企业在制订和实施发展战略时，需要准确把握技术脉搏，及时调整平台的发展方向，甚至创新研发出新型的网络平台，来增强企业的市场领导力和竞争力。同时，人工智能开发框架如 tensorflow、keras、opencv 等的快速发展推动了科学研究和企业应用。

⑤ 产业链方面。技术的发展影响着互联网行业相关产业链的变化。互联网技术初期，所谓的互联网产业链就是"门户网站 + 电子邮箱 + 网络论坛 + 网络游戏"，例如网易。Web 2.0 时代，互联网产业链演变为"门户网站 + 视频共享网站 + 虚拟社区 + 社交网络平台 + 即时通信软件平台 + 在线游戏平台"。随着移动互联网的发展，对移动 App 的关注将"移动入口 App"加入到产业链中。这之后的下一步发展，就是如何将线上到线下（O2O）产业链成功地整合进某些普及的智能终端入口 App 中，例如腾讯微信。

⑥ 用户方面。互联网企业的主要产品是提供服务的互联网平台，平台的用户群可以分成两大类，一类是免费用户群，这类用户一般构成平台用户的大多数，支撑起平台的收费业务，例如网络广告；另一类用户是付费用户群，这些用户向平台缴费以获得特定的服务，如 VIP 待遇、投放广告、开通网店接口等。互联网技术的更新换代在如下这些方面影响着用户群：用户接入平台的便捷性，信息共享的便捷性，接受延伸服务的便捷性，广告投放的针对性和准确性。而这些方面又影响着免费用户群对平台的黏性和付费用户群对所购买服务的用户体验。

⑦ 行业内竞争方面。互联网技术特别是近年来移动互联网技术的发展，一方面降低了行业进入门槛，使得各初创项目能快速凭借技术或商业模式创新进入市场，例如当年风生水起的团购网站；另一方面也促使各家资金雄厚的大型互联网公司积极研究互联网经济发展动向，主动求变，踊跃投资初创公司和新生领域，加速产业布局。2014 年开始的腾讯系和阿里系在 O2O 领域的争相投资就是以上竞争最贴切的表现。

（2）互联网技术创新对企业内部环境的影响

互联网企业内部环境可以分为生存性能力和资源、竞争性能力和资源。前者是众多企业所共有的，后者相对于竞争对手属于稀缺性能力和资源。而互联网技术的发展所带来的最明显的变化是企业因为拥有稀缺能力和资源而获得竞争优势的时间长度越来越短。这主要由互联网技术变化快、新技术层出不穷、分布领域广等特性所导致。因此，互联网企业发展脚步越发成熟，对单纯性稀缺性能力和资源依赖越发减少，代之以更多不同企业间强强合作、优势互补、行业互补等战略联盟行动。以上从整体讨论互联网技术创新对企业内部能力和资源造成的影响，下面再从局部逐一分析互联网技术创新对企业具体某一项能力和资源的影响。

① 品牌资源。首先，互联网技术加速了品牌更新换代的速度。快速迭代、快速失败、廉价失败、包容失败构成了今天互联网经济的一个特色。以往企业可以依靠某一个品牌较长时间占领市场，获取利润，而今天这种情况出现的概率越来越小。以手机产品为例，摩托罗拉和诺基亚时代，总有一款手机在一段时间内成为经典，摩托罗拉 V70 的旋盖广告今天想来还是梦幻般的感觉；智能手机时代，消费者需要在三四款功能几乎相同的手机中取舍，此时已经很难有某一款绝对的经典引起人们回忆，取而代之的是人们对产品厂商的整体印象。其次，对品牌精益求精，正因为市场上同类产品服务数量增多，企业不得不打磨出足够吸引消费者眼球的产品和服务，并最终留住用户。仍然以手机产品为例，当年苹果砍掉 70% 生产线专注开发生产 4 款产品，不仅将企业从死亡线上拖回，更创造了经典。同样，米创业之初专注生产极少的几款产品，走精品路线，最终杀出重围，创造了业界奇迹。

② 人力资源。互联网技术从普通平台向移动智能平台的转移，强化了互联网企业对该领域专业人才的渴望，视觉设计师、交互设计师成为招聘热点。同时企业对产品精益求精的追求导致互联网企业对于极客式专业人才渴求，这完全颠覆了以往企业对人才需求的印象。互联网技术发展不断改变着企业对于人才种类、数量、类型的需求。

③ 技术资源。能够走到今天的互联网企业背后几乎都有相当的技术资源作为支撑，包括技术专利、技术创新等。互联网行业间的竞争，给了用户对于产品和服务更多的选择，企业如果想吸引并留住用户，就必须提供高品质的产品和服务，这背后就需要强有力的技术支持。因此互联网时代，企业较以往更加注重对于专利技术的投入，谷歌收购摩托罗拉手机部门的动力是其背后上万件专利应用。此外，技术资源不仅停留在量的层面，还需要质的追求。在企业内部，如何使产品流程设计更加高效简洁成为企业高效化运转的关键。

④ 营销资源。伴随互联网时代用户接触产品和服务的碎片化，企业如何实现精准营销成为一大课题。互联网经济的特点是连接化、平台化，即用户不再局限于某一个固定平台，而是会在不同的平台间跳跃、移动，作为企业不仅需要提供用户想要的产品和服务，还要对用户浏览、访问、购买等数据资源收集整理，以生成对用户下一步潜在需求的预测，并进行有针对性的产品和服务推送。同时，互联网经济也是机会经济，一个看似微不足道的需求，有可能隐藏着巨大的商机。曾经腾讯公司抓住了即时通信的市场空白期，成功地在短时间内汇集庞大用户群，同样小米也曾成功把握智能手机市场空当的时机，顺势而生。

品牌资源、人力资源、技术资源、营销资源等互联网企业内部能力和资源共同组成了企业核心竞争力，互联网企业需要不断审视、利用企业核心竞争优势，实现企业价值最大化。中国互联网三十年的发展历程中，我们看到了腾讯公司、阿里巴巴、京东等优质互联网企业不断获得投资者青睐，以及全球十大互联网企业中有四家来自中国的骄人成绩；另一方面，几乎所有互联网企业都经历着或经历过来自企业内外部的挑战，其中有些企业通过积极审视企业内部能力和资源，从中寻找有价值的、独特的企业资源，客观评估企业自身能力、资源、外部环境三者之间的关系，确定企业核心竞争力和调整企业战略，最终生存下来，例如淘宝、搜狐；还有一些企业则没有处理好企业资源、自身能力和外部环境三者关系，落得被淘汰的命运，例如易趣网、人民搜索。

综上所述，互联网技术的发展经历了从实验室研究时期，到走入社会大众催生新兴产业时期，再到颠覆产业界限，模糊互联网行业与传统行业界限时期的过程。这是一个质变到量变再到质变，缓慢爆炸的过程。面对当今人类社会变化，互联网技术所带来的颠覆性早已远离单纯性的技术变革，而升华为新的人类文明。互联网技术从满足单纯的计算、存储功能，伴随着其应用的普及和深入，逐渐发展成为影响乃至彻底颠覆当今人类生存方式的一种动力。以腾讯公司为代表的众多互联网公司，虽然只是这种变化中小小的元素，但透过对以腾讯公司为代表的互联网企业运动发展轨迹的追踪，人们可以更加理性客观地看待这种变化，预测未来发展趋势，并帮助置身其中的企业选择更加符合企业利益的发展方向。

【学以致用】

淘宝的技术之路，从购买源码开始

2003年4月7日，淘宝公司成立，为了在最短的时间做出一个网站来，淘宝网的第一版源代码直接从国外买来，架构为 LAMP（Linux+Apache+ MySQL +PHP），买来之后做了些本地化的修改，对数据库进行读写分离，一个月之后上线。最初上线的淘宝只有一台服务器，后来随着访问量的增加，将数据库服务器独立出来，同时增加一台 Email 服务器。其商品检索功能采用 sql 中的 like 搜索，对数据库资源消耗严重。2003年底，MySQL 数据库已经撑不住了，替换成 Oracle 数据库。2004年上半年，淘宝将开发语言从 PHP 更改为 JAVA。2007年之前，淘宝的图片存储使用的是 NetAPP 的文件存储系统，但未对小文件存储进行有针对性的优化，且扩容成本高昂，网络连接数经常达到极限，在这种背景下，淘宝研发了 TFS（淘宝文件系统）。2007年，淘宝已经全面采用了 IBM 的小型机、Oracle 的数据库、EMC 的存储，在生产环境中应用的集群规模达到了 200 台服务器，文件数量达到上亿级别，系统部署存储容量 140TB，实际使用存储容量 50TB。从 2007 年开始，淘宝的业务量几乎每年翻一番，淘宝开始把原来的三个数据库拆成更多的独立数据库，包括用户数据库、商品数据库和交易数据库等，然后放到独立的小型机去计算。2009 年后，由于数据库压力不断增大，并且小型机成本太高，淘宝进行了数据库的水平拆分，并将数据库从 Oracle 转移到 MySQL。

案例思考题

1. 从淘宝的例子来看，互联网的技术核心是什么？
2. 你觉得为什么当时淘宝要购买源码？
3. 淘宝中的数据存储在哪个地方？有哪些变化？为什么要变化？
4. 马云不太懂技术，你觉得是否影响到创业？谈谈创新创业与技术的关系。
5. 技术上从模仿到改造再到创新是很多公司的成功之路，你觉得这是不是一种渐进式改良？
6. 身为当代大学生，如何看待渐进式改良和尼葛洛庞帝推崇的极致创造力？

创业实践篇

第10单元 互联网创新实验室

知识目标

掌握基于 Android 的简单移动应用开发
掌握基于 ESXi 的虚拟化平台搭建与使用
掌握阿里云平台的部署与使用
掌握 TensorFlow 的基本开发方法

技能目标

能够开发简单 Android 移动应用
能够使用 ESXi 搭建虚拟化平台
能够简单使用阿里云平台
能够使用 TensorFlow 部署简单 AI 学习系统

思政目标

培养学生提高对数字技术应用创新重要性的认识
培养学生树立学习科学技术为社会主义建设服务的正确价值观

10.1 【互联网创新实验 1】——Android 移动应用开发

胡小明刚刚接触使用 Android 手机，但现在的应用功能越来越丰富，他在操作中经常失误，这使他非常苦恼。最近，小明希望能够安装一个地图软件，功能只要显示地图和定位，那样他就知道自己的位置和周边的环境，小明请计算机专业毕业的同事李小东帮他解决这个问题，并提出以下具体的要求：

要求一，需要能够在 Android 手机上运行；

要求二，使用类似于百度地图的界面，但功能上只需要显示地图的定位。

为了解决小明的需求，老李准备在 Android Studio 集成开发环境，基于百度地图 Android SDK 完成地图展现和定位功能，具体包括以下步骤：

第一步，为应用项目配置百度地图 Android SDK；

第二步，为应用项目在百度开放平台申请 AK，并进行百度地图的基本配置；

第三步，为应用项目进行百度地图定位功能开发。

为解决胡小明遇到的困难，需要先在理论知识、实验环境方面做好相关准备，具体包括以下两步：第一步，需要预先安装 Android Studio 集成开发环境；第二步，从百度地图开发平台下载好百度地图 Android SDK。

本实验开展的基本思路包括创建新项目、添加百度地图 Android SDK、在百度地图开发平台申请 KEY 并配置到项目、百度地图控件添加和功能实现、定位功能实现。具体如下：

第一步，在 Android Studio 创建一个新的应用项目；

第二步，为应用项目添加百度地图 Android SDK；

第三步，在百度地图开发平台上为应用项目申请 KEY，将 KEY 配置到应用项目中；

第四步，百度地图控件的添加和功能实现，地图定位功能的实现。

理解了本实验的操作思路后，开始实现移动应用项目。

10.1.1 用向导创建一个新的应用项目

（1）新建应用项目

打开 Android Studio，进入启动页窗口，创建一个新的应用项目，开启新建项目向导窗口，如图 10-1 所示。

图 10-1　Android Studio的新建项目向导窗口

（2）应用项目名称

在新建项目向导窗口中输入应用名称 MyLocMap，并设定项目的存储路径，点击"Next"进入下一步。如图 10-2 所示。

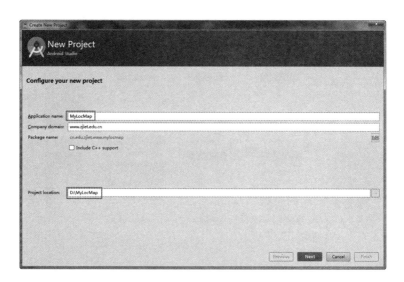

图 10-2　填写应用名称和存储路径

（3）应用项目适用设备选择

选择设置应用项目运行的目标设备，默认为第一个的手机和平板设备，在不做任何操作的情况下，直接点击"Next"进入下一步，如图 10-3 所示。

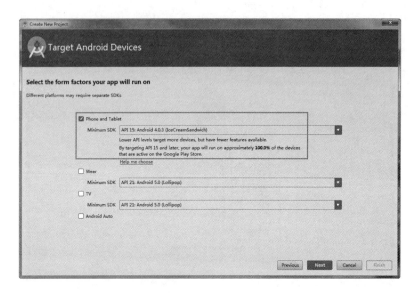

图 10-3　选择可运行的设备

（4）Empty Activity

接着需要增加一个 Activity，默认为"Empty Activity"，在不做任何操作的情况下，直接点击"Next"进入下一步，如图 10-4 所示。

图 10-4　默认选定 Empty Activity

（5）设置 Activity

设置 Activity 的名称和布局文件名，可以默认保持不变，点击"finish"完成新建项目。如图 10-5 所示。

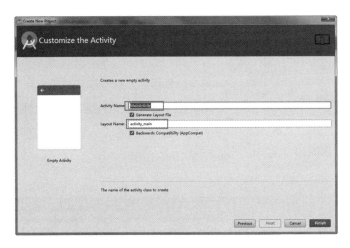

图 10-5　Activity的名称和布局文件名设置

10.1.2　配置百度地图 Android SDK

（1）修改模式为"Project"

当前新建的应用项目为 MyLocMap，在窗口的右上角将文档组织结构的"Android"模式修改为"Project"模式，如图 10-6 所示。

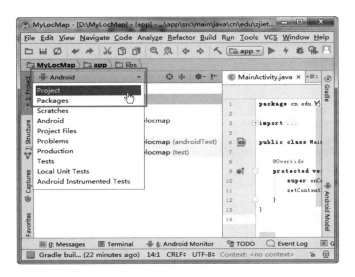

图 10-6　"Android"转"Project"

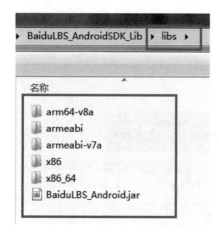

图10-7 百度地图Android SDK

（2）解压百度地图 Android SDK

百度地图 Android SDK 经过解压缩后存放在图 10-7 中的文件夹中，特别是 libs 文件夹中的文件，是要配置到应用项目中的。

（3）Android SDK 文件配置到 libs 文件夹

在"Project"模式下，窗口左侧的 app 文件夹是新建项目后默认创建的一个 module，代表一个应用，在 app 文件夹内找到 libs 文件夹，将图 10-7 中的文件 BaiduLBS_Android.jar 复制到 libs 文件夹内，如图 10-8 所示。

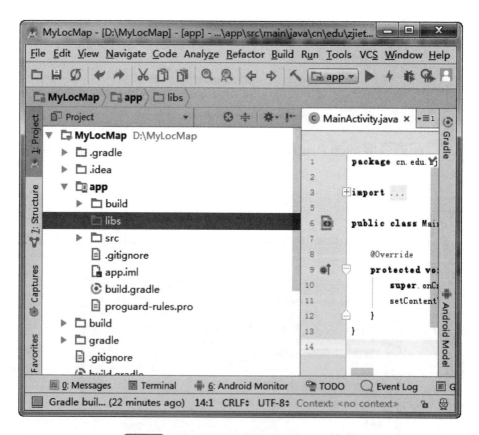

图10-8 在libs文件夹添加百度地图Android SDK文件

（4）在应用项目中新建文件夹 jniLibs

如图 10-9 所示，再选择点击打开 src 文件夹，以及点击里面的 main 文件夹，并右击 main 文件夹，选择"New"和"Directory"新建一个文件夹。如图 10-10 所示，在新建窗口中，填写文件夹名称为 jniLibs，点击 OK。

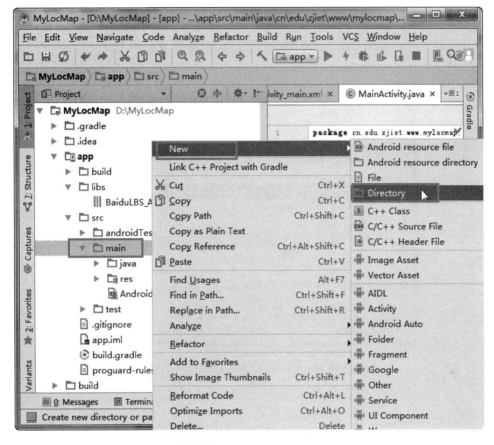

图 10-9　新建文件夹jniLibs（1）

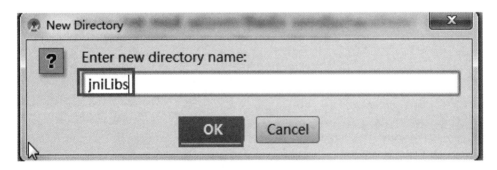

图 10-10　新建文件夹jniLibs（2）

（5）Android SDK 文件配置到 jniLibs 文件夹

将图 10-7 中余下的 5 个文件夹复制到 jniLibs 文件夹内，如图 10-11 所示。

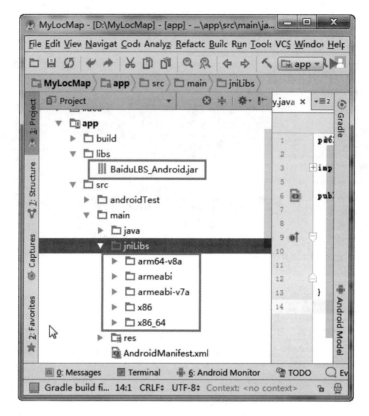

图 10-11　在jniLibs文件夹添加百度地图Android SDK文件

（6）依赖库添加

下面将把 jar 包作为类库添加到 Android Studio 的依赖库中。如图 10-12 所示，首先选中一个 module，这里选中默认的 app，接着在菜单栏选中"Build"，下拉菜单选择"Edit Libraries and Dependencies…"。

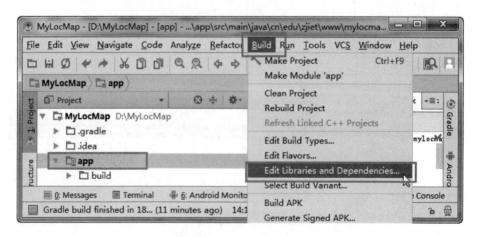

图 10-12　菜单选择依赖库管理

接着，打开新的窗口，默认在当前 app 这个 module 下的 Dependecies，如图 10-13 所示。选中右上角的"+"，下拉中选择第二条，进入如图 10-14 所示的窗口，选中被复制到 libs 文件夹内的 jar 文件，点击 OK 即可完成。

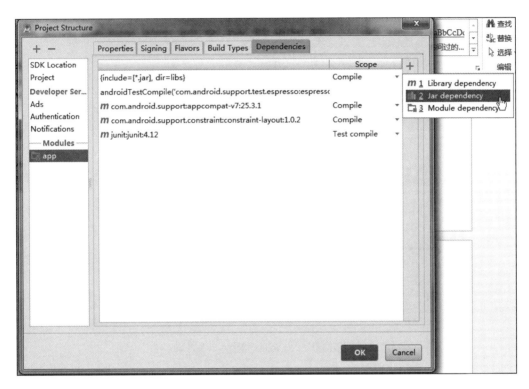

图 10-13　向依赖库添加jar文件（1）

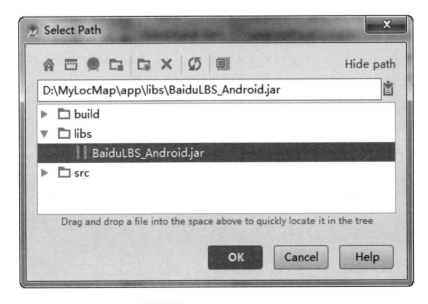

图 10-14　向依赖库添加jar文件（2）

（7）将模式修改回"Android"

完成配置后。在开发环境的左上角将文档组织结构的"Project"模式修改为"Android"模式，如图 10-15 所示。

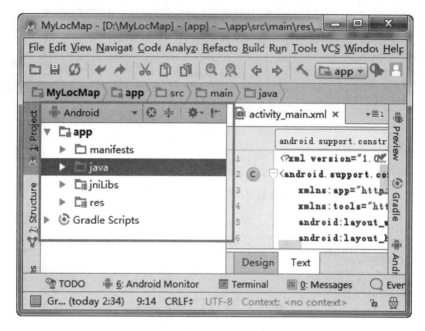

图 10-15　"Project"转"Android"

10.1.3　申请 AK 并在应用中配置百度地图

（1）百度地图开放平台首页

百度地图开放平台的统一 AK 验证体系。通过 AK 机制，开发者可以更方便、更安全地配置自身使用的百度地图资源。请在浏览器中打开网址：http：//lbsyun.baidu.com/，就会进入百度地图开放平台，如图 10-16 所示。

图 10-16　百度地图开放平台首页

（2）登录百度地图开放平台

点击"登录"，输入百度账号信息。如果没有百度的账号，请依据提示选择注册百度账号。登录后，首页几乎没有变化，点击"控制台"，进入控制台窗口，如图 10-17 所示。

图 10-17　控制台窗口

（3）在控制台创建应用

第（2）步中，点击"创建应用"，为本地新建的应用项目在百度地图开放平台申请 AK，如图 10-18 所示。应用名称设置为 MyLocMap；应用类型选择 Android SDK，勾选的默认即可。

图 10-18　在百度地图开放平台的控制台创建应用

（4）在本地环境获取 SHA1

找到本地应用项目 MyLocMap 的开发环境，在 MyLocMap 应用项目中依次处理，如图 10-19 所示。在右侧边栏选中"Gradle"，在展开的窗口中可以先刷新下，接着依次展开列表，找到"signingReport"后双击，下方会显示运行过程，最后点击箭头指向的位置，更新为如图 10-20 所示的窗口，将那串 SHA1 后面的字符串复制到第（3）步中。

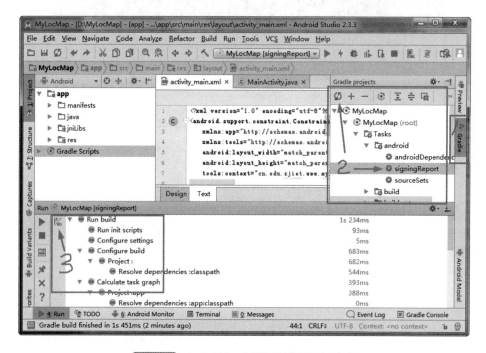

图 10-19　Android Studio开发环境获取SHA1（1）

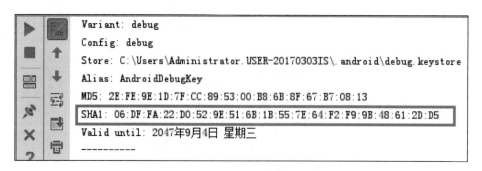

图 10-20　Android Studio开发环境获取SHA1（2）

（5）获取本地应用项目的包名

在 MyLocMap 应用项目中，如图 10-21 所示，cn.edu.zjiet.www.mylocmap 即为第（3）步需要获取的包名。

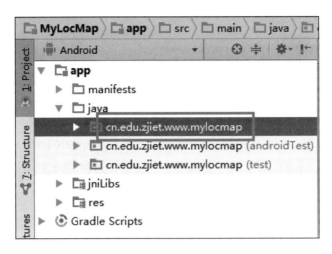

图10-21 在应用项目中得到包名

（6）提交应用

第（3）步填写完后，在页面下方点击"提交"，回到控制台页面，显示应用已经添加到列表中，并申请得到访问应用（AK），如图10-22所示。

图10-22 控制台申请到AK

（7）添加 meta-data 标签

打开 Androidmanifest.xml 文件，如图10-23所示。在"1"位置，即 application 标签内，与 activity 标签同层次的位置，添加 meta-data 标签，其中 name 属性值默认写法，表示指向百度地图的，value 后面填写的字符串，就是申请的 AK，从图10-22 中复制过来即可。在"2"位置，复制以下权限设置代码，放置到 manifest 内部，和 application 同等层级的位置。

<!-- 这个权限用于进行网络定位 -->
<uses-permission android：name="android.permission.ACCESS_COARSE_

LOCATION" />

<！-- 这个权限用于访问 GPS 定位 -->

<uses-permission android：name="android.permission.ACCESS_FINE_LOCATION" />

<！-- 用于访问 wifi 网络信息，wifi 信息会用于进行网络定位 -->

<uses-permission android：name="android.permission.ACCESS_WIFI_STATE" />

<！-- 获取运营商信息，用于支持提供运营商信息相关的接口 -->

<uses-permission android：name="android.permission.ACCESS_NETWORK_STATE" />

<！-- 这个权限用于获取 wifi 的获取权限，wifi 信息会用来进行网络定位 -->

<uses-permission android：name="android.permission.CHANGE_WIFI_STATE" />

<！-- 用于读取手机当前的状态 -->

<uses-permission android：name="android.permission.READ_PHONE_STATE" />

<！-- 写入扩展存储，向扩展卡写入数据，用于写入离线定位数据 -->

<uses-permission android：name="android.permission.WRITE_EXTERNAL_

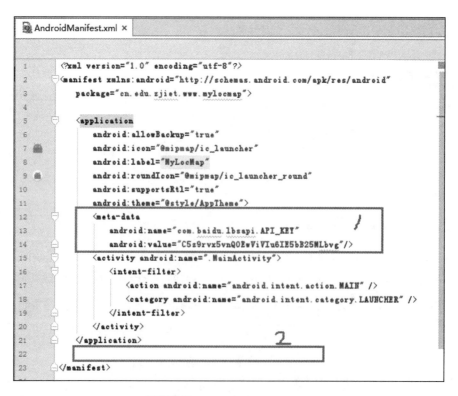

图10-23　Androidmanifest.xml文件

STORAGE"/>

<！-- 访问网络，网络定位需要上网 -->

<uses-permission android：name="android.permission.INTERNET"/>

<！-- SD卡读取权限，用户写入离线定位数据 -->

<uses-permission android：name="android.permission.MOUNT_UNMOUNT_FILESYSTEMS"/>

（8）添加百度地图控件

在应用项目中，依次打开res文件夹及其内部的layout文件夹，最后打开主窗口布局代码文件activity_main.xml，保持布局文件代码的相对布局不变，删除原来的TextView控件。并增加百度地图控件的代码，如图10-24所示。

```
<RelativeLayout xmlns:android="http://schemas.android.com/apk/res/android"
    xmlns:tools="http://schemas.android.com/tools" android:id="@+id/activity_main"
    android:layout_width="match_parent" android:layout_height="match_parent"
    tools:context="com.example.testbasicbaidumap.MainActivity">

    <com.baidu.mapapi.map.MapView
        android:id="@+id/bmapview"
        android:layout_width="match_parent"
        android:layout_height="match_parent"
        android:clickable="true"
        />
</RelativeLayout>
```

图 10-24　添加百度地图控件

（9）主窗口初始化百度地图对象

在应用项目中，依次打开java文件夹、cn.edu.zjiet.www.mylocmap包名，最后打开主窗口功能代码文件MainActivity.java，如图10-25所示，在"1"位置两条语句之间新增一条语句控制百度地图初始化，代码为：

super.onCreate(savedInstanceState);

// 新增行，百度地图初始化

SDKInitializer.initialize(getApplicationContext());

setContentView(R.layout.activity_main);

在2所在位置，给主窗口类MainActivity添加成员变量，代码为：

private MapView mMapView = null;// 百度地图控件变量

private BaiduMap mBaiduMap = null;// 百度地图变量

在 3 所在的位置，即方法 onCreate 内，添加代码：

// 获取百度地图控件对象

mMapView = (MapView)findViewById(R.id.bmapview);

// 从百度地图控件对象获得百度地图对象

mBaiduMap = mMapView.getMap();

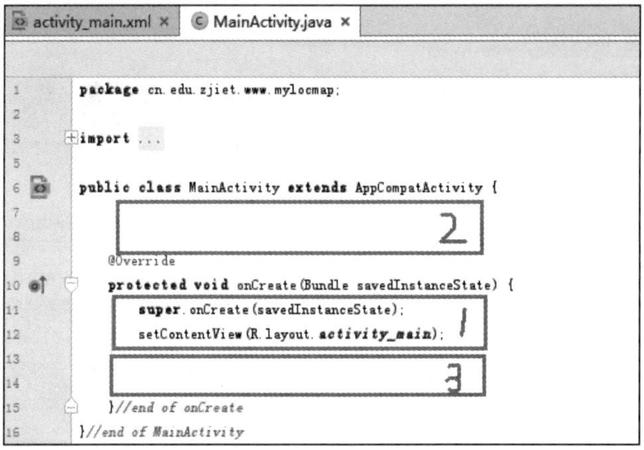

图 10-25　主窗口类 MainActivity

10.1.4　实现百度地图定位功能的开发

（1）定位功能类 BdMapLoc 的创建

在应用项目中，打开 java 文件夹，右键单击 cn.edu.zjiet.www.mylocmap 新建一个 Java Class 文件，如图 10-26 所示。并在图 10-27 所示的新建类窗口输入名称为 BdMapLoc 的类，最后新建的类如图 10-28 所示。

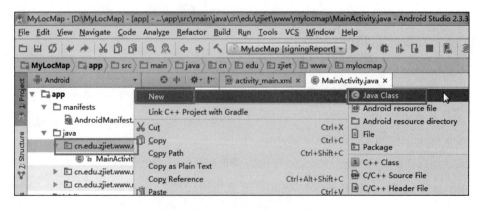

图 10-26　新建类 BdMapLoc（1）

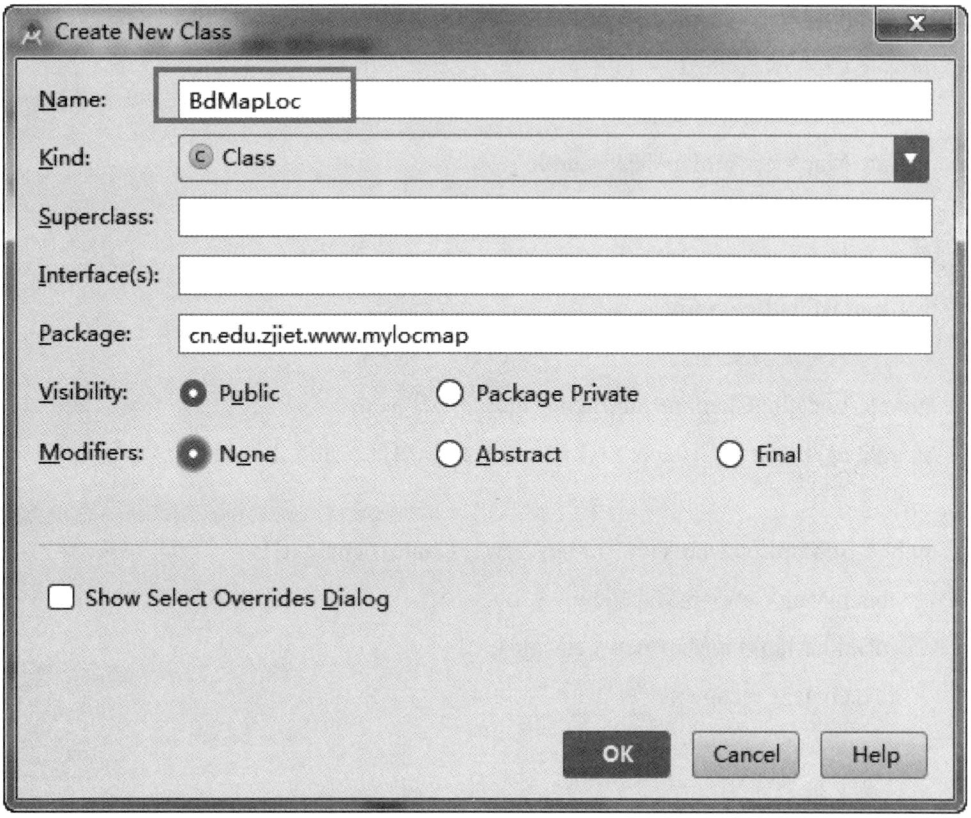

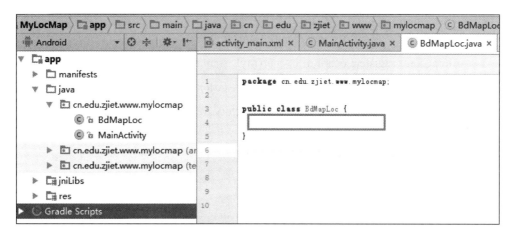

图10-27　新建类BdMapLoc（2）

图10-28　新建类BdMapLoc（3）

（2）在BdMapLoc中添加实现定位功能的代码

在BdMapLoc类内，即图10-28中框所在位置，添加成员变量和成员方法，实现地图定位功能，新增的代码为：

```java
// 整个应用的 Context 变量
private Context context = null;
// 百度地图相关成员变量
private MapView mMapView = null;
private BaiduMap mBaiduMap = null;
// 是否首次定位的标识变量
boolean isFirstLoc = true;
// 定位相关成员变量
private LocationClient mLocClient =null;
private MyLocationListener myListener = new MyLocationListener();
// 构造方法
public BdMapLoc(MapView mMapView, Context context){
    this.mMapView =mMapView;
    mBaiduMap = mMapView.getMap();
    this.context = context;
}
// 启动定位的方法
public void LocationStart(){
    // 开启定位图层
    mBaiduMap.setMyLocationEnabled(true);
    mLocClient = new LocationClient(context);
    mLocClient.registerLocationListener(myListener);
    SetLocationClientOption();   mLocClient.start();
    MapStatusUpdate u = MapStatusUpdateFactory.zoomTo(15); // 设置精度 500 米
/
    mBaiduMap.animateMapStatus(u);
}
// 启动定位的初始属性设置
private void SetLocationClientOption(){
    LocationClientOption option = new LocationClientOption();
    option.setOpenGps(true);// 打开 gps
    option.setCoorType("bd09ll"); // 设置坐标类型
    option.setScanSpan(500);   mLocClient.setLocOption(option);
}
```

```
/**
 * 定位 SDK 监听函数
 */
public class MyLocationListener implements BDLocationListener {
    @Override
    public void onReceiveLocation(BDLocation bdLocation){
        if (bdLocation == null || mMapView == null)    return;
        MyLocationData locData = new MyLocationData.Builder()
                .accuracy(bdLocation.getRadius())
                // 此处设置开发者获取到的方向信息，顺时针 0 ～ 360°
    .direction(100).latitude(bdLocation.getLatitude())
    .longitude(bdLocation.getLongitude()).build();
    mBaiduMap.setMyLocationData(locData);
        if (isFirstLoc){ // 若没有该 if 语句，每次移动地图屏幕，都会重新定位。
            isFirstLoc = false;
            LatLng ll = new LatLng(bdLocation.getLatitude(),
                    bdLocation.getLongitude());
            MapStatusUpdate u = MapStatusUpdateFactory.newLatLng(ll);
            mBaiduMap.animateMapStatus(u);                  }
}
    @Override
    public void onConnectHotSpotMessage(String s, int i){ } }
```

（3）定位功能实现

如图 10-25 所示，再在 2、3 位置补充代码，实现地图定位功能，2 的位置新增的代码为：private BdMapLoc bdMapLoc = null;

3 的位置新增的代码为：

bdMapLoc = new BdMapLoc(mMapView, this);
　　bdMapLoc.LocationStart();

（4）测试运行效果

在虚拟机或真机环境下测试程序运行的效果，实现百度地图的定位功能，效果如图 10-29 所示。

图 10-29　定位功能实现

10.2 【互联网创新实验 2】——ESXi 虚拟化平台搭建

胡小明有一台联想的笔记本电脑（Windows 7），但是公司用的电脑都是其他操作系统（Centos 7.0 和 Server 2003），工作文档需要在公司里完成，胡小明一方面不想重装个人电脑原有的系统，另一方面又想有公司工作环境下的系统，不知如何是好，所以只好请计算机专业毕业的同事李小东帮助他解决这个问题。胡小明提出了几个具体的要求：

要求一，可以弹性配置 Centos7.0 和 Server 2003 两个操作系统的硬件配置，比如提高内存、增加 CPU；

要求二，操作系统之间可以同时使用；

要求三，可以动态增加其他操作系统，满足企业未来工作需求。

本实验开展前需要在理论知识、实验环境等方面做相关准备，具体包括：

准备一，理解虚拟化的基本概念；

准备二，理解 ESX5.5 虚拟化平台的架构；

准备三，本实验在 Workstation 软件中进行操作，因此需要预先安装该软件；

准备四，ESX5.5 需要实体机 CPU 本身支持虚拟化，内存大小 1G 以上；

准备五，提供 ESXi5.5、WindowServer2003 和 CentOS 7.0 这 3 个操作系统 ISO 镜像。

本实验开展的基本思路包括拓扑结构搭建、虚拟化平台安装、网络测试、虚拟机安装等环节，具体如下。

步骤一，脑海中构建本实验的拓扑结构（IP 地址只做参考），如图 10-30 所示；

步骤二，按照要求成功安装 ESXi 虚拟化平台；

步骤三，在虚拟化平台与实体机之间进行基本的网络测试，确保能够在两者之间可以相

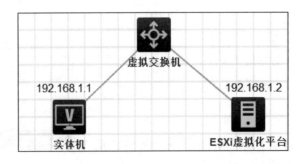

图 10-30　本实验拓扑结构

互 ping 通；

步骤四，通过客户端连接工具登录虚拟化平台，并在上面安装 2 个虚拟机；

步骤五，观察并分析该虚拟化平台的特征，从而更好地理解虚拟化技术。

理解了本实验的操作思路后，开始搭建 ESXi 虚拟化平台。

10.2.1 安装 ESXi 虚拟化平台

（1）新建虚拟机

首先打开 WorkStation 12，点击创建新的虚拟机，如图 10-31 所示。

图 10-31　创建虚拟机

（2）选择镜像文件

在弹出来的新建虚拟机向导对话框中，选择"安装程序光盘映象文件（iso）(M)："选项，并点击"浏览"按钮，选定 ESXi 镜像文件，如图 10-32 所示。

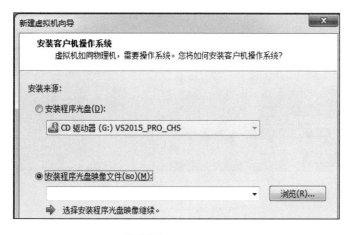

图 10-32　选择镜像文件

（3）设置密码

按照步骤进行安装并输入之前设置的密码，如图 10-33 所示。

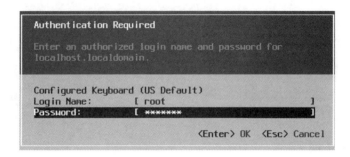

图 10-33　输入密码

（4）设置网络

回到主电脑，打开网络和共享中心，点击左侧的"更改适配器设置"选项，出现如图 10-34 所示画面，并找到 VMware Network Adapter VMnet8 的图标，启动打开。

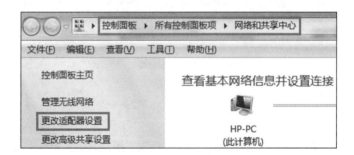

图 10-34　更改适配器

之后回到虚拟机，查看虚拟机的 IP 地址，如图 10-35 所示。

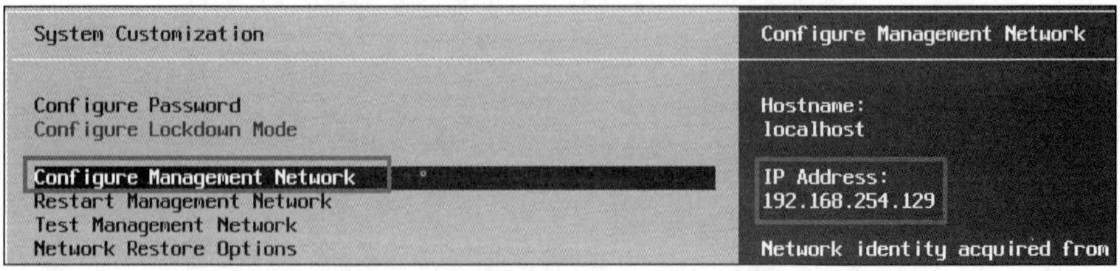

图 10-35　配置 IP 地址

然后回到主电脑，进行服务器连接。

10.2.2 管理 ESXi 虚拟化平台

（1）连接服务器

连接 ESXi 主机的方式有好几种，包括 WorkStation 的连接服务器，或者采用 vSphere Client 或者 SSH 方式，如图 10-36 所示为自带方式。

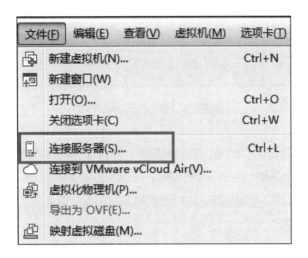

图 10-36　WorkStation自带连接服务器

这个地方很多人总是搞错，首先服务器的名称可以输入 ESXi 主机的域名或者 IP 地址，而用户名就是前面安装 ESXi 时的 root 和设置的密码。如图 10-37 所示。

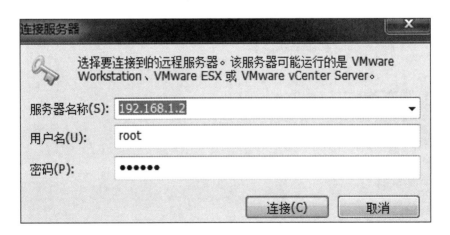

图 10-37　输入ESXi主机相关信息

（2）登录首页

点击连接上去之后就会出现如图 10-38 所示界面。

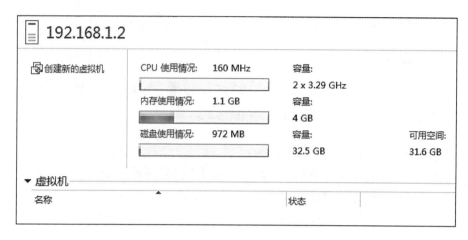

图 10-38　ESXi 虚拟化平台主界面

可以看到，通过 WorkStation 自带连接功能登录的界面基本就是整个 ESXi 虚拟化平台的主页面，看起来比较简单，主要分为三部分，左上侧是创建新的虚拟机，右上侧是基础设施的状态信息，包括 CPU 使用情况、内存使用情况和硬盘使用情况 3 部分。下半部分是该主机下面的虚拟机情况。

（3）创建新的虚拟机

刚才在安装 ESXi 时已经创建了一次新的虚拟机，现在还要在这个虚拟机中创新的虚拟机。为了实现这个操作，在主界面上点击创建新的虚拟机，出现如图 10-39 所示界面。

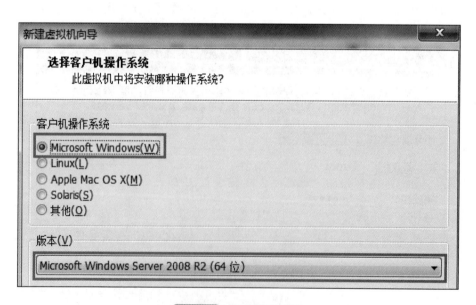

图 10-39　选择操作系统类型

安装完成之后会发现显示没有镜像文件，于是点击 DVD 选项，如图 10-40 所示。

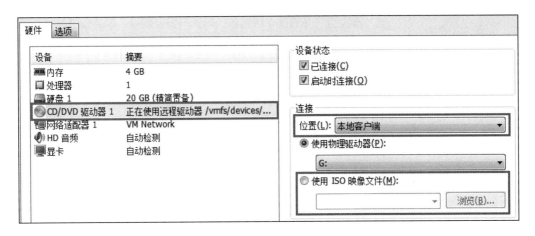

图 10-40　选择镜像文件

选择相应的 Windows xp 镜像文件，即可完全地完成安装。

之后点击确定开机就可以正常安装操作系统了，其他的 CentOS7 操作系统请进行自行安装。

10.3　【互联网创新实验 3】——阿里云平台应用

2017 年的"双十一"，天猫创下了单日交易额 1207 亿的新纪录，这个很多媒体都曾报道过。但是，在这背后，另外一组数据关注的人就少多了，比如这一天共计产生 6.57 亿个物流订单，交易峰值达到每秒 17.5 万笔，支付峰值是每秒 12 万笔。而 12306 售票网站在 2015 年春运高峰期每天平均售票 456.5 万张，也就相当于天猫"双十一"不到 1 分钟的支付量，容易造成技术上的卡顿。而在背后能够支撑起"双十一"这样超恐怖海量数据处理能力的技术，就是云计算。所以阿里巴巴真正最强大的技术其实并不在于淘宝、天猫或是支付宝，而是阿里云。电子商务要得到更好的用户体验和海量数据处理能力，都离不开云计算的支持。

本实验开展前需要在理论知识、实验环境等方面做好相关准备，具体包括：

准备一，理解云计算的概念和三大资源；

准备二，熟悉基本的操作系统，如 Windows server 和 Linux。

准备三，本实验在阿里公有云中进行操作，因此需要机房 PC 装有 Chrome 浏览器并有网络连接和安全软件保障；

准备四，每个学生自带手机，便于阿里云注册验证和后续阿里云 APP 管理。

本实验开展的基本思路包括申请阿里云账号、申请云服务器、对服务器进行相关操作和使用工单需求帮助等环节,具体如下:

准备一,在阿里云官方注册个人用户账号;

准备二,申请一台免费的云服务器;

准备三,对云服务器进行控制台相关操作管理,包括开关机和远程连接;

准备四,熟悉服务器的升降配和网络安全;

准备五,学会使用工单寻求服务器问题的解决方法;

理解了本实验的操作思路后,下面开始体验阿里云平台。

10.3.1 注册登录

在浏览器上输入 www.aliyun.com 网址,进入注册页面注册一个账号,如图 10-41 所示。注册成功并实名认证后就可以免费试用阿里云服务器 15 天,体验下它的强大功能了。

图 10-41 用户注册

10.3.2 申请 ECS 云服务器

在主页面找到云服务器然后点击免费试用,可以申请到如图 10-42 所示的云服务器。

图 10-42　申请免费云服务器

CPU、内存、带宽都是固定的大小，因为是免费，存储空间也没有选择，唯一可以选择的是地域和操作系统。按图 10-43 所示的选择，图 10-44 是成功申请后获得的详细云服务器列表，在阿里云里面称之为实例。

图 10-43　云服务器推荐选择

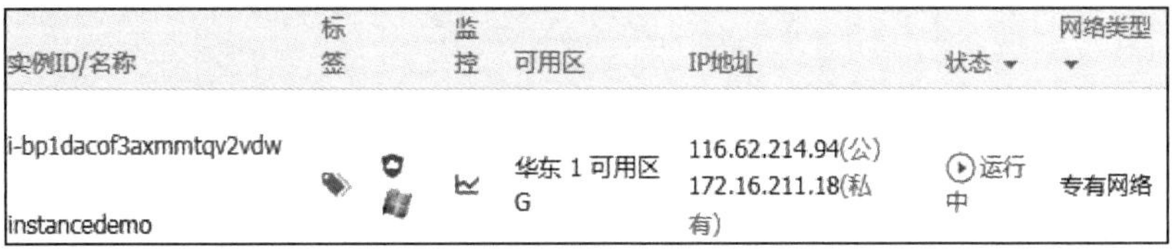

图 10-44　云服务器（实例）列表

10.3.3 管理控制台

（1）选择开关机操作

点击实例列表中的更多选项，会弹出该云服务器的相关列表，可以查看实例状态，然后选择相关的操作，比如启动服务器，如图 10-45 所示。

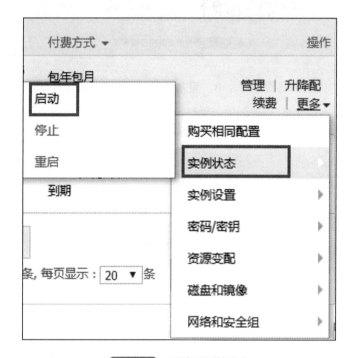

图 10-45 云服务器开关机操作

（2）远程连接

点击远程连接，会在浏览器上弹出输入远程连接密码，如图 10-46 所示。

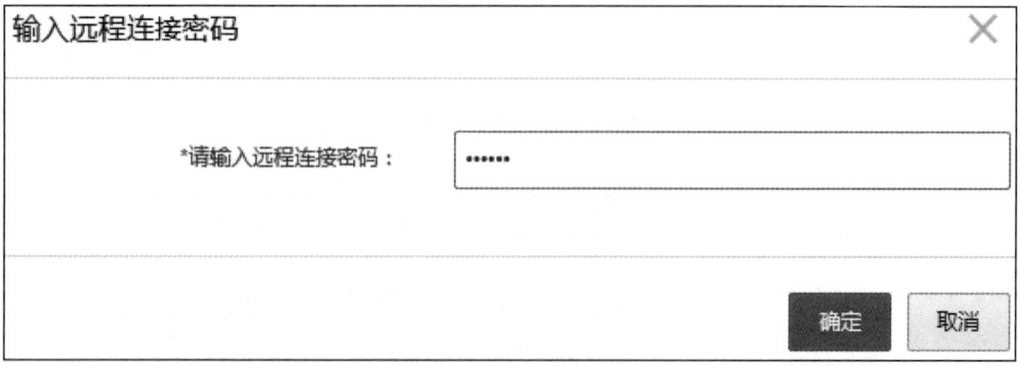

图 10-46 远程连接云主机

（3）操作云服务器

输入远程连接密码后就登录到了云服务器。因为前面免费申请的是 Windows Server 2008 镜像，所以连接后显示的是该操作系统的登录界面，如图 10-47 所示。

（4）配置云服务器资源

当在管理云服务器的过程中，因为应用的需求变更，发现需要更多的资源，那么能够在几秒钟内完成这个升级。点击该实例列表中的升降配置，如图 10-48 所示。

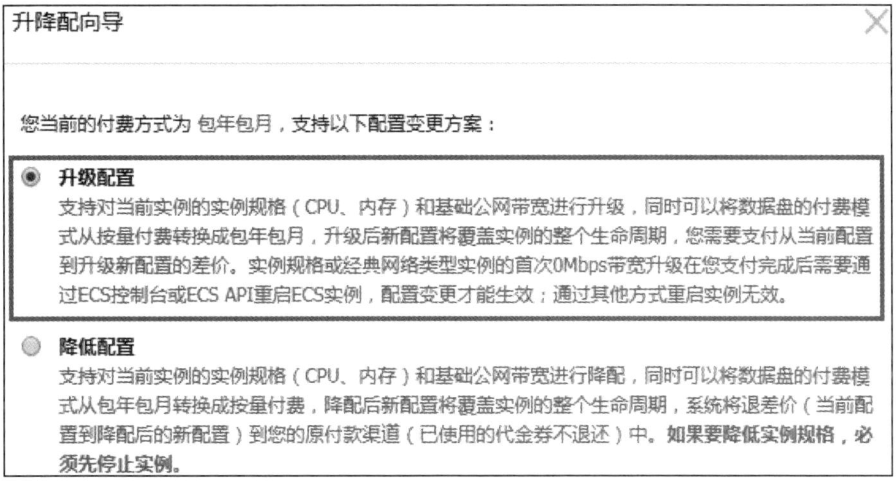

图 10-47　Windows Server 2008操作系统登录界面

图 10-48　资源变更

然后选择增加内存、CPU、存储等。

（5）网络和 anQUANtity 管理

网络和安全对于服务器来讲是非常重要的保障，可以在左侧导航栏找到网络和安全选项，如图 10-49 所示，下面有多重安全配置可以选择，比如在安全组进行端口的限制，这里只需要简要了解入口就行。

10.3.4　工单管理

很多时候在阿里云上部署 App 会发生问题，而且无法

图 10-49　网络和安全

解决，这时候其实有一个很好的帮手，那就是阿里云的工单，找到顶部菜单栏的工单，然后选择提交工单，如图 10-50 所示。

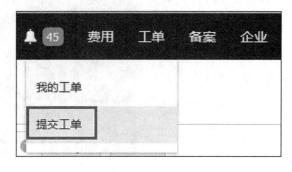

图 10-50　提交工单

这个时候可以根据问题进行提问和相关问题的详细描述，如图 10-51 和图 10-52 所示。

图 10-51　工单类型选择

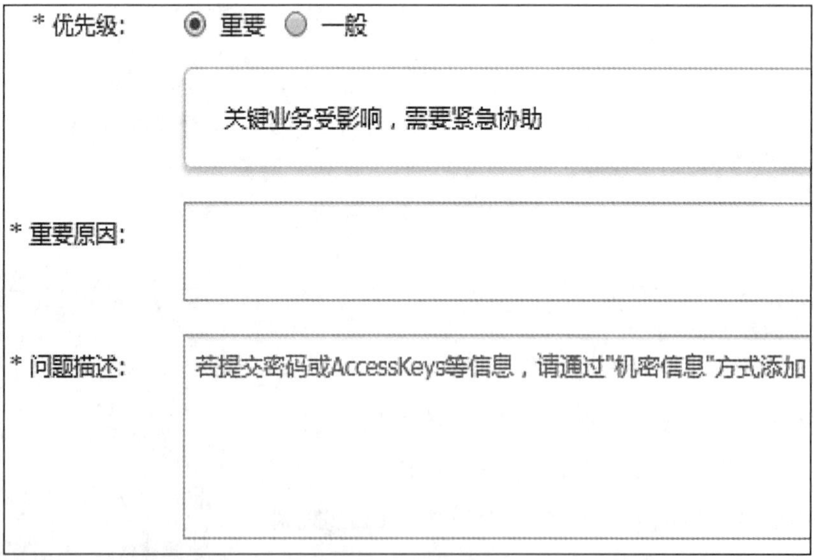

图 10-52　工单详细描述

提交工单以后，阿里云工程师会在 1 天内对工单进行处理，如果紧急，还可电话咨询详细问题并确认是否已经解决。

10.4 【互联网创新实验 4】——人工智能学习系统的部署

胡小明偶然在新闻里面看到如今人工智能非常热门,而且各行各业未来都会有人工智能的身影,所以小明很想学习人工智能知识,但是他以前没有接触过,不知如何从基础开始学起,所以只好去请教计算机专业毕业的同事李小东,李小东给他介绍了谷歌开发的一个开源人工智能学习系统——TensorFlow。

胡小明去请教的时候提出了以下几个要求:

要求一,学习人工智能编程工具,要能在 Windows 系统下运行。

要求二,能够从基础的一些算法开始学起,而且结果可以实时看到。

要求三,能够满足未来学习、工作和拓展其他人工智能领域的兼容性。

本实验开展前需要在理论知识、实验环境等方面做好相关准备,具体包括:

准备一,理解人工智能及深度学习概念;

准备二,理解谷歌开源人工智能系统 TensorFlow;

准备三,本实验通过 Anaconda 集成环境来快速地搭建 TensorFlow 及安装 Spyder 编译器,因此需要准备好 Anaconda 集成环境安装包。

本实验开展的基本思路包括集成环境快速搭建、安装 TensorFlow 及 Spyder 编译器、系统测试、入门应用实例实践等环节,具体如下。

步骤一,下载 Anaconda,基于 Windows 系统通过 Anaconda 集成环境来快速地搭建开发环境;

步骤二,按照要求安装 TensorFlow 及通过一段 python 程序测试 TensorFlow 是否安装成功;

步骤三,安装 Spyder 编译器,通过 AnacondaNavigator 来安装一个 PythonIDE 编译软件 spyder,并测试 spyder 是否安装成功;

步骤四,按照两个入门应用实例进行 TensorFlow 实战训练,掌握深度学习及 TensorFlow 基础应用。

理解了本实验的操作思路,就可以开始搭建 TensorFlow 人工智能学习平台。

10.4.1 了解 Anaconda

Anaconda 是一个用于数据分析的标准配置环境,同时支持 Linux、Mac、Windows 系统，也是一个 Python 集成开发环境安装包，提供包管理器与环境管理器的功能，并且已经集成了 Python 和相关的配套工具，里面预装好了 conda、Python 等 190 多个科学包及其依赖项，在数据可视化、机器学习、深度学习等多方面都有涉及。不仅可以做数据分析，甚至可以用在大数据和人工智能领域。而其中 conda 是开源包（packages）和虚拟环境的管理系统。使用 conda 可以非常方便地安装、更新、卸载工具包，可以建立多个虚拟环境，用于隔离不同项目所需的不同版本的工具。

10.4.2 安装 Anaconda

① 打开 Anaconda 官网 https://www.continuum.io/downloads/，下载 Anaconda5.0.1。在如图 10-53 所示，选择 Python3.6 Windows 64 位版本进行下载（此处可以根据不同的系统进行选择下载）。

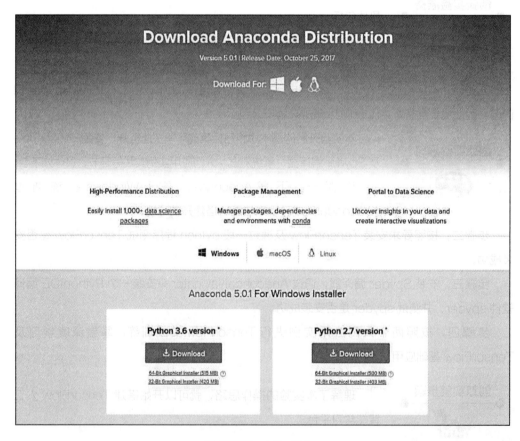

图 10-53　官网下载页面

② 安装 Anaconda，安装过程非常简单，按照普通软件的安装步骤就可以完成。双击安装包出现如图 10-54 所示安装界面。

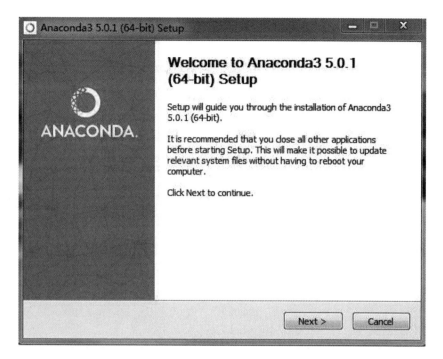

图 10-54　Anaconda安装界面

点击 Next，即进入自动安装的过程了，安装完成会出现如图 10-55 的结束界面，到这里 Anaconda 安装就完成了。

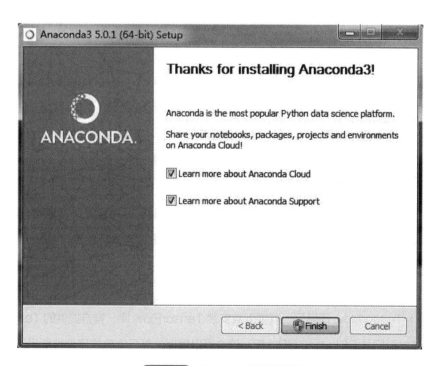

图 10-55　Anaconda安装结束界面

③ 双击打开 Anaconda，看到如图 10-56 所示界面即安装成功。

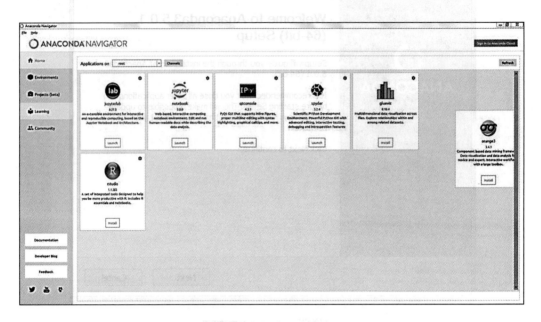

图 10-56　Anaconda运行界面

10.4.3　安装 TensorFlow

在电脑已经安装好 Anaconda 之后，基于 Anaconda 环境可以开始安装 TensorFlow。

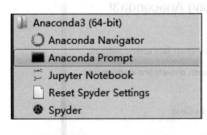

图 10-57　选中Anaconda Prompt

① 首先要在 conda 里面创建一个 TensorFlow 环境。如图 10-57 所示，在安装好的 Anaconda3 文件夹里选中 Anaconda Prompt 项，并且单击鼠标右键，以管理员身份运行 Anaconda Prompt。在命令终端中输入以下命令：conda create -n tensorflow python=3.5。

② 打开上面创建的 TensorFlow 环境，在终端输入命令：activate tensorflow，可以看见图 10-59 所示界面，进入环境后，会在终端提示符中看到环境名称，即进入创建的 TensorFlow 的环境。（注：接下来的操作都是在此环境下进行的）

③ 进入 TensorFlow 环境后，就要下载安装 TensorFlow 库。官方提供的 TensorFlow 有两个版本，分别是 CPU 版和 GPU 版，这个可以根据计算机本身的硬件性能来进行选择，在这里演示选用的是 CPU 版本，如图 10-60 所示。

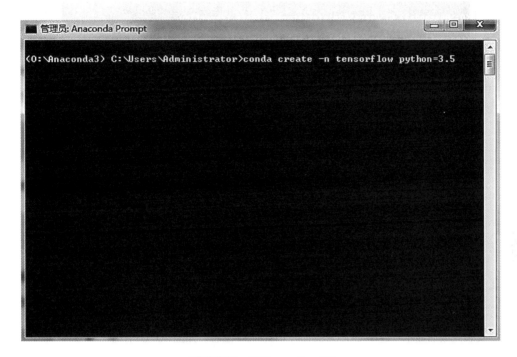

图 10-58　创建TensorFlow环境

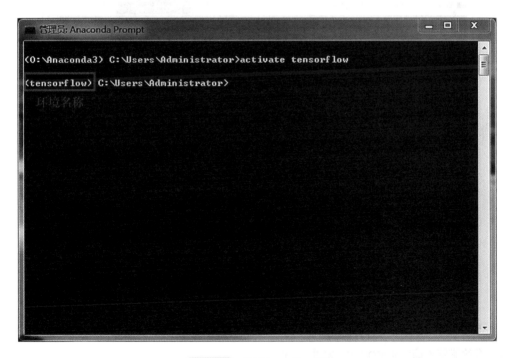

图 10-59　进入TensorFlow环境

图 10-60 安装CPU版本

安装完成后显示一连串 Successfully installed 信息，如图 10-61 所示。

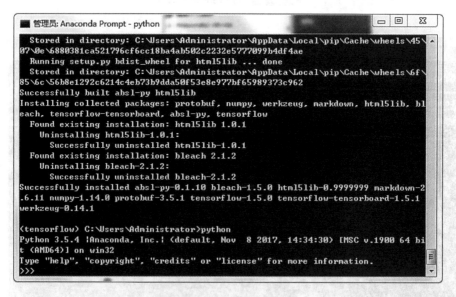

图 10-61 TensorFlow安装成功

⑤ 安装完成之后，需要把创建的 TensorFlow 定义成 tf，便于后续使用，如图 10-62 所示，在终端输入命令 import tensorflow as tf。

⑥ 进入和退出当前环境操作命令。进入 TensorFlow 环境，输入命令 activate tensorflow；退出当前环境输入命令 deactivate。

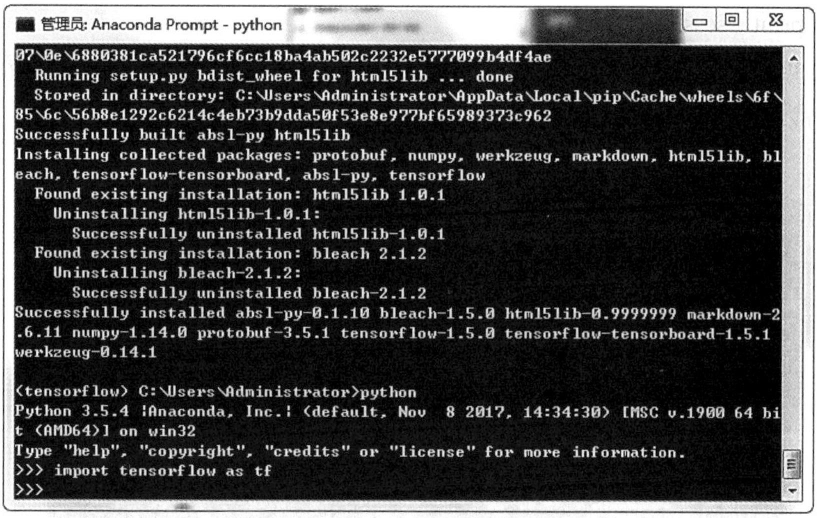

图 10-62 定义环境tf格式

⑦ 到这步已经安装好了 TensorFlow，接下来测试 TensorFlow 是否可以使用。重新打开 AnacondaPrompt 命令终端进入 TensorFlow 环境。如图 10-63 所示。

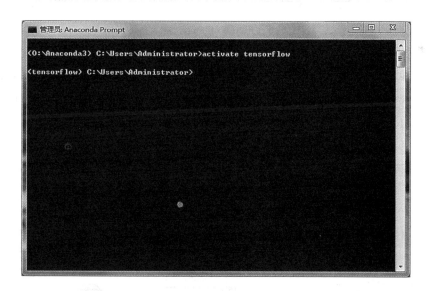

图 10-63 进入TensorFlow环境

⑧ 进入后需要输入命令 python，进入 Python 编程环境，然后依次输入以下代码进行测试：

>>> import tensorflow as tf

>>> hello = tf.constant（'Hello，TensorFlow！'）

>>> sess = tf.Session（）

>>> print（sess.run（hello））

如图 10-64 所示，回车后程序运行输出"Hello，TensorFlow！"代表 TensorFlow 安装已经成功。

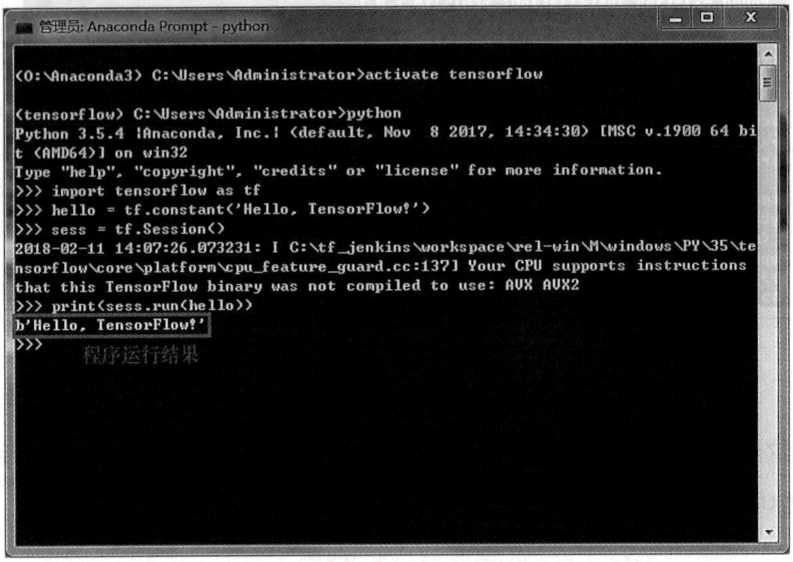

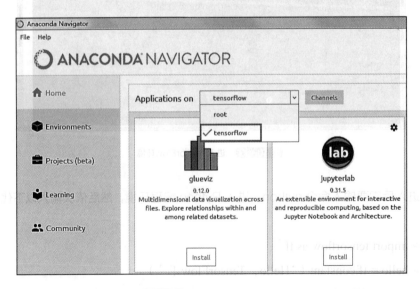

图 10-64　程序运行结果

⑨ Anaconda Prompt 命令终端使用起来不是很人性化，界面也不够简洁，在这里可以通过 AnacondaNavigator 来安装一个 PythonIDE 编译软件——spyder。首先打开 Anaconda Navigator 软件，如图 10-65 所示选择 tensorflow。

图 10-65　选择TensorFlow环境

⑩ 如图 10-66 所示，找到 spyder 选项，点击下面的"install"进行安装，安装好之后按钮会变成"Launch"状态，代表 spyder 可以使用了。如图 10-67 所示。

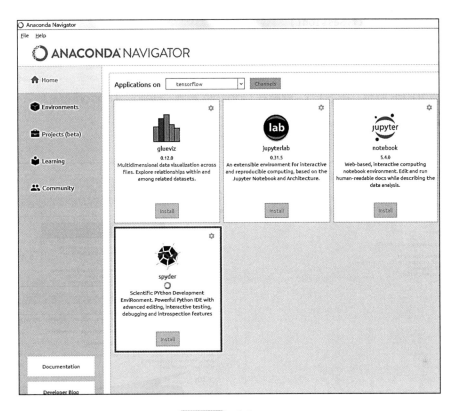

图 10-66　选中spyder

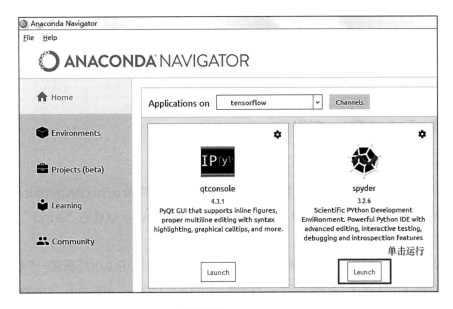

图 10-67　运行spyder

⑪ 点击"Launch"进入 Spyder，然后输入下面的代码：

```
import tensorflow as tf
hello = tf.constant('Hello, TensorFlow!')
sess = tf.Session()
print(sess.run(hello))
```

如图 10-68 所示，按下 F5，就能在 Console 看到"Hello，TensorFlow！"，这就证明已经完成了 spyder 安装。

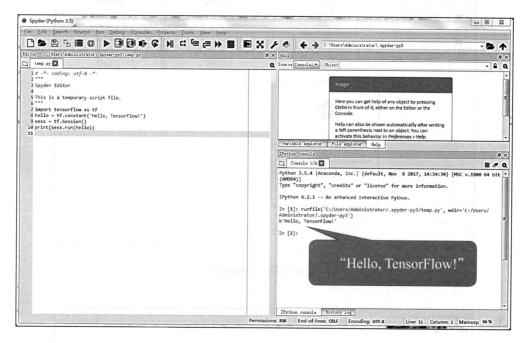

图 10-68　测试结果

10.4.4　TensorFlow 应用

（1）初识 TensorFlow

① 安装完 Anaconda 并配置好 TensorFlow 之后，打开 AnacondaNavigator，如图 10-69 所示，首先在环境通道选择 tensorflow，然后点击 spyder 软件的"launch"进入编程界面。

② 如图 10-70 所示，点击菜单栏上的"Projects"→"New Project"新建一个项目。

③ 如图 10-71 所示，在弹出的对话框中输入项目名称和路径，然后点击"create"创建新项目。

④ 在项目浏览区右击项目文件夹，在弹出的对话框中选择"New"→"File"新建文件。如图 10-72 所示。

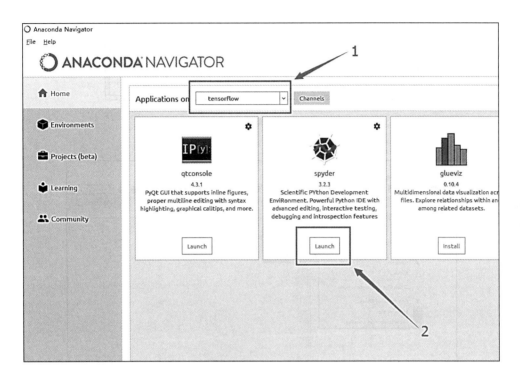

图 10-69　运行spyder软件

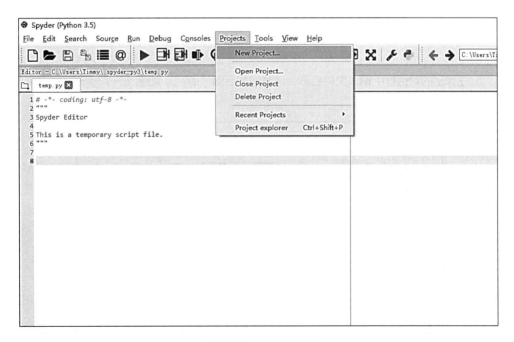

图 10-70　新建项目（1）

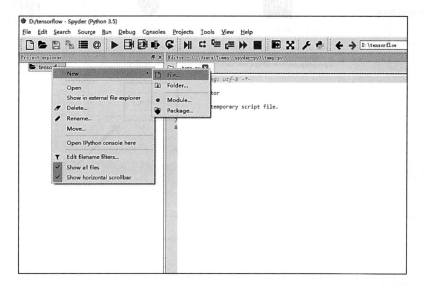

图 10-71　新建项目（2）

图 10-72　新建文件

⑤ 在弹出的对话框中输入文件名称，注意增加后缀".py"。如图 10-73 所示。

图 10-73　保存文件

⑥ 接下来就可以在该文件下编程了，如图 10-74 所示。按键盘 F5 可以运行程序，右下角的对话框可以输出运行结果或者报错。

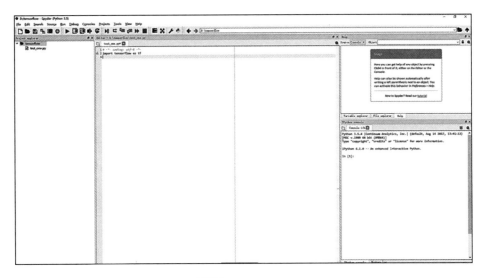

图 10-74　spyder 编程界面

（2）TensorFlow 应用——逆概率运算

假如箱子里有 5 个黑球 5 个白球，那你随机拿到黑球和白球的概率都是 50%。但如果不知道箱子里有多少个黑球白球，那可以通过不断地拿球来大概确定箱子里有多少个黑球和白球，这就是出名的逆概率。其实机器学习很多时候也就是逆概率的问题，在有大量现实例的情况下，让机器从这些例子中找到共同的特征，例如将一万张猫的图片给机器学习，让其找到共同的特征，例如两只耳朵、四只脚、有胡须、有毛、有尾巴等特征。

根据逆概率的概念再举个其他场景：$y=Ax+B$（A、B 是常量），这是一条非常简单的数学方程式，现在有很多的 x 和 y 值，现在问题就是如何通过这些 x 和 y 值来得到 A 和 B 的值。

下面就用 TensorFlow 来解决这个问题：

① 首先是导入依赖库，这里除了 TensorFlow 之外，还用到了另外一个强大的数据处理库 Numpy，其安装方式可参照 http：//www.numpy.org/。如图 10-75 所示。

图 10-75　导入依赖库

② 这里随机生成 100 个输入 x_data 和输出 y_data。如图 10-76 所示。

```
##构造数据##
x_data=np.random.rand(100).astype(np.float32)  #随机生成100个类型为float32的值
y_data=x_data*0.1+0.3   #定义方程式y=x_data*A+B
##-------##
```

图 10-76　随机生成数

③ 初始化 tensorflow 的变量，其中 Weight 和 biases 就是 $y=Ax+B$ 中需要预测的 A 和 B，分别叫做权重和偏置。如图 10-77 所示。

```
11 ##建立TensorFlow神经计算结构##
12 Weight=tf.Variable(tf.random_uniform([1],-1.0,1.0))
13 biases=tf.Variable(tf.zeros([1]))
14 y=Weight*x_data+biases
15 ##-------##
```

图 10-77　建立神经计算结构

④ 这里计算由 Weight 和 biases 计算出来的 y 值与样本中的 y 值 y_data 之间的差的平方。然后用这个差值反向传播用来修正 Weight 和 biases，建立训练器。如图 10-78 所示。

```
loss=tf.reduce_mean(tf.square(y-y_data))   #判断与正确值的差距
optimizer=tf.train.GradientDescentOptimizer(0.5)  #根据差距进行反向传播修正参数
train=optimizer.minimize(loss)  #建立训练器
```

图 10-78　建立训练器

⑤ 这里是 tensorflow 的处理流程，并实现每训练 20 次打印一次 Weight 和 biases 的值，如图 10-79 所示。

```
init=tf.initialize_all_variables()  #初始化TensorFlow训练结构
sess=tf.Session()   #建立TensorFlow训练会话
sess.run(init)      #将训练结构装载到会话中

for  step in range(400):  #循环训练400次
    sess.run(train)   #使用训练器根据训练结构进行训练
    if  step%20==0:   #每20次打印一次训练结果
        print(step,sess.run(Weight),sess.run(biases))  #训练次数，A值，B值
```

图 10-79　实现每训练20次输出结果

⑥ 按 F5 运行程序，可以发现 Weight 和 biases 的值随着训练次数的增加越来越接近于设定值 0.1 和 0.3。结果见图 10-80。

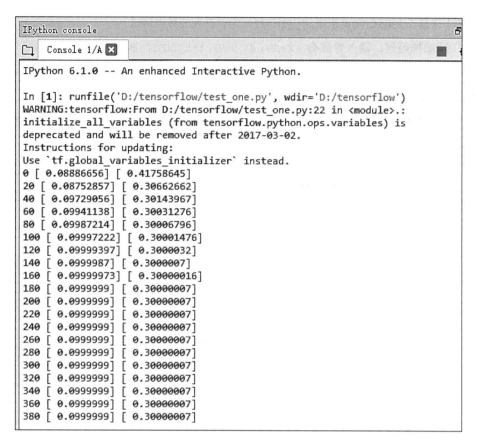

图 10-80　训练结果

（3）TensorFlow 应用——初级神经网络搭建

神经网络是一种数学模型，存在于计算机的神经系统，由大量的神经元相连接并进行计算，在外界信息的基础上，改变内部的结构，常用来对输入和输出间复杂的关系进行建模。神经网络由大量的节点构成，负责传递信息和加工信息，神经元也可以通过训练而被强化。

让我们来看一个经典的神经网络，如图 10-81，这是一个包含三个层次的神经网络，其中输入层有 3 个输入单元，隐藏层有 4 个单元，输出层有 2 个单元。

结构图里的关键不是圆圈（代表"神经元"），而是连接线（代表"神经元"之间的连接）。每个连接线对应一个不同的权重（其值称为权值），这是需要训练得到的。

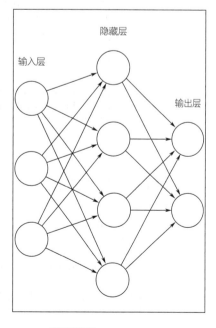

图 10-81　神经网络结构图

接下来基于 tensorflow 来搭建初级神经网络，并完成数据测试。

① 添加神经层，输入参数有 inputs，in_size，out_size，activation_function，如图 10-82 所示，inputs 是该层的输入数据，in_size 是输入数据的数量，即输入层的节点数，out_size 是该层的输出节点数。图 10-81 中的神经网络输入层有 3 个，从输入层输出到隐藏层有 4 个，故 in_size 为 3，out_size 为 4。而权重 Weights 是一个 [3，4] 的二维矩阵即 12 个，偏置 biases 是一个 [1，4] 的二维矩阵。

```
import tensorflow as tf
import numpy as np

# 添加层
def add_layer(inputs, in_size, out_size, activation_function=None):
    # add one more layer and return the output of this layer
    Weights = tf.Variable(tf.random_normal([in_size, out_size]))
    biases = tf.Variable(tf.zeros([1, out_size]) + 0.1)
    Wx_plus_b = tf.matmul(inputs, Weights) + biases
    if activation_function is None:
        outputs = Wx_plus_b
    else:
        outputs = activation_function(Wx_plus_b)
    return outputs
```

图 10-82　添加神经层

② 定义训练的数据以及节点准备接收的数据，见图 10-83。

```
# 1.训练的数据
# Make up some real data
x_data = np.linspace(-1,1,300)[:, np.newaxis]
noise = np.random.normal(0, 0.05, x_data.shape)
y_data = np.square(x_data) - 0.5 + noise

# 2.定义节点准备接收数据
# define placeholder for inputs to network
xs = tf.placeholder(tf.float32, [None, 1])
ys = tf.placeholder(tf.float32, [None, 1])
```

图 10-83　定义训练数据

③ 定义神经层。隐藏层具有 10 个神经元，激活函数选用常用的 relu。如图 10-84 所示。

```
# 3.定义神经层：隐藏层和预测层
# add hidden layer 输入值是 xs，在隐藏层有 10 个神经元
l1 = add_layer(xs, 1, 10, activation_function=tf.nn.relu)
# add output layer 输入值是隐藏层 l1，在预测层输出 1 个结果
prediction = add_layer(l1, 10, 1, activation_function=None)
```

图 10-84　定义神经层

④ 这里计算由 Weight 和 biases 计算出来的 y 值 prediction 与样本中的 y 值 ys 之间的差的平方。如图 10-85 所示。

```
# 4.定义 loss 表达式
# the error between prediciton and real data
loss = tf.reduce_mean(tf.reduce_sum(tf.square(ys - prediction),
                     reduction_indices=[1]))
```

图 10-85　计算差的平方

⑤ 选择 optimizer 时这个差值反向传播用来修正 Weight 和 biases，使 loss 最小，建立训练器。如图 10-86 所示。

```
# 5.选择 optimizer 使 loss 达到最小
# 这一行定义了用什么方式去减少 loss，学习率是 0.1
train_step = tf.train.GradientDescentOptimizer(0.1).minimize(loss)
```

图 10-86　建立训练器

⑥ 初始化所有变量，开始运算模型。如图 10-87 所示。

```
# 6.对所有变量进行初始化
init = tf.initialize_all_variables()
sess = tf.Session()
# 上面定义的都没有运算，直到 sess.run 才会开始运算
sess.run(init)
```

图 10-87　初始化变量

⑦ 开始训练 1000 次，每 50 次打印一次 loss。如图 10-88 所示。

```
# 迭代 1000 次学习，sess.run optimizer
for i in range(1000):
    # training train_step 和 loss 都是由 placeholder 定义的运算，所以这里要用 feed 传入参数
    sess.run(train_step, feed_dict={xs: x_data, ys: y_data})
    if i % 50 == 0:
        # to see the step improvement
        print(sess.run(loss, feed_dict={xs: x_data, ys: y_data}))
```

图 10-88　定义训练次数

⑧ 按 F5 运行程序，查看运行结果，见图 10-89。可以看出，随着运行次数增加，loss 的值越来越趋近于 0。

```
Use `tf.global_variables_initializer` instead.
0.829058
0.0193279
0.0109403
0.00542328
0.00418324
0.00370977
0.00346297
0.00331276
0.00322621
0.00315226
0.00310266
0.00306855
0.00304393
0.00302717
0.00301337
0.00300068
0.00298865
0.00298044
0.00297442
0.00296889
```

图 10-89　运行结果

第11单元 互联网创新创业项目实战——校康宝

知识目标

掌握互联网创业项目市场分析方法
掌握互联网创业项目技术创新思路
理解互联网创业项目商业模式
了解互联网创业项目财务规划

技能目标

能够进行简单互联网创业项目规划
能够进行简单互联网创业项目实施

思政目标

培养学生对互联网创业项目的系统认识
培养学生正确看待个人创新创业与满足人民群众对美好生活需要的关系

互联网＋创新技术与创业实务

现在是创新创业的美好时代，不仅有政策的支持，还有很多前沿技术的支撑，即从社会条件和科技条件两方面支持了创新创业的开展与实施，开展互联网创新创业项目实施，需要按以下几个步骤循序渐进地进行。

第一，进行一定的市场调研，并确定存在竞品较少的创新创业主题项目。

第二，对选定的创新创业主题项目进行市场分析，对比竞品，体现主题项目的优势与市场价值。

第三，引入前沿技术，对项目产品进行技术创新，提出项目产品的主要技术创新点与创新点落地实施的技术方案，并组建团队对项目进行技术实现。

第四，对创新创业项目产品实现后的商业模式进行运作，融合融资和营销。

第五，对商业模式支撑下的资金流进行财务规划和盈利目标推进。

本单元的内容将围绕着"'校康宝'——基于物联网和人工智能深度结合的新型校园健康防疫保障平台"这一创新创业项目案例，进行互联网创新创业项目实践内容的阐述。同时在最后说明一个优秀的互联网创新创业项目团队的人员组成应该是哪些，如何突出团队的优势。

11.1 【校康宝】——产品市场调研分析报告

随着经济的发展与人民生活水平的提高，社会主义新中国的发展逐步迈向了绿色健康环保的可持续发展道路，其中一块则体现在对于突发公共卫生事件的应急处理与保障建设上。国家十分重视突发公共卫生事件应急机制的建设，从保护广大人民群众身体健康，落实以人为本和全面、协调、可持续的科学发展观出发，需要做到从各个层级各个单位加强突发公共卫生事件应急机制的建设，强化预防和应急准备，需要从细微处着手，开展网格化的实时数据采集、严密跟踪监控和大数据分析预警等工作，利用计算机前沿技术和"互联网＋"手段提高卫生应急能力，开创这类卫生应急工作的新局面，是促进社会和谐发展的重要组成部分。

社会主义新中国的教育事业蓬勃发展，各级学校承载着培养国家所需的各级各类人才的任务与作用。当前各类校园是人员聚集、学习甚至生活的地方，各类校园尤其是大学校园俨然成为突发公共卫生事件的多发场所。每年的秋冬季节，各类流感病毒很容易在校园的教室与寝室大规模传播；春夏时节，肠道病菌也时常会光顾食堂和寝室。很多中学也存在集体宿舍与集体食堂，这也将成为突发公共卫生事件的多发场所。而中小学低龄段学生个人自我管控和卫生管理的能力相对较弱，在聚集性学习和用餐的时候往往不注意个人卫生习惯和个人卫生管理，也会造成这些校园场所成为突发公共卫生事件的多发场所。

基于上述国家可持续发展的战略思路与当前校园突发卫生公共事件的数据采集、监控管理与应急处理的现状需求调研，依托信息技术手段和数字营销能力，利用计算机前沿技术与"互联网＋"手段孵化一个互联网创新创业项目，主题为"构建一个基于物联网和人工智能深度结合的新型校园健康防疫保障平台"，主要应用于大学校园、中小学校园等各级各类学校与教育机构，实现网格化点对点精准化的数据采集、人工智能化信息匹配与定位，继而基于数据进行实时监控与大数据分析预警，并有效对接互联网＋校医诊疗，最终实现相应层级的响应方案建议和一体化诊疗服务。利用物联网、人工智能、大数据分析等计算机前沿技术手段，建立"互联网＋"模式下的新型校园健康防疫保障平台，将解决当前突发公共卫生事件多发场所的各级校园的健康防疫保障问题，从而为国家突发公共卫生事件应急处理与保障建设贡献一份力量，解决校园这个突发公共卫生事件多发场所的健康数据实时采集、监管、大数据分析与监控预警，以及最终的线上一体化"互联网＋"诊疗服务保障问题，构建健康绿色的新型校园工作学习生活环境，成为支撑国家突发公共卫生事件应急机制建设的有效辅助平台。

11.1.1 行业总体情况分析

2000年以来，健康产业明显加快了发展步伐。今天我们所说的健康产业的主体，包括医疗卫生（包括国家的疾病预防体系）和保健这两个行业，多年来它们已经在国家行政体制的管理下形成了独立而又互动的产业群。"健康管理"这一新兴的、个性化的个人健康管理服务模式的出现，使这两个行业群出现了高度融合的趋势。其次，与人们生活息息相关的一些行业围绕着健康管理服务的出现，开始派生出新的分支，并加入到了健康产业的行列，如健康文化传播、健康环境营造、健康生活方式指导、健康产品提供等。

对于健康管理产业而言，政府和市场关系具有更为重要的意义：一方面健康管理产业内涵丰富、带动性强，是具有重大发展潜力的战略性新兴产业，但在总体上还处于发展起步阶段，面临政府和市场关系模式的选择和转型；另一方面，健康管理产业兼具公共产品和私人产品双重属性，在健康服务普遍采取公共福利形式提供、效率低下的大背景下，健康管理服务业的发展如何突破公共产品概念、发挥市场机制优势，具有样板意义。

据前瞻产业研究院发布的《2016—2021年中国健康服务行业市场前瞻与投资战略规划分析报告》的数据分析，中国健康管理市场保守估计将至少以20%的年增长率发展，可以说，健康服务及相关产业前景广阔，市场潜力巨大。根据《国务院关于促进健康服务业发展的若干意见》（国发[2013]40号）规划，到2020年为止，将基本建立覆盖全生命周期、内涵丰富、结构合理的健康服务业体系，打造一批知名品牌和良性循环的健康管理产业集群，并形成一定的国际竞争力，基本满足广大人民群众的健康管理需求，成为推动经济社会持续发展的重要力量。整个健康管理服务行业市场规模变化如图11-1所示。

近年来一些突发公共卫生事件对健康产业造成了不小的影响。突发公共卫生事件具有预见性差、突然爆发、起因复杂、迅速蔓延、危害严重、影响广泛的特点，而且相互交织，处置不好会有连锁反应。伴随着互联网的逐渐发展与普及，健康管理与互联网的结合已然成为趋势，并且诞生出了新的行业——互联网数字化卫生监管行业。随着我国法制化进程的深入，

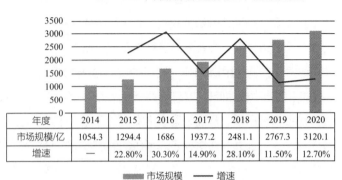

图 11-1　健康管理服务行业市场规模变化图

医疗卫生行业执法的要求和标准也逐步提高，各项医疗卫生监督管理工作不断向更广、更深、更细推进，随之各项监督管理任务不断加大。原有执行监督管理任务主要是采用现场一家一家检查的形式开展的，但由于基层卫生计生监督管理人员少，极易出现监督管理检查力度不足、监督管理质量不高等问题，常态化的现场监督管理已不能满足现行监督管理工作的需求。而互联网数字化卫生监管大大地提高了监管的效率，能更加快速准确地收集到所需要的数据，做到实时监控管理。2015—2020 年互联网健康管理平台交易规模如图 11-2 所示。

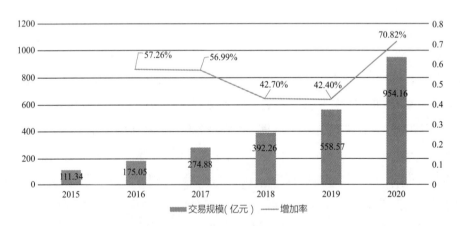

图 11-2　2015—2020年互联网健康管理平台交易规模

11.1.2　市场前景分析及社会需求分析

（1）国家公共卫生事业建设需求

公共卫生是通过研究影响公众生命和健康安全的各类因素来制定政策措施，改善生物和社会环境，实施卫生监测和预警及应急处理对策，控制和消灭危害生命的因素，保护公众健康的一门科学。公共卫生事业具有广泛的社会性，涉及人类生活、社会和经济的各个领域，既要全面提高当代人的生存质量，又要努力维护后代人满足其自身需要的能力和生存质量，确保人类社会的可持续发展。

公共卫生事件对公众的危害性很大，不仅会对公众的身体造成直接的损害，还可能会引发公众的恐惧、焦虑等情绪，对社会、政治、经济产生影响。所以对于公共卫生事件应当做好相应的防护工作，完善应急机制。

（2）突发性公共卫生事件防御需求

突发性公共卫生事件是指突然发生，造成或者可能造成社会公众健康严重损害的重大传染病疫情、群体性不明原因疾病、重大食物和职业中毒以及其他严重影响公众健康的事件。突发性公共卫生事件的发生往往都是不可预料、紧急性的。

对于突发性公共卫生事件来说，关键性预防因素就在于时间，越早发现，越早防治，造成的损失也就越小。无法立即了解该疾病的特征以及最初的传染源，没有提早了解传染性疾病，就没有办法提前阻止疾病的传播。建立完善的信息网络与预警监测体系是高效处理突发性公共卫生事件关键性举措。信息网络与预警监测体系为突发性公共卫生事件的监督与预警提供科学依据。有关部门需要建立完善的信息网络，通过建立信息数据库，包括疫情信息数据库、医疗卫生资源信息数据库等，对公共卫生突发事件进行监测。卫生部门需要充分地利用信息网络技术，做好各个部门之间的信息数据协调与控制，将突发性公共卫生事件信息资源共享到城市安全信息网络系统当中，建立统一的突发性公共卫生事件处理指挥平台，实现公共卫生突发事件处理的信息化与数据化。图 11-3 所示为中国现在和将来健康医疗大数据市场规模趋势。建立突发性公共卫生事件防控预警机制，增强防控的前瞻性和预见性，不仅可以降低此类事件爆发的风险，为广大人民群众的身体健康和生命安全筑起第一道防线，也可为有关部门有效防控提供决策咨询和保障，提高突发性公共卫生事件防控的管理效率。

图 11-3　中国现在和将来健康医疗大数据市场规模趋势图

（3）校园公共卫生健康防御需求

目前，学校对于学生健康十分重视，但是却没有途径可以得到关于学生身体健康这一方面的信息，而且学生也不太注重自身的健康问题，一些小病都是置之不理，大病也仅仅只是去药房抓服药熬过去。因此，当学生染上传染病时，若不能被及时地发现和有效隔离，会产生严重的后果。因此中小学、大学人员密集程度相对较高，突发公共卫生事件较易快速传播，健全高校突发公共卫生事件的应急管理机制是一个不容忽视的重要公共卫生问题。信息管理的应急机制有效运转是高校应急管理工作开展过程的重点、难点，图11-4为2004—2014年间校园中发生的一些学生健康事件的统计。

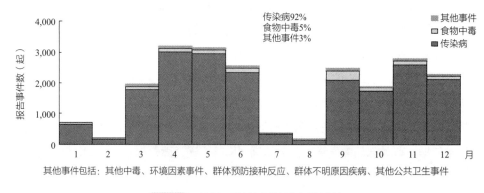

图11-4　2004—2014年间校园健康事件统计

由图11-4可知，校园场所更容易引发各种传染病，因此健康数据的记录显得尤为重要，类似"校康宝"这样的"互联网+"模式下的新型校园健康防疫保障平台的研发迫在眉睫。

（4）同行业竞争分析

目前市场上针对校园的公共健康防御产品大多都有对人体温度检测方面的功能，能满足现在疫情下的市场需求，但对于监控管理方面的功能大都过于单一，大多数为智能门卫，或者只能针对某一种疾病进行监管，不能更好地做到校园公共卫生健康防御，竞争对手分析如表11-1所示。

根据对竞争对手的分析，目前市场上存在的健康管理产品还是不能够做到更全面的健康管理预警。而"校康宝"不仅有人脸识别和体温检测功能，还采用了目前主流的物联网技术、人工智能算法等，与微信小程序结合使用，微信小程序中还包括了互联网+校医诊疗功能，以及多层级监管预警功能。在学校中使用，可以通过主动检测和被动报备的形式采集数据，通过对数据的分类和统计分析，提前对可能爆发的健康问题情况进行预警，并设计一定的防控规则，及时进行校园的公共健康防御，不仅能应对突发的校园健康事件，还能做好平时的校园健康防护工作。

表11-1 竞争对手分析表

产品	功能	优势分析	劣势分析
某品牌的健康网	1. 健康知识分享 2. 在线诊断和身体自测	1. 互联网+诊疗 2. 整合数据，进行大数据分析 3. 有关于健康的资讯分享	1. 没有温控检测功能 2. 没有多层级监管预警 3. 没有实时监控数据
某品牌校园健康管理平台	1. 入园图像及晨检数据全留存 2. 实时上传云端，并进行数据整合分析	1. 提高园所内部健康档案，工作记录，统计分析能力，升健康管理水平，辅助智慧校园信息化建设 2. 助力监管部门督导，实时信息收集，数据采集 3. 大数据监测，健康情况趋势预判	1. 没有互联网+诊疗 2. 没有多层级监管预警
某品牌微医	提供预约挂号、在线咨询、远程会诊、电子处方、慢病管理、健康消费、全科专科诊疗等线上线下结合的健康医疗服务	1. 互联网+诊疗 2. 拥有属于自己的医疗服务保障体系 3. 整合数据，进行大数据分析 4. 运用了人智能算法	1. 没有温控检测功能 2. 没有多层级监管预警

11.2 【校康宝】——产品技术创新设计方案

11.2.1 创新点分析

互联网创新创业项目的核心是应用技术创新抢占市场，挤掉竞品，得到投资和客户青睐，"校康宝"产品实现了从采集端、预警端、诊疗端到监管端的健康防疫保障，应用物联网和人工智能技术实现健康数据的自动采集与信息匹配，通过优化算法模型对大数据分析、阈值跟踪形成多角色预警与数据分析结果，学校通过大数据分析结果监控全校健康状况。诊疗端对接健康异常数据、自动启动互联网+校医诊疗，实施健康异常人员线上诊疗。整个产品的整体技术创新如图11-5所示。

产品的三大技术创新点分别如下说明。

（1）创新点1：物联网和人工智能结合的点对点精准自动数据采集与匹配

基于物联网设备编写温控模块自动采集数据，再编写基于人脸识别算法的python程序烧写到物联网设备，部署到校园各处，实现健康数据自动采集和人脸识别信息匹配，实现网格化点对点健康体温数据的采集和基于人工智能技术的人脸识别信息匹配，实现校园健康数据的网格化点对点健康数据实时收集与监控。创新点1的技术创新如图11-6所示。

（2）创新点2：互联网+校医诊疗模式

产品融入互联网+校医诊疗模式，异常健康数据自动触发校医线上诊疗，保障校园健康的最后一环。基于阿里云服务器、Java SSM服务器架构和微信小程序开发技术的移动互联网健康状况报备、多层级监管与互联网+校医一体化诊疗。创新点2的技术创新如图11-7所示。

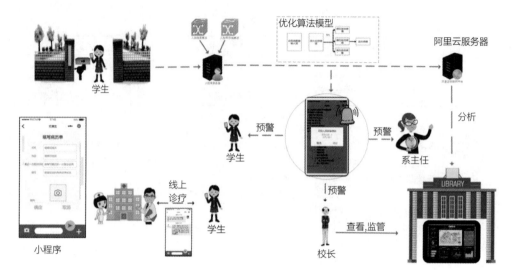

图 11-5 "校康宝"产品整体技术创新图

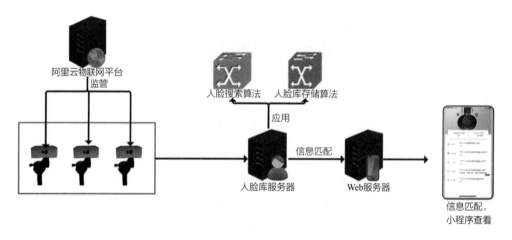

图 11-6 创新点1技术创新图

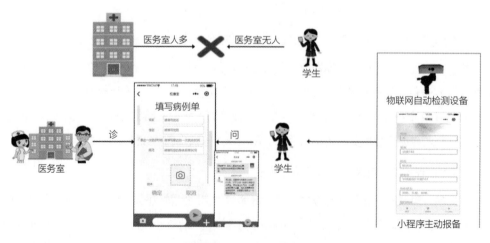

图 11-7 创新点2技术创新图

（3）创新点 3：基于优化算法模型的多层级监管预警与大数据分析

通过优化算法模型形成多层级监管的预警提醒和数据分析，包括班主任、中层领导和校级领导等层级，还可自主配置优化算法规则，产品具有自适应性。基于阿里云服务器与大数据分析的多层级监管、校园健康全局监管与大数据展示。创新点 3 的技术创新如图 11-8 所示。

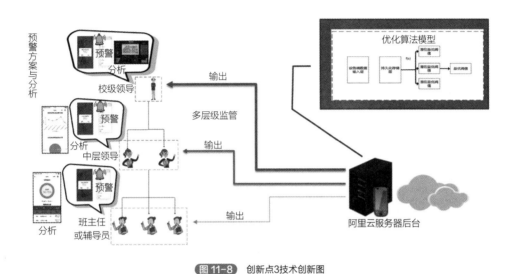

图 11-8　创新点3技术创新图

11.2.2　技术创新实现步骤

基于以上创新点，进行互联网创新创业项目技术创新的实现，"校康宝"平台将采用物联网、人工智能、移动互联网应用、大数据分析与展示等计算机前沿技术，为校园提供网格化实时监控、互联网＋校医诊疗和全校大数据分析多层级监管预警等，形成功能齐集的健康卫生安全防疫数字化方案，产品的技术创新实现包括了以下几个步骤：

（1）基于物联网的健康数据实时采集

"校康宝"平台数据采集端，依靠树莓派实现了红外测温设备与人脸识别摄像头的联网，可在线提交数据到阿里云物联网平台。设备体型较小，安装简单，可以通过 WiFi 进行联网，减少了安装设备的布线成本，轻易实现网格化点对点健康数据实时收集。采集以及数据传输过程形式如下：

① 用户到安装设备的任意地点，正对设备。

② 人脸识别模块检测到人脸，将人脸照片通过树莓派发送至人脸库服务器，通过人脸搜索算法，确定人员信息，并将结果通过人脸库服务器返回至树莓派设备。

③ 体温检测模块将会对面部进行多次多点的扫描（每次扫描多个体温特征点，扫描多次），通过体温算法，得到最接近真实的体温，减少误差。

④ 对体温、人脸数据通过树莓派进行封装,将数据以封包的形式发送至阿里云物联网平台,并存储到云端。

⑤ 云端将数据发送至 Web 服务器,Web 服务器将会对数据进行处理,并进行持久化存储。

整个基于物联网的采集以及数据传输过程图如图 11-9 所示。

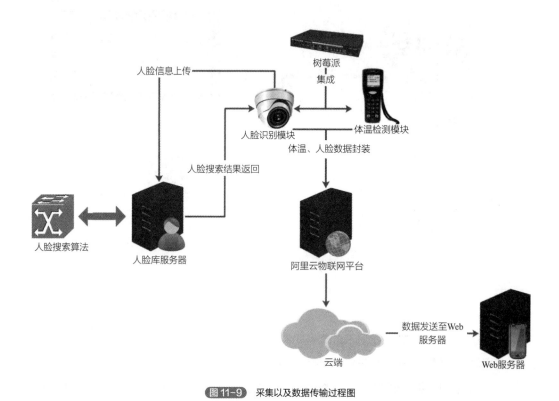

图 11-9　采集以及数据传输过程图

(2)基于人工智能的信息匹配监控

基于阿里云物联网开发平台与技术,将体温数据上传至云端服务器,然后进一步进行基于人脸识别数据与服务器数据的信息匹配监控,这部分产品形式表现为依靠人工智能算法实现体温与个人的对应,并及时预警。

个人通过微信小程序进行注册,填写基本信息以及上传人像照片,微信小程序会通过 Web 服务器将照片发送至人脸库(人脸识别库可以存储百万级的人脸信息)进行学习,并返回唯一人脸 ID 至 Web 服务器,存储到用户表中,整个人脸识别算法的人脸库机器学习形式图如图 11-10 所示。

除了后台识别外,产品的客户端使用微信小程序提供信息注册,平台产品微信小程序端的信息注册界面如图 11-11 所示。

微信小程序端用户信息注册界面说明如下:

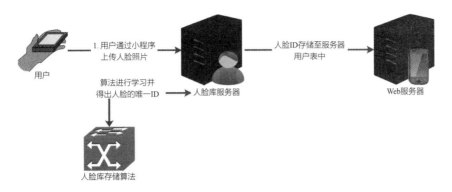

图 11-10　人脸识别算法的人脸库机器学习形式图

① 填写手机号，然后单击"获取验证码"按钮，验证码发送至手机后，需填写正确的验证码，否则无法成功注册。

② 填写密码以及确认密码两次密码必须一致，否则无法成功注册。

③ 上传照片（推荐证件照，大小必须小于 2MB），单击"立即注册"按钮即可完成注册。

用户注册完毕后即可在数据采集端进行检测。采集端会将采集到的人脸发送至人脸库服务器中通过人脸搜索算法在人脸库中进行搜索（在万级人脸库中的识别正确率可高达 98%），搜索完成后将之前所生成的唯一 ID 返回至采集设备。采集设备会将人脸 ID 以及体温发送云端，云端将数据发送至 Web 服务器，Web 服务器将会对数据进行存储。人脸与体温匹配流程如图 11-12 所示。

图 11-11　信息注册界面

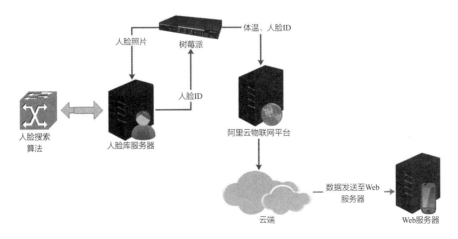

图 11-12　人脸与体温匹配流程图

数据查看，通过人脸库生成的 ID 进行连表查询，确保数据的关联性。并将查询结果通过 Web 服务器发送至微信小程序。数据链表查询流程如图 11-13 所示。

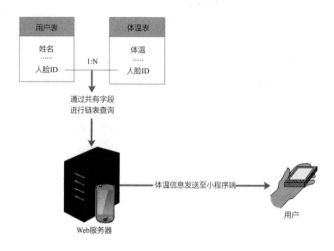

图 11-13　数据链表查询图

实时监控系统，在用户完成体温检测，数据传输至 Web 服务器时会先经过体温异常人工智能检测系统，若超出正常体温，体温异常检测系统会马上发送提醒到用户以及管理员，并且会同时检测同班是否有超过阈值的体温异常人数，若有将会第一时间发送通知（微信小程序、短信、邮件）给管理员和学生。体温异常人工智能检测系统流程如图 11-14 所示。

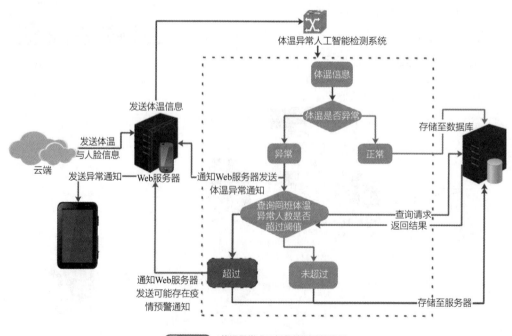

图 11-14　体温异常人工智能检测系统流程

平台的微信小程序端预警将会通过微信小程序发送当日每次测量的体温，并且在体温异常时发出提醒，单击"预约"按钮可直接跳转至微信小程序医务室预约界面。微信小程序预警形式如图 11-15 所示。

短信预警将会发送短信至用户并提醒前往就医，若超过 1h 未前往就医将会再次提醒，并上报班主任。短信预警形式如图 11-16 所示。

图 11-15　平台微信小程序端预警图

图 11-16　短信预警图

邮件预警与微信预警通知，如果班级内发烧人数超出阈值，将会发送给班主任管理员，并列出详细名单。邮件预警形式如图 11-17 所示。

图 11-17　班级邮件预警图

(3)基于移动互联网的健康情况报备

"校康宝"微信小程序通过对用户的数据采集、数据分析、数据展示来让管理者更加直观地了解每一位学生的身体状况信息。用户可主动报备自己的身体状况信息,后台数据和界面展示内容会进行实时更新。

学生察觉身体状况不对时,通过"校康宝"微信小程序主动上报给班主任说明自身身体状况信息,并且学生再通过该程序联系校医,校医根据情况安排线上或是线下就诊。在看病结束后,校医填写该学生的医疗病历单,填写完成后将病历单发送给该学生,并且让该学生班主任确定学生身体状况是否异常。班主任接收病历单了解本班学生的身体状况信息。学生身体状况信息记录后台数据库,若是异常,该学生身体状况信息显示"异常"。若是正常,身体状况信息显示"正常"。

健康情况报备如图 11-18 所示。

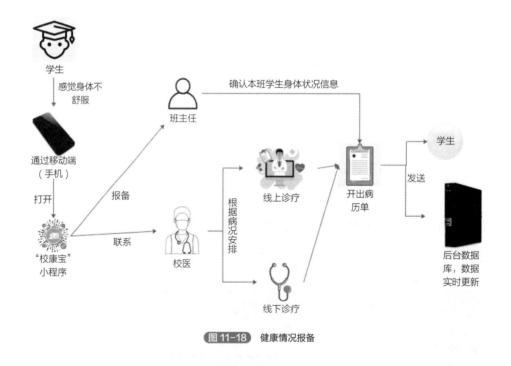

图 11-18　健康情况报备

(4)基于移动互联网的多层级监管预警

校园人数较多,当某一管理人员需要查看一位学生或是一个班级的身体状况信息时,搜寻过程无疑是大海捞针,人数越多,数据也就显得杂乱无章,无法准确定位到某一条数据。因此将学生和教师数据划分范围显得更为重要。通过移动端使用"校康宝"微信小程序的用户可分为四个层级:

① 第一层:为校长层(管理员层),校长可以监管系部主任、老师以及学生的身体状况

信息。

② 第二层：为系主任层，系主任可以监管自己系部学生以及老师的身体状况信息。

③ 第三层：为班主任层，班主任可以监管自己班级学生的身体状况信息。

④ 第四层：为学生层，以班级为单位将学生分到属于自己的班级。

当某一层中的人员身体状况异常时，该层处于预警状态（该层对应的图标显示为红色），反之则为绿色。班主任、系主任及校长通过观察每个层级是否处于预警状态来监测每一位学生和教师。

多层级监管预警流程如图 11-19 所示。

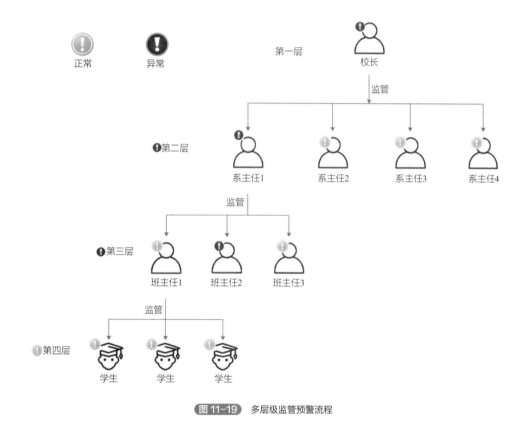

图 11-19　多层级监管预警流程

并且多层级监管预警中包含多个分界面管理，如图 11-20 所示。

分层管理界面说明：

如图 11-20 所示，该界面属于班主任层级。班主任可以非常直观地看见属于自己班级学生的身体状况信息，谁体温正常，谁体温过高或过低，都一目了然。系主任、校长的管理界面也是如此。

不同层级的角色还可以查看所在层级的相关数据的数据分析图，对自己所管辖的网格健康数据有个全局的监控。

图 11-20 分层管理界面

（5）基于移动互联网的校医诊疗

学生在察觉身体不舒服时，通过移动端打开"校康宝"微信小程序，联系校医，先与校医进行线上沟通与交流，告诉医生自己身体状况。校医在与学生交流后，根据学生的身体状况进行以下分类。

① 若是病情简单，身体状况不是很严重，学生可以与校医进行互联网线上诊疗，校医根据学生的身体状况描述给学生开处方单。

② 若学生在校医处已有诊疗记录并且病情不是很严重的，校医可安排互联网线上诊疗，学生不用再一次跑到医务室，只需线上就诊，校医线上抓药，通知学生某一时间段去取药。

③ 若是学生病情复杂，校医线上诊疗效果不明显，校医则通知该生进入"找医生"界面，根据提示填写相关信息［姓名，性别，班级，学号，寝室号，体温（可从"个人中心"界面中的我的体温来查看体温），病况（哪里不舒服），预约时间（点击该按钮可跳转到"预约时间"界面，可选择自己方便的事件进行就诊）］。预约校医进行及时的就诊。

信息表提交后，校医处会接收到一份通知单，安排时间给学生做检查。检查结束后，校医填写医疗报告单（内含学生的身体状况等各个信息）。医疗报告单将分为三份，一份传给该学生，一份传给该学生班主任，一份作为后台信息存入数据库，并且该学生的数据展示中，体温（身体健康）内容为红色。

互联网＋校医诊疗流程如图 11-21 所示。

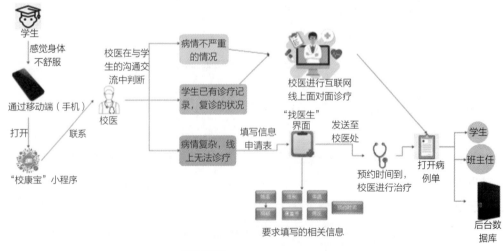

图 11-21 互联网＋校医诊疗流程

上述互联网+校医室模式的流程图中的"找医生"界面如图 11-22 所示。

"找医生"界面图说明：学生来到"找医生"界面，按照要求分别填入性别、班级、姓名、寝室号、身体状况、预约时间等信息。点击提交按钮则显示预约成功，预约校医线上答疑如图 11-23 所示。

图 11-22 "找医生"界面

图 11-23 校医线上答疑图

校医线上答疑图说明：学生发送消息给校医表达对自身身体状况的疑惑，校医在线实时为学生解惑答疑；如果校医有反馈消息则给异步反馈的通知消息，如图 11-24 所示。

校医线下通知图说明：校医通过消息通知学生及时预约时间进行治疗。

最终可以看到预约成功的相关信息，如图 11-25 所示。

图 11-24 校医线下通知图

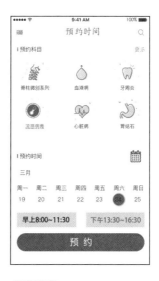

图 11-25 "预约时间"界面图

"预约时间"界面图说明:如图11-25"预约时间"界面图所示,用户勾选要看病的科目,在选择就诊的时间段,点击预约提交后,即预约成功。校医处收到通知安排时间就诊。

(6)基于Java SSM架构的全局监管网站

本监管网站主要功能是对全校学生的健康状况进行统计和后台管理,为管理者提供高效的可视化服务与管理服务,方便了监管者对学校健康的监管工作。后台对体温物联网采集设备提供的全校学生的健康信息进行处理,通过SSM运行线程序,实时监听数据变化,对变化实时做出处理,处理后的数据交给前端网页,前端网页以图表形式展示。系统为不同角色的用户一开始提供了不同的系统权限,拥有高权限的监管者可以通过登录监管网站,进行全局监管,查看全校学生的健康状况统计、各班学生的健康状况统计,也可以进入班级详情页查看班内某个人的详细检测情况,实现真正意义上的全局监管。监管流程如图11-26所示。

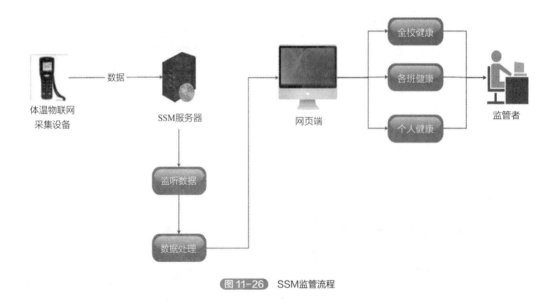

图11-26 SSM监管流程

同时监管者网站为监管者提供了对平台内用户的以下管理功能:

① 用户添加:监管者从监管网站批量添加用户,并为添加的用户选择其所在部门与其角色。

② 校内层级管理:监管者可以修改用户角色的层级关系,从而修改对应角色。

③ 校内部门(班级)管理:监管者可以添加或删除校内部门(班级)。

④ 用户信息修改:监管者可以为用户修改其所在部门以及角色或删除该用户。

用户管理功能以及网站页面如图11-27~图11-31所示。

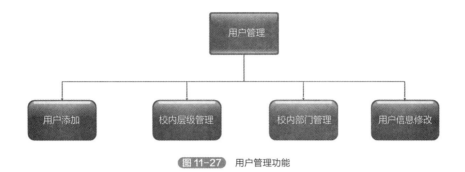

图 11-27　用户管理功能

图 11-28　用户列表

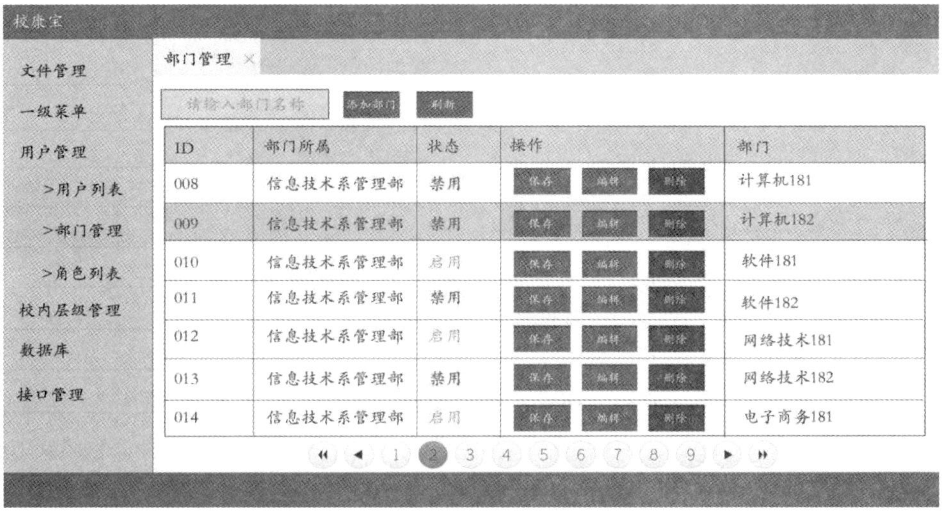

图 11-29　校内层级管理

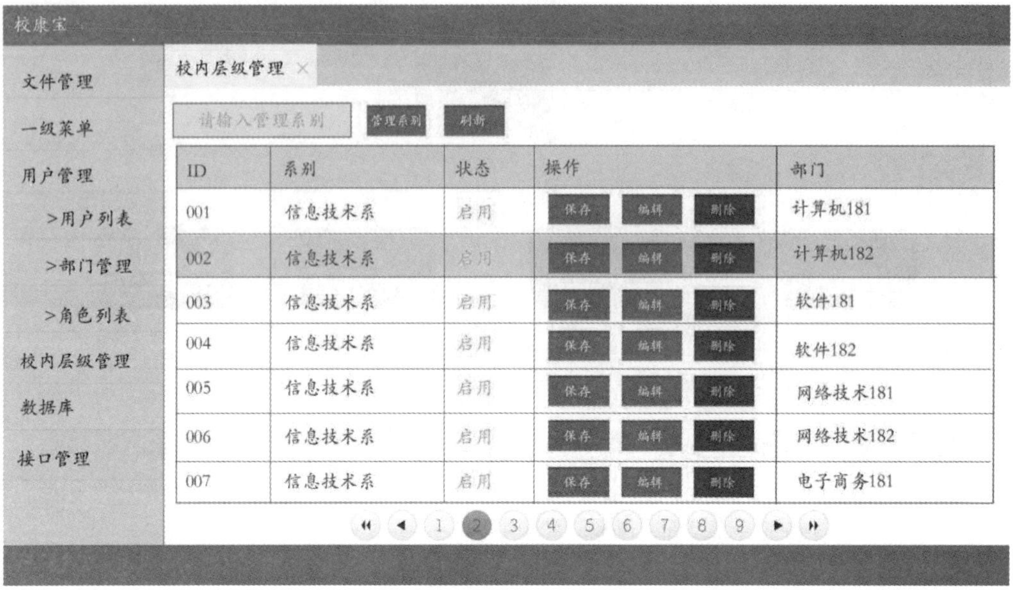

图 11-30 校内部门管理

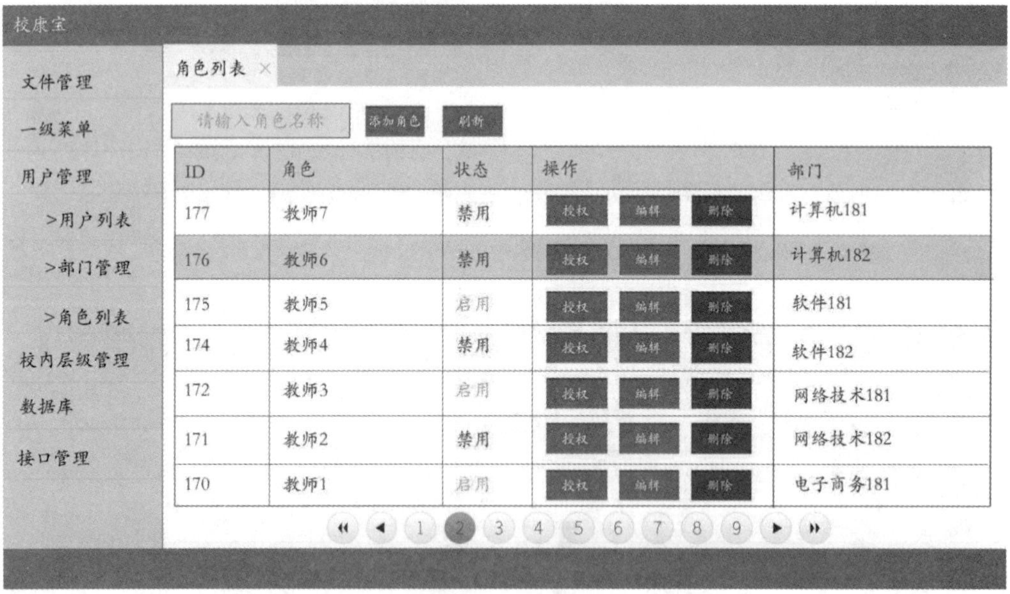

图 11-31 用户信息修改

  监管者网站采用的技术分为前端开发和服务器端开发两部分。前端采用 JavaScript、CSS、JQuery 等技术来实现一个具有人性化、美观化、易操作等特性的用户监管网站页面，后端基于 Java SSM 框架，结合 MVC 的设计思想、面对对象的设计思想以及其他一些技术进行开发，数据库使用 MySQL 数据库，WEB 服务器使用 Tomcat，技术架构如图 11-32 所示。

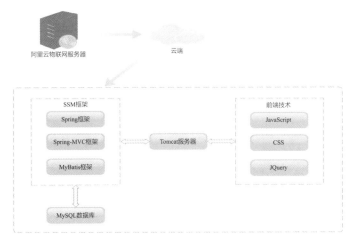

图 11-32　技术架构

（7）基于大数据分析的全局预警

平台提供基于大数据分析的全局预警系统。在系统中预设校园公共卫生应急预案，对校园公共卫生预设一定的阈值，后台对体温物联网采集设备提供的全校学生的健康信息进行处理，统计各班的生病人数，以网站报表形式进行展示，对信息统计后对比预设阈值，若到达非正常阈值，按超出阈值量启用原预设对应的公共卫生应急预案。为校园及时处理公共卫生问题，把校园传染病遏制在摇篮之中。大数据分析预警流程与大数据分析页面如图 11-33 和图 11-34 所示。

图 11-33　大数据分析预警流程

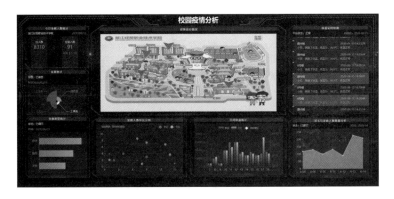

图 11-34　大数据分析页面

11.3 【校康宝】——产品商业模式设计方案

"校康宝"产品是科技创新产品,商业模式需要融资、企业助推、团队助推和线上线下营销四个方面共同推进。

11.3.1 融资

在融资方面,通过与下沙大创小镇内的投资公司洽谈,得到国家级众创空间"汇梦空间"(杭州梦航投资管理有限公司)的大力支持,签订了100万元投资意向书。

11.3.2 企业助推

在企业助推方面,"校康宝"产品采用科技公司"助推互盈"的模式,与杭州浩洋科技有限公司签订协议,该公司在校园信息化管理领域有成熟客户,推广费为合同金额的20%。

基于上述融资与助推互赢的商业模式,团队派遣实施工程师到客户现场部署数据采集设备和部署系统到云端,客户通过"校康宝"云客服中心获得技术支持,还需研发人员充实到研发团队,项目将创造大量IT技术类和云客服类的就业岗位,从而产生直接的社会效益。整个"校康宝"的融资与助推互赢的商业模式如图 11-35 和图 11-36 所示。

图 11-35　100万元投资意向书融资的商业模式

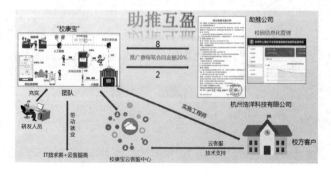

图 11-36　助推互赢和提供就业的商业模式

11.3.3 团队助推

"校康宝"提供的主要服务包括体温检测、数据分析和展示、健康预警、在线就医、平台功能更新服务等。

依据目前平台所提供的主要服务，项目将通过不同的策略为平台各项功能进行更好的推广：

第一，通过线下面对面的人员推广，向各合作方直观展示"校康宝"平台的数据分析和展示。

第二，运用广告推广完成体温检测、健康预警和在线就医服务的宣传。

第三，在品牌建设的过程中，会以差异化升级的形式体现平台的功能更新服务。

11.3.4 服务支持

根据目前用户的需求，项目将提供对接供需端服务、数据分析需求服务和技术专业指导服务等数字化、技术化营销前期服务支持。

（1）对接供需端服务

项目前期有专业的人员到全国各个地区与当地的高校进行对接。在对接之时应当先与校方取得良好的合作关系，达成合作协议，为校方提供技术上的支持；同时确保校方使用"校康宝"时每一个用户端的功能比如后台管理端接收数据和数据分析能够完美实现，并确保校园内的机器和平台能够正常运营，通过测试制订合适的管理规则，从而高效精准地对接供需双方。

以某个学校为例，在校园和寝室内共设置 5 个机器检测体温点位，全校共 3000 多名学生和老师加入了线上平台，享受线上问诊和健康预警功能，管理端后台数据收集分析完善。

（2）数据分析需求服务

基于不同学校的构造和需求、数据的采集以及学校的实地考察，团队会得出适合这所学校的规则，并基于此进行一定的算法分析和规则的设定，由此得出主动测温点和平台各个用户端的功能细化，从而能让"校康宝"平台更完美地与学校融合，实现技术的多项增值。

（3）技术专业指导服务

"校康宝"团队基于数据分析以及具体功能规则细化，将平台和规则落实后，与校方积极沟通，辅导使用平台的各项功能，将其完全落实到校园中优先进行测试，在测试和辅导双向进行中，合作校方可以更快地掌握使用"校康宝"平台，并将可能遇到的问题测试排除，让"校康宝"可以在校园内运作起来，团队在后期对平台进行不断维护，确保平台能够正常运行，同时也会与合作校方保持紧密联系，根据需求增设一些新的功能板块供校方使用，并提供后期的咨询服务以及故障维修服务。

11.3.5 线上线下营销

在线上线下营销方面,开展线上的微信公众号、短视频和微博等网络营销,同时进行橱窗海报和快闪店等线下营销。

(1)线上网络营销

以互联网为基本手段,利用数字化的信息和网络媒体的交互性来辅助推广产品和服务,包含微信公众号、短视频平台、微博等交互式媒体渠道。

1)微信公众号

借助微信公众号推广速度快、随时随地提供信息和服务、一对多传播的特性,项目团队会在试点校园人流密集处,比如餐厅门前、校门口出入点、宿舍区域搭建帐篷点,以"扫码有奖"的形式吸引学生,让学生扫码进入"校康宝"微信公众号,以关注公众号的页面截图为证,在扫码地点领取奖品。公众号的日常软文内容包括介绍产品各项参数信息以及结合当下相关社会热点阐述实施物联网+健康管理的重要性,关注公众号如图11-37举例所示。

图 11-37　关注公众号图例

2)短视频

由"校康宝"项目团队拍摄剪辑一段时长约为 60 ~ 70s 的短视频,视频内容是一段学生的校园日常剧情,在其中穿插"校康宝"平台,以这样的方式体现"校康宝"平台的体温检测和在线就医功能的实用高效性,在视频的末尾添加"校康宝"平台的微信小程序跳转二维码和 App 下载二维码,上传至如抖音、快手、微视、今日头条等各国内各大短视频平台,并通过付费手段获取平台首页展现、流量支持,国内知名短视频平台如图 11-38 所示。

图 11-38　国内知名短视频平台

3）微博

开通"校康宝"微博官方平台,并发布以#我和校医那些事儿#主题,鼓励网友分享在校园生活中因生病而与校医产生的那些有趣的事情,引起网络热议,炒热话题,并在后台与评论的用户积极互动,评选出那些最奇葩的故事和最奇葩的校医,并以"校康宝"官方平台的名义对优胜者致以参与活动感谢信和小礼品,以加强受众好感度与美誉度,增强平台的亲和力和影响力,通过微博申请超话聊产品进行推广,如图11-39所示。

图11-39 在微博申请超话

（2）线下营销

线下营销是针对"线上"营销而言的,是一种以阶段性滚动的方式提供即时行动的诱因,实现"一对多互动"式沟通的营销手法。线下营销的载体囊括橱窗海报、线下快闪店等户外媒介。

1）线下橱窗海报

与试点学校进行合作,由试点学校向全校范围内的学生征集以"校园健康生活"为主题的海报,并加以"校康宝"的平台logo和二维码,将挑选出的优秀海报张贴至校园的展示橱窗内,作为当季的校园文化主题,校园橱窗宣传的概念图如图11-40所示。

图11-40 校园橱窗概念图

2）线下快闪店

在大型商业街、广场、大型超市等校园附近人流密集处搭建装修时尚潮流的快闪店,吸引年轻群体的注意力,并在店内布置大量的项目相关设备,向进入店内的人群展示"校康宝"的部分功能。用户可以在店内根据喜好在线自由设计App内的使用界面以及图标,这模拟的是 App 用户个性化设计功能；通过输入自己的饮食生活习惯，由后台进行数据分析，显示用户存在的潜在健康问题，以及对应的健康生活贴士，这模拟的是建立用户生命周期模型和渐进式画像的过程，线下快闪店的概念图如图 11-41 所示。

图 11-41　快闪店概念图

11.4　【校康宝】——产品财务规划实施方案

一个互联网创新创业项目需要一个良好的财务规划，对融资和其他各类渠道进行规划。这里以校康宝产品为例阐述互联网创新创业项目的财务规划实践。

"校康宝"项目得到了国家级众创空间汇梦空间的大力支持，杭州梦航投资管理有限公司签订了 100 万元的投资意向书，银行给予 5 年期贷款 100 万元，利率为 5%，按月计息，到期还本付息，利息总额为 50 万元。

11.4.1　财务预算假设

财务预算假设表见表 11-2。

表11-2　财务预算假设表　　　　　　　　　单位：万元

年度	2020 年	2021 年	2022 年	2023 年
收入	270	310	380	490
研发成本	40	55	70	85
工资	72	72	90	108
维修费	5	10	20	30

续表

年度	2020年	2021年	2022年	2023年
宣传费	8	10	13	15
税金及附加	10	12	14	20
所得税	34	38	44	58
利润	101	113	129	174

11.4.2 财务预算数据

财务预算数据见图 11-42 和表 11-3。

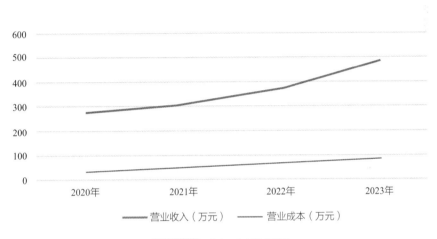

图 11-42 未来四年经济绩效图

表11-3 财务预算数据表

项目	指标	2020年	2021年	2022年	2023年
获利能力	销售净利润率	41.11%	40.40%	36.51%	41.17%
	总资产收益率	-	38.24%	31.9%	35.71%
	净资产收益率	-	38%	71.61%	69.10%
成长能力	销售收入增长率	-	14.81%	22.58%	28.95%
	净利润增长率	-	12.84%	10.78%	45.41%

11.4.3 相关报表

资产负债报表见表 11-4。利润表见表 11-5。

表11-4 资产负债报表　　　　　　　　　　　　　　　　　　　　　　　单位：万元

资产类				
年度	2020年	2021年	2022年	2023年
流动资产：				
货币资金	120	210	380	470
应收票据	60	—	—	—
应收账款	30	20	40	10
存货	40	35	55	40
流动资产合计	250	265	475	520
非流动资产：				
固定资产	80	60	70	65
非流动资产合计	80	60	70	65
资产总计	330	325	545	585
负债和所有者权益类				
流动负债：				
短期借款	—	—	150	—
应付账款	—	—	—	—
预收账款	—	—	—	50
应付职工薪酬	72	72	90	108
应交税费	35.1	96.1	49.4	63.7
流动负债合计	107.1	168.1	289.4	221.7
非流动负债：				
长期借款	205	10	15	20
非流动负债合计	205	10	15	20
负债合计	312.1	178.1	304.4	241.7
所有者权益：				
实收资本	—	20	—	50
资本公积	—	4	4	14
盈余公积	2	13	24	28
未分配利润	15.9	109.9	212.6	251.3
所有者权益合计	17.9	146.9	240.6	343.3
负债和所有者权益总计	330	325	545	585

表11-5 利润表　　　　　　　　　　　　　　　　　　　　　　　　单位：万元

年度	2020年	2021年	2022年	2023年
一、营业收入	270	310	380	490
减：营业成本	40	55	70	85

续表

年度	2020年	2021年	2022年	2023年
税金及附加	10	12	14	20
销售费用	8	10	13	15
管理费用	68	73	92	111
财务费用	0	0	8	0
二、营业利润	144	160	183	259
加：营业外收入	5	10	6	15
减：营业外支出	1	3	4	5
三、利润总额	148	167	185	269
减：所得税费用	37	41.75	46.25	67.25
四、净利润	111	125.25	138.75	201.75

注：以现在的上涨趋势，在第五年可以还本付息250万元。

11.4.4 财务分析

假设未来三年的资产负债率分别为94.58%、54.8%、55.86%、41.32%，流动比率为2.33、1.57、1.64、2.35，表明平台的偿债能力还是较好的。然而资产负债率趋势变化较大，可能是因为正在扩大经营规模，产生较大的财务风险，后期会逐渐持平；流动比率也在相对减少则说明该平台对于应收账款和存货等方面进行了有效的控制，加速资金的周转。根据该平台的利润状况，该平台公司在期间费用等支出方面的管理工作卓有成效，提升了企业的整体获利能力。预测在今后的三年内会直线增长。

案例思考题

1. "校康宝"互联网创新创业项目的市场需求与竞争力在哪里？

2. "校康宝"互联网创新创业项目的技术创新点有哪些？你是否有更好的技术手段加入？

3. "校康宝"互联网创新创业项目的商业模式包括哪些方面？你是否有更好的商业模式推荐？

4. "校康宝"互联网创新创业项目的线上线下营销手段有哪些？你可否提出更多其他的优势手段？

参考文献

[1] 刘丹."互联网+"创业基础[M].北京:高等教育出版社,2016.
[2] 朱恒源,余佳.创业八讲[M].北京:机械工业出版社,2016.
[3] 谌飞龙.创业营销创业项目包装与推介[M].北京:机械工业出版社,2017.
[4] 邱菀华.现代项目管理导论[M].北京:机械工业出版社,2009.
[5] (美)WATTS S.HUMPHREY.TSP培训开发团队[M].北京:人民邮电出版社,2008.
[6] 殷智红,叶敏.管理心理学 第二版[M].北京:北京邮电大学出版社,2007.
[7] 周贺来.人力资源管理实用教程[M].北京:机械工业出版社,2009.
[8] 刘平.就业新思维:自主创业[M].北京:中国金融出版社,2008.
[9] 姬剑晶.一本书读懂24种互联网创业模式[M].上海:立信会计出版社,2017.
[10] 毛园芳,曾宪达.中小企业创办和管理实务[M].杭州:浙江大学出版社,2014.
[11] 李健.互联网+创业基础培训教程[M].北京:中国劳动社会保障出版社,2016.
[12] 娄春伟,白超.创新创业基础——"互联网+"创业[M].成都:电子科技大学出版社,2016.
[13] 维克托·迈尔-舍恩伯格.大数据时代(大数据系统研究的先河之作)[M].杭州:浙江人民出版社,2013.
[14] 李德毅.人工智能导论[M].北京:中国科学技术出版社,2018.
[15] 蔡自兴 等.人工智能及其应用[M].北京:清华大学出版社,2016.